邓明辉 著

 锦天城法律实务丛书

担保措施
的法律风险控制与实务

 中国政法大学出版社

2021·北京

图书在版编目（ＣＩＰ）数据

担保措施的法律风险控制与实务/邓明辉著.—北京：中国政法大学出版社，2021.4
ISBN 978-7-5620-9924-6

Ⅰ.①担…　Ⅱ.①邓…　Ⅲ.①担保法－研究－中国　Ⅳ.①D923.24

中国版本图书馆 CIP 数据核字 (2021) 第 068575 号

出　版　者　中国政法大学出版社
地　　　址　北京市海淀区西土城路 25 号
邮寄地址　北京 100088 信箱 8034 分箱　邮编 100088
网　　　址　http://www.cuplpress.com（网络实名：中国政法大学出版社）
电　　　话　010-58908285(总编室) 58908433（编辑部） 58908334(邮购部)
承　　　印　北京鑫海金澳胶印有限公司
开　　　本　710mm×1000mm　1/16
印　　　张　16.25
字　　　数　265 千字
版　　　次　2021 年 4 月第 1 版
印　　　次　2021 年 4 月第 1 次印刷
定　　　价　79.00 元

PREFACE

类金融企业是指经营业务具有金融活动属性，但是并未获得金融许可证，非由国家金融监管部门直接监管（即非"一行两会"监管）的企业，主要包括融资租赁公司、小额贷款公司、融资担保公司、典当行、股权投资基金或创业投资基金等。因类金融企业身份的特殊性，自2019年至今，在金融行业"严监管"的背景下，上述类金融企业也被逐步纳入到监管视野中，监管层针对不同的类金融企业分别发布了各项管理规定。这些对于类金融企业来说，既是非常重要的机遇，同时又充满了挑战。

金融及类金融企业在开展日常经营活动时，不可避免地会运用到担保措施。作为担保权人或反担保权人，如能对运用主合同项下的担保或反担保措施来保障自身权益的逻辑和模式了如指掌，将会大有裨益。而熟练掌握相关风险控制的方法，则不仅能提高企业运转资金的安全系数，还可促进企业业务拓展。

本书以类金融企业为视角，聚焦担保措施的运用与法律风险控制，结合2021年1月1日颁布并生效的《中华人民共和国民法典》、配套司法解释及相关司法案例，对现行担保措施的各类风险深入地进行法律分析，并对其中的法律风险控制提供了可参考的思路，促进类金融企业在现行法律框架下合法合规地开展业务和运用各项担保措施。同时，书中逐项分析了最常见的二十种担保措施，以上述担保措施的类别、风险控制与处理方法和常见实务应用为研究重点，结合实务操作深入浅出地剖析了各类担保措施在理解与适用上的痛点和难点，对相应的主合同及常见的关联业务进行了实操分享与详尽解读，在研究常规担保措施的基础上对新类型担保措施及实务进行了大胆的探索，部分章节还为读者提供了相应的合同样本，方便读者的实操和具体业务开展。

作者深耕类金融行业，谙熟各类地方性类金融机构的运作模式，具备丰富的行业实务经验，作为锦天城律所中具有代表性的年轻律师，用经年累月的坚持与不凡业绩诠释了锦天城人业精于专的理念。本书即为作者深耕行业的研究成果，他利用其作为律师的法律分析运用能力，辅之以类金融行业的多年从业经验，使得本书在担保措施实务运用与法律风险控制两个方面兼具指导性与实操性。

　　本书能够较高程度地满足金融及类金融企业从业者、有融资需求的主体及其他对金融及类金融行业、各类担保措施感兴趣者的阅读需求，对一些担保措施的大胆研究探索，也会给其他运用担保措施的行业从业人员及研究者起到抛砖引玉、总结归纳的作用，相信随着金融及类金融行业的逐步发展和各类担保措施的规范运用，定会有更多像本书作者一样的行业从业者及研究者在该领域尽心竭力，用他们卓越的研究成果为行业的发展添砖加瓦，贡献自己的一份力量。

上海市锦天城律师事务所主任

华东政法大学教授、博士生导师

顾功耘

2021 年 4 月 30 日

目 录

CONTENTS

第一章

概　述

第一节　概　述

本书所指的类金融企业主要包括但不限于融资性担保公司、小额贷款公司、典当公司、融资租赁公司、保理公司等，在上述企业的业务发展过程中，除了在放款前，调查核实融资及担保主体的财务情况作为第一还款来源外，担保措施作为考察融资和担保主体的第二还款来源及在发生逾期之后的一个重要抓手，起着举足轻重的作用。

除类金融企业外，银行、私募基金、信托公司在其具体的业务办理中及民间借贷活动中也必不可少地用到担保措施，可以说，其用途非常广，作用很大。

第二节　概　念

担保措施，又可以称为担保方法，主要是指在融资担保过程中，为主债权提供的一种保障将来债权能够实现并促使债务人履行债务的法律措施。我国相关法律规定的担保措施主要有：保证、抵押、质押、留置共四种。在实务中存在大量的具体细化的担保措施，包括但不限于：应收账款质押、股权质押、在建工程抵押等。

实务中较常用的担保措施共二十种，具体如下：个人保证、公司保证、保证金保证、开发商致函、园区回购、二手房买卖、房产抵押、房产网签、土地抵押、在建工程抵押、股权质押、知识产权权利质押、股权回购、动产质押、应收账款质押、合格证质押、账户监管、明股实债、债权+股权、道路桥梁收费权等。

第三节 类 别

根据担保措施的担保基础，可以将担保措施分为四大类，分别为信用类、不动产类、权益类、其他措施类，详述如图：

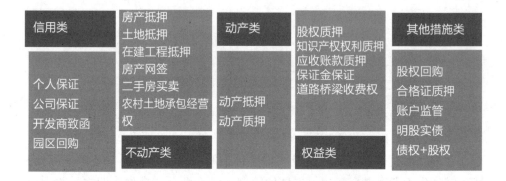

信用类：主要指以信用担保为基础的纯信用类担保措施，开发商致函和园区回购从法律层面可以视为是一种附条件的合同，开发商或园区承担合同责任的前提为融资或担保主体未及时履行相关义务。

不动产类：主要指以土地、房产、在建工程等不动产作为担保基础的一类担保措施，在实务中是应用占比较重的担保措施类型，主要原因在于不动产类财产的高保值性和价值稳定性。

权益类：主要指以股权、应收账款、知识产权等作为担保基础的一类担保措施，股权的权益基础是一种分红和收益权，应收账款是一种债权，知识产权是一种特许经营权。

其他措施类：主要是以控制措施手段为基础的一类担保措施，虽尚无法律法规对其进行明确定义，但在实务中较为常见，主要是通过采取控制、跟进、管理等措施降低风险的一种担保措施。

第四节 风险程度及变现能力

根据担保措施的风险程度及变现能力，可以将担保措施分成四个象限，详述如图：

变现能力强，风险比较大
权益类（股权质押、知识产权权利质押）

 变现能力强，风险比较小
不动产类（房产抵押、土地抵押、在建工程抵押、房产网签）、其他措施类（股权回购、账户监管、明股实债、债权+股权）、权益类（保证金保证）动产类（动产质押）

 变现能力弱，风险比较大
信用类（个人保证、公司保证、开放商致函）、权益类（合格证质押）、动产类（动产抵押）、不动产类（二手房买卖）

 变现能力弱，风险比较小
信用类（园区购回）、权益类（应收账款质押）

第一象限：变现能力强，风险比较小。此象限的担保措施在实务中属于变现较好的，也是比较常用的担保措施，有些类金融企业专项以其中一种担保措施设计一种融资产品，就可以迅速拓展市场。

第二象限：变现能力强，风险比较大。变现能力主要取决于议价能力，股权和知识产权若有意向购买主体则易于变现，风险主要取决于其市场变现的能力。

第三象限：变现能力弱，风险比较大。此象限的担保措施在实务中具有不可确定性，同时通常也包含不可控制性，导致风险较大。

第四象限：变现能力弱，风险比较小。虽然此象限的担保措施也多为信用类和权益类，但由于具有很好的信用基础，最终能够很好地变现，只不过变现过程异常复杂，故风险相对较小。

第五节 业务流程中的应用范围

常见的业务流程如下图：

这个业务简图基本符合类金融企业、银行、私募基金、信托公司的日常业务流程，产品设计、业务开发、预审会可以归入贷前审查阶段，尽职调查、终审会、落实担保措施可以归入贷中审查阶段，放款、贷后管理、合同归档可以归入贷后管理阶段。从广义的角度来看，不良处置也可以归入贷后管理阶段，由于其复杂和重要程度，此处将不良处置单独归入不良逾期处置阶段。

担保措施在具体业务流程中被应用于贷前审查、贷中审查、贷后管理、不良逾期处置四个阶段，每个阶段的具体实务应用和法律风险点是本书的讨论重点。

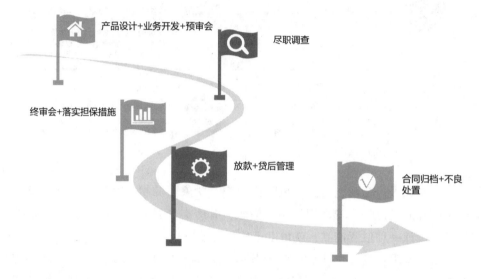

民间借贷活动在实务中虽无具体的业务操作流程，但在整个借贷行为过程中，担保措施是借贷行为的基础，对借贷行为有着保障的作用。

第六节　担保措施在实务中的应用

担保措施有基础性的作用，掌握好担保措施的有利之处可以从以下四维角度来理解：

第一维角度，掌握好担保措施主要有利于法务人员落实担保措施，利于风控人员设定担保措施方案，在整个业务流程中落实担保措施或者提供可行的担保，在风险控制中举足轻重。

第二维角度，掌握好担保措施有利于提前预防在后期不良处置过程中的风险。在后期不良处置过程中，除去还款意愿等主观原因，最终的落脚点主要在于担保抵押物是否能够落实到位，掌握好担保措施并设定好前期的担保措施，有利于后期不良处置中采取主动积极的手段。

第三维角度，掌握好担保措施能够在业务的前期就从担保措施的角度来设定产品设计。产品设计具有较高的复杂度，除了要掌握好基础的法律担保措施，同时需要结合市场、财务等因素来做整体设计，掌握好担保措施是做好产品设计中必要的一环。

第四维角度，掌握好担保措施主要能够拓展类金融风险把握的广泛度，类金融行业有着一个普遍的规律，即担保措施、产品流程、风控措施、后期管理及不良催收均有着相互统一性，其应用的广泛性不言而喻。

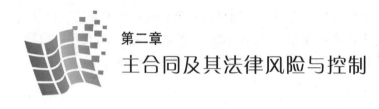

第二章
主合同及其法律风险与控制

第一节　主合同内容及简述

类金融企业在办理业务过程中，每笔业务都要签署相关主合同，主合同相关内容及简述如下。

一、担保类业务

《担保协议书》：是担保人和债务人（被担保人）双方约定的，由担保人向债权人提供担保而双方合意的书面文件。主要约定担保费、担保费的交付时间、担保借款的用途及双方权利义务。

《代位求偿协议》：是指在债权到期后，债务人未及时足额还款，债权人要求担保人代偿后，由担保人代债权人之位向债务人追偿的书面协议。主要用来约定债权人的代位求偿权、债务人的抗辩权及权利义务的连续性等问题。

二、小贷类业务

《借款合同》和《最高额借款合同》：是债务人和债权人签订的旨在约定在债权债务中双方的权利义务，借款时间、期限、利率，担保条件、措施等必要条件的书面协议。前者常用来签订一次性借款的业务。后者适用于借款时间短，借款频率比较高，类似于授信借款的业务。

《借据》和《借款支用申请单》：《借据》主要用来证明债务人收到款项，由债务人出具，主要内容包括债务人、利率、期限、还款日期等。《借款支用申请单》指由债务人出具的在《最高额借款合同》项下，由债务人单次向债权人申请出借资金的书面函件，主要内容包括在最高额项下的申请金额、申请期限、借款用途等等。

《委托付款函》和《委托收款函》：这两个文件主要是为了突出其便利

性，前者便于债务人支付借款，而后者便于债务人收取款项。

《委托付款函》主要指债务人在归还借款时，为了及时快速地归还出借资金，由债务人委托第三方代为归还出借资金的函件，该函件主要由债务人函至债权人，并经债权人同意。

《委托收款函》主要指在出借人出借资金时，债务人为了支付至第三方，而直接委托债权人将款项直接支付给第三人的函件，该函件主要由债务人函至债权人，并经债权人同意。

三、典当类业务

常见的典当类合同包括《车辆借款/抵押合同》《动产借款/抵押合同》《房产借款/抵押合同》，该合同中通常包括了主合同条款和担保类条款，其中主合同条款主要指当户与典当行约定将当户的动产、财产权利作为当物质押或者将其房地产作为当物抵押给典当行，交付一定比例费用，取得当金，并在约定期限内支付当金利息、偿还当金、赎回当物的合同。

四、融资租赁类业务

根据租赁业务的区别，将租赁业务分为直租和回租，分别签订《融资租赁合同（直租）》《融资租赁合同（回租）》。其中《融资租赁合同（直租）》中主要约定出租人根据承租人对出卖人、租赁物的选择，向出卖人购买租赁物，提供给承租人使用，承租人支付租金的合同。一般包括租赁物的名称、数量、规格、技术性能、检验方法、租赁期限、租金构成及其支付期限和方式、币种，租赁期限届满租赁物的归属等条款（《民法典》第七百三十五条、第七百三十六条）。

《融资租赁合同（回租）》指承租人将自有物件出卖给出租人，同时与出租人签订融资租赁合同，再将该物件从出租人处租回的融资租赁形式。售后回租业务是承租人和供货人为同一人的融资租赁方式。

五、保理类业务

《保理合同》是指应收账款债权人将现有的或者将有的应收账款转让给保理人，保理人提供资金融通、应收账款管理或者催收、应收账款债务人付款担保等服务的合同（《民法典》第七百六十一条）。

保理公司通常是作为保理人的主体出现，根据合同约定能否向应收账款债权人追索，分为有追索权的保理和无追索权的保理，前者指可以向应收账款债权人主张返还保理融资本息或者回购应收账款债权，也可以向应收账款债务人主张应收账款债权；后者指保理人无权向应收账款债权人追索，只能要求应收账款债务人主张应收账款债权。

各类业务中对应的法律主体名称不一致，担保业务中通常称为担保人、债务人（被担保人），小贷业务类称为借款人（债务人）、债权人，典当类业务称为当户、典当行（典当公司），融资租赁业务称为承租人、出租人（租赁公司），保理业务称为应收账款债权人、保理人（保理公司），各类业务项下包括债务人、借款人、当户、承租人、应收账款债权人均具有融资的内容，为了便于理解和表述，统称为融资主体。

第二节 签订主合同的常见主体

融资主体中根据民事主体的不同，分为自然人、法人、非法人组织。

自然人项下作为融资主体时，包括自然人、个体工商户、农村承包经营户。

法人分为营利法人、非营利法人、特别法人，其中营利法人包括有限责任公司、股份有限公司、其他企业法人等（《民法典》第七十六条）；非营利法人包括事业单位、社会团队、基金会、社会服务机构等（《民法典》第八十七条）；特别法人包括机关法人、农村集体经济组织法人、城镇农村的合作经济组织法人、基层群众性自治组织法人（《民法典》第九十六条）。

非法人组织包括个人独资企业、合伙企业、不具有法人资格的专业机构等（《民法典》第一百零二条）。

一、自然人

自然人作为融资主体时，主要核查其是否具备签订合同的能力，及合同签订后的法律效力。具体是指自然人个体和个体工商户两种融资主体均需要具备民事权利能力和民事行为能力。自然人作为融资主体时需要满足：（1）年满 18 周岁，或者年满 16 周岁，未满 18 周岁，以自己的劳动收入为主要生活来源；（2）精神状况、智力水平正常；（3）能独立进行民事活动。个体工商户作为融资主体时需要满足：（1）从事工商业经营，（2）经依法登记。在签订相关合同时，签订主体为个体工商户的，需盖有印章。在承担相关责任时，对于个体工商户的债务，个人经营的，以个人财产承担，家庭经营的，以家庭财产承担，无法区分的，以家庭财产承担（《民法典》第五十六条）。

二、法人

营利法人中的公司作为融资主体最为常见，其主要包括有限责任公司和股份有限公司。其作为融资主体时，主要核查点为公司主体是否满足法律上的必要条件，同时需核查其是否满足必要的内部决策流程和形式要件。

公司作为融资主体时，按照其注册金额承担有限责任，公司股东按照其认缴金额承担认缴金额限度内的法律责任，该公司主体在融资时，作为类金融企业需核查是否合法有效成立并具备相应的证件及文件，包括但不限于营业执照、开户许可证、章程等，同时是否具备相应的办公场所和人员等等；在内部决策程序和形式上，需要根据法律规定和其章程的约定，核查是否出具《股东会决议》或《董事会决议》，文件内容与融资需求是否相符。

三、非法人组织

第一，非法人组织中合伙企业作为融资主体时，除合伙企业以该企业全部注册资金资产独立承担相应的责任外，由于该类型企业的性质，合伙企业的合伙人承担方式不一。合伙企业主要包括两种类型，一是有限合伙企业，二是普通合伙企业。有限合伙企业中，合伙人有两种：普通合伙人和有限合伙人，普通合伙人以其个人全部资产承担无限责任，有限合伙人以其对合伙企业的出资额为限承担有限的责任；普通合伙企业中，全体合伙人均以其全部资产承担无限责任。合伙企业作为融资主体时，除融资主体满足合法有效成立外，仍然需要满足其内部决策程序和形式核查，由执行事务合伙人对外以合伙企业名义签订相关合同。

第二，非法人组织中的个人独资企业作为融资主体时，因个人独资企业的组织形式和责任承担方式为由一个自然人投资，财产为投资人个人所有，投资人以其个人财产对企业债务承担无限责任的经营实体，其自身并不具有独立的法律人格，不具有法人地位，因此核查其主体资格时，除核查个人独资企业相关资质证照外，还应当对其投资人相关资质、履约能力等进行具体核查。

个人独资企业与一人有限公司的区别：（1）组织类型不同，前者属于非法人组织，后者属于营利法人；（2）责任承担不同，前者无独立法律人格，无法独立承担法律后果，后者属于独立法律主体，能够独立承担法律后果；

（3）投资人或出资人的责任范围不同，前者投资人承担无限责任，后者除非不能证明公司资产独立于股东自己财产，否则出资人在其认缴的范围内承担有限责任；（4）名称上，前者不能使用有限或有限责任的字样，但是后者需要标明有限责任公司或有限公司；（5）注销时，前者可以自行清算，但要提供清算报告，后者则需要成立清算组，按照《公司法》的规定进行注销。

第三节　签订主合同常见的法律风险与处理方法

一、自然人作为融资主体时要注意的问题

第一，一方作为融资主体，另一方配偶没有作为共同的融资主体，也没提供声明对该融资事项知情且用于夫妻共同生活。根据《民法典》第一千零六十四条"夫妻双方共同签名或者夫妻一方事后追认等共同意思表示所负的债务，以及夫妻一方在婚姻存续期间以个人名义为家庭日常生活需要所负的债务，属于夫妻共同债务。夫妻一方在婚姻关系存续期间以个人名义超出家庭日常生活需要所负的债务，不属于夫妻共同债务；但是，债权人能够证明该债务用于夫妻共同生活、共同生产经营或者基于夫妻双方共同意思表示的除外"可知，对于对外负债，存在三种属于夫妻共同债务的情形：①夫妻双方共同签名或者夫妻一方事后追认等共同意思表示所负的债务；②夫妻一方在婚姻存续期间以个人名义为家庭日常生活需要所负的债务；③夫妻一方以个人名义超出家庭日常生活需要所负的债务，债权人能够证明该债务用于夫妻共同生活、共同生产经营或者基于夫妻双方共同意思表示的。

不属于夫妻共同债务的情形为：夫妻一方在婚姻关系存续期间以个人名义超出家庭日常生活需要所负的债务，且债权人也没有相关证据能够证明该债务用于夫妻共同生活、共同生产经营或者基于夫妻双方共同意思表示的，不属于夫妻共同债务。

实践中融资主体婚姻状态处于婚姻存续期间时，为了保护债权人，通常夫妻关系存续期间单方举债的，可以要求另一方作为共同融资主体，或者书面出具《夫妻共同承担债务声明书》，对该债务进行追认。

如果融资主体的配偶无法进行共同签字的，对于融资的款项应当确认是否属于超出家庭日常生活需要所负的债务，并结合融资时具体的情形、融资用途、融资方式等进行书面确认，以降低债权人的风险。

第二，融资主体的身份核实。身份证户口簿的核实是关键。目前在实务

中，假证做得足以以假乱真，仅凭肉眼很难判断，若有可疑，宁可不做，不能做错。而对于身份证户口簿的核实，仪器识别是最佳方式，通常公证处或业务合作的银行均可直接通过其系统对经办的每一笔业务中相关主体信息进行查询识别，类金融机构可以在办理业务时，通过公证处或者银行等可查询的渠道落实其真实性。此外，业务部门可在前期的尽调过程通过收集的相关资料进行相互验证，以确保融资主体的真实性。

第三，共同融资人的收款。实务中，共同融资人为夫妻关系时，则不必要明确指定收款账户，因夫妻关系作为共同关系的特殊性，一方收取款项，则可以确定该笔款项属于夫妻共同融资；但共同融资人不属于夫妻关系时，比如朋友等，则需要明确约定收款人和收款账户，以保证非收款账户户主的另一方融资人对该共同融资事项的确认，防止产生不必要的争议。

二、公司作为融资主体时要注意的问题

1. 国有企业作为融资主体时的内部决策

国有企业性质为全民所有制企业，即企业生产资料归全体人民共同所有的企业，该类企业由国务院和地方人民政府代表人民履行出资人职责，企业类型包括：国有独资企业、国有独资公司以及国有资本控股公司。

国有独资企业和国有独资公司在对外融资时，需要根据其企业类型，报送中央或地方国有资产管理委员会作为出资人进行决策审批；国有资本控股的公司或者国有参股公司按照其章程的规定，同时依据《公司法》等与公司类型相一致的相关法律进行议事，并进行该事项的决策。

国有企业不同于国家机关，即机关法人。机关法人为特别法人，有独立经费的机关法人和承担行政职能的法定机构从成立之日起，具有机关法人资格，可以从事为履行职能所需要的民事活动（《民法典》第九十七条），机关法人在类金融业务活动过程中不能作为融资主体，其融资用途与为履行职能所需要的活动很难匹配上。

2. 股东会决议与董事会决议议事规则的异同

根据《民法典》第八十条"营利法人应当设权力机构。权力机构行使修改法人章程，选举或者更换执行机构、监督机构成员，以及法人章程规定的其他职权"，及《公司法》第三十六条"有限责任公司股东会由全体股东组成。股东会是公司的权力机构，依照本法行使职权"，第九十八条"股份有限公司股东大会由全体股东组成。股东大会是公司的权力机构，依照本法行使

职权"可知，股东会或股东大会属于公司的权力机构。

根据《民法典》第八十一条："营利法人应当设执行机构。执行机构行使召集权力机构会议，决定法人的经营计划和投资方案，决定法人内部管理机构的设置，以及法人章程规定的其他职权"可知，董事会或执行董事属于公司的执行机构。

股东会、股东大会及董事会、执行董事的决策程序和条件均不同。股东会除特别约定，即股东一致同意不按照持股比例进行表决外，则主要按照章程约定，由各股东按照其持股比例进行表决。实务中，有的公司将对外融资约定为重大事项，需要持有 2/3 以上股权具有表决权的股东同意才有效，则需要按照该约定进行。有的也会约定董事会可以表决不高于某金额对外融资的决议，甚至有的约定总经理可以在某金额以下直接决策，而不需要经过董事会或股东会，若在章程中有上述细化的约定，则直接按照该章程要求出具决策文件即可。

董事会的议事规则主要按照人数进行表决，常见主要为有限责任公司章程上对董事会有授权的，或者股份有限公司有明确董事会的决策权限的，则董事会按照董事人数进行一人一票进行表决，按照其具体的章程约定，形成有效决议。

若公司在其章程中既未写明董事会可以对外融资的授权范围，又未写明股东会或股东大会的融资决策范围，或者两者对外融资的决策无明确的划分，则出具《股东会决议》或《董事会决议》均可以。

《公司法》属于特别法，根据《民法典》第一千二百六十条"本法自 2021 年 1 月 1 日起施行。《中华人民共和国婚姻法》、《中华人民共和国继承法》、《中华人民共和国民法通则》、《中华人民共和国收养法》、《中华人民共和国担保法》、《中华人民共和国合同法》、《中华人民共和国物权法》、《中华人民共和国侵权责任法》、《中华人民共和国民法总则》同时废止"可知，废止的单行法律中并不包含《公司法》《合伙企业法》《个人独资企业法》，《民法典》实施后，《公司法》及其司法解释继续有效，在融资业务活动中，关于主体部分，需要结合《公司法》《合伙企业法》《个人独资企业法》等进行综合判断。

3. 融资主体的身份核实

公司主体身份的核实主要根据《营业执照》及《公司基本信息情况表》，具体核实公司主体的成立时间、公司股东结构、历次变更等，以确定公司主体身份的唯一性和确定性。但实务中存在另一种现象，即有的公司存在两个及两个以上公章，按照工商管理的规定，公司有且只能有一枚公章，多个公章明显属于违反工商管理规定的情形，故在具体业务办理中，需要结合尽职调查程序中收集的相关资料，必要时进行工商详细档案的全部调档，以核查公章，确保融资时使用的公章和工商登记资料中显示一致。结合《九民纪要》第四十一条相关规定，签订合同时重点审查签约人于盖章之时有无代表权或者代理权，从而根据代表或代理的相关规则来确定合同的效力。

4. 分公司、子公司作为融资主体的问题

根据《公司法》第十四条"公司可以设立分公司。设立分公司，应当向公司登记机关申请登记，领取营业执照。分公司不具有法人资格，其民事责任由公司承担"可知，分公司虽然有营业执照，也有其办公场所和经营所需的人员及经营必须的生产资料等，但由于其并非民事法律关系中能够承担责任的主体，故一般情况下不作为融资主体。

根据《公司法》第十四条"公司可以设立子公司，子公司具有法人资格，依法独立承担民事责任"可知，子公司是独立的法人主体，其以自有财产对外承担责任和义务，在其满足融资条件时，通常可以作为融资主体直接以其名义对外进行融资，而不需要母公司给予其授权或者通过母公司的内部决策等。

三、合伙企业作为融资主体时要注意的问题

1. 合伙企业的决策程序

合伙企业对外作为融资主体时，同样需要各合伙人根据一定的程序和合伙协议的要求出具相关决策文件，通常以合伙协议的议事规则和议事要求为准，比如有的合伙企业要求全体合伙人一致同意才能对外融资，有的要求按照少数服从多数来做决策。

2. 执行事务合伙人出具相关决议

合伙企业对外融资时，执行事务合伙人作为合伙企业的代表人对外执行合伙事务，故通常执行事务合伙人需要在相关文件上盖章或签字，类似于公司中的法定代表人，但作为执行事务合伙人本身，如果是公司或者合伙企业等，仍旧需要根据其章程或合伙协议另行出具其代表合伙企业执行融资事项的相关决议。综上，合伙企业对外融资时需要出具两份决策文件，一份为合伙企业的决议，另一份为执行事务合伙人（主体为公司或合伙企业）的决议。

四、其他需要注意的问题

1. 私立学校、医院作为融资主体

私立学校、医院虽然形式上看具有教学、医疗的性质，但其常见的主体特征为民办非企业单位或公司制，若为民办非企业单位，则需要按照其单位内部决策程序进行有效决议；若为公司制，则需要按照公司章程相关内容进行有效决议。

2. 非营利法人中事业单位作为融资主体

根据《民法典》第八十七条"非营利法人包括事业单位、社会团体、基金会、社会服务机构等"及第八十八条"具备法人条件，为适应经济社会发展需要，提供公益服务设立的事业单位，经依法登记，取得事业单位法人资格"及第八十九条"事业单位法人设理事会的，除法律另有规定外，理事会为其决策机构"可知，《民法典》中的事业单位范围仅为为适应经济社会发展需要，提供公益服务设立的，实务中存在的以承担行政职能的事业单位和从事生产经营活动的事业单位，在事业单位改革完之前，应当予以区分，实务中事业单位作为融资主体的情形存在，但较少。

第四节 签订主合同流程和相关资料

一、签订主合同流程

主合同的签订通常没有具体的流程，不像其他担保措施需要办理登记等。但通常在考虑主合同签订时，需要选择后期的法律处理方法，常见的有三种：

1. 办理赋予强制执行效力的公证债权文书

（1）根据《最高人民法院、司法部关于公证机关赋予强制执行效力的债权文书执行有关问题的联合通知》（［司发通〔2000〕107 号］）《公证法》《公证程序规则》可知，具有强制执行效力的债权文书是指经公证、以给付为内容并载明债务人愿意接受强制执行承诺的债权文书，当债务人不履行或者履行不适当的，债权人可以凭该债权文书依法向有管辖权的人民法院申请执行。同时根据《民事诉讼法》第二百三十八条规定，对公证机关依法赋予强制执行效力的债权文书，一方当事人不履行的，对方当事人可以向有管辖权的人民法院申请执行，受理的人民法院应当执行。故，只要办理了合法有效的"具有强制执行效力的债权文书"，就可以同法院判决书或仲裁裁决书一样，作为法院执行的依据。

根据《最高人民法院、司法部关于公证机关赋予强制执行效力的债权文书执行有关问题的联合通知》（［司发通〔2000〕107 号］）的规定，对公证机构赋予强制执行效力债权文书应当具备以下三个条件：一是债权文书具有给付货币、物品、有价证券的内容；二是债权债务关系明确，债权人和债务人对债权文书有关给付内容无异议；三是债权文书载明债务人不履行义务或者不完全履行义务时，债务人愿意接受依法强制执行的承诺。

（2）《最高人民法院关于审理涉及公证活动相关民事案件的若干规定》第三条第二款规定"当事人、公证事项的利害关系人对具有强制执行效力的公证债权文书的民事权利义务有争议直接向人民法院提起民事诉讼的，人民法院依法不予受理……"，可知，公证机关办理赋予强制执行效力的债权文书后，该文书可以作为执行依据，作为债权人已经通过公证程序取得了被赋予执行效力的相关法律文书，因此就不能另行寻求诉讼程序再次取得执行根据。

（3）申请出具强制执行公证文书与申请执行的异同。办理完赋予强制执行效力债权文书后，应当注意申请出具强制公证文书的时间，该时间一般指债权文书的合同内容到期后，于向法院申请执行前，应当在一定的时间内（一般为 2 年，具体需要根据办理公证事项的公证规则），先向公证处申请出具公证文书；申请执行，一般指向法院申请强制执行，根据《民事诉讼法》第二百三十九条的规定，申请强制执行的期间为 2 年。申请执行时效的中止、中断，适用法律有关诉讼时效中止、中断的规定。前款规定的期间，从法律文书规定履行期间的最后一日起计算；法律文书规定分期履行的，从规定的每次履行期间的最后一日起计算；法律文书未规定履行期间的，从法律文书生效之日起计算。故在向公证处申请出具执行证书时，要遵守公证规则对于申请出具执行文书期限的约定，否则一般对于超过申请执行期限的债权文书，不会出具执行文书；对于超过申请执行期限的公证文书申请立案执行的，法院不予执行。

（4）要明确被执行人以及执行标的。具有强制执行效力债权文书是人民法院办理强制执行的依据，具有强制执行效力债权文书应当明确执行标的、申请执行期限、被执行人等内容。

（5）类金融机构可以办理赋予强制执行公证。根据 2017 年 8 月 14 日司法部印发的《关于公证执业"五不准"的通知》中的"二是不准办理非金融机构融资合同公证。在有关管理办法出台之前，公证机构不得办理自然人、法人、其他组织之间及其相互之间（经人民银行、银监会、证监会、保监会，商务主管部门、地方人民政府金融管理部门批准设立的从事资金融通业务的机构及其分支机构除外）的融资合同公证及赋予强制执行效力公证"可见，在该通知发布后，自然人、法人、非法人组织及其相互之间的融资类合同不能再办理赋予强制执行公证的情况下，金融机构、类金融机构等被批准设立从事资金融通业务的机构及其分支机构可办理赋予强制执行公证业务。

2. 仲裁

（1）仲裁程序。仲裁是指发生争议的双方当事人，根据其在争议发生前或争议发生后所达成的协议，自愿将该争议提交中立的第三者进行裁判的争议解决制度和方式。仲裁具有三要素：一是仲裁以双方当事人自愿协商为基础；二是仲裁由双方当事人自愿选择的中立第三者进行裁判；三是经由当事人选择的中立第三者作出的裁决对双方当事人具有约束力。与调解和诉讼一样，仲裁也是解决争议的一种方式。

（2）仲裁程序特点。作为一种解决财产权益纠纷的民间性裁判制度，仲裁既不同于解决同类争议的司法、行政途径，也不同于人民调解委员会的调解和当事人的自行和解。其具有自愿性、专业性、灵活性、保密性、快捷性、经济性等特点。

（3）仲裁备案或网络仲裁。仲裁备案指在签订合同时当事人通过对各种合同、争议解决协议以及其他记载权利义务的文件在仲裁委进行备案和确认，以减少纠纷发生时双方对原始证据产生争议的风险，降低后期合同双方权利救济成本的一种仲裁备案制度程序。其特点较为明显：一是备案业务能够有效地防止当事人在签订合同后引发的对合同真实性的异议，或有效应对合同或文件的原件丢失、毁损、灭失等不利情形；二是备案业务与定制仲裁协议具有承接性，定制仲裁协议是当事人在合同起草阶段对仲裁程序进行的特别约定，约定的是否有效或是否存在瑕疵仍是当事人较为关注的重点，合同备案业务中备案仲裁员能够在对合同真实性审查的基础上，完善当事人的定制仲裁协议，弥补后期仲裁的漏洞。

网络仲裁是指通过网络仲裁系统（该系统主要包含了从电子合同签署与存证、电子证据梳理等网络仲裁系统服务）申请仲裁，实现交易平台的数据直接对接仲裁系统，仲裁系统自动审核案件。其主要案件类型为网络借贷纠纷、消费金融纠纷等互联网金融纠纷。其特点为：一是数据海量化，一批案件通常有几千上万件的规模；二是证据电子化，大部分的交易流程在网上进行，合同、支付凭证均为电子证据。

无论是仲裁备案，还是网络仲裁，发生仲裁事项解决纠纷时，仍需要按照仲裁程序进行受理、仲裁等，以保障程序的合法性，由仲裁委对发生的事实进行实质审查和仲裁裁决。其不同于先予仲裁，根据《最高人民法院关于仲裁机构"先予仲裁"裁决或者调解书立案、执行等法律适用问题的批复》，可知，网络借贷合同当事人申请执行仲裁机构在纠纷发生前作出的仲裁裁决或者调解书的，人民法院应当裁定不予受理；已经受理的，裁定驳回执行申请。

3. 诉讼

诉讼为一种常规的纠纷解决方案，在签订主合同时，主要考虑其诉讼管辖即可，根据《民事诉讼法》第二十三条"因合同纠纷提起的诉讼，由被告住所地或者合同履行地人民法院管辖"及《最高人民法院关于审理民间借贷案件适用法律若干问题的规定》第三条"借贷双方就合同履行地未约定或者约定不明确，事后未达成补充协议，按照合同有关条款或者交易习惯仍不能确定的，以接受货币一方所在地为合同履行地"，应当尽量选择有利于自身一方的管辖地，在满足上述法律规定的情况下，选择被告住所地、合同履行地、接受货币一方所在，以备后期不良处理时的有利性和便利性。

互联网法院，是我国分别在杭州市、北京市、广州市设立的三家集中管辖所在市的辖区内应当由基层人民法院受理的特定类型互联网案件，包括但不限于互联网金融借款、小额借款合同纠纷等的互联网法院。其特点为：一是其案件审理以全程在线为基本原则，即案件的受理、送达、调解、证据交换、庭前准备、庭审、宣判等诉讼环节一般应当在互联网上完成。二是作为法院办理案件和当事人及其他诉讼参与人实施诉讼行为专用平台，依托该平台，互联网法院开放数据接口，有序接入相关电子商务平台经营者等便利当事人进行诉讼。

二、签订主合同相关资料

第一，融资主体为自然人的，在签订主合同时，应当提供身份证、户口本、结婚证或离婚证、其他能够证明婚姻状况的文书。因目前民政部门不再向申请主体开具《单身证明》，故对融资主体的婚姻状况，可以通过民政局查档或查看法院判决/调解书的方式进行确定。另说明，通过法院调解或判决离婚的自然人，因法院调解书/判决书生效后和民政局颁发的离婚证均具有证明婚姻关系解除的作用，取得生效的法院调解书/判决书的当事人，并不需要再去民政局领取离婚证，故其提供法院生效的调解书/判决书，同样具有证明婚姻关系及状态的作用。

第二，融资主体为公司、合伙企业的，在签订主合同时，应当提供营业执照、基本信息情况表、章程及历次修正案、股东会决议/董事会决议等相关内部决策文件。其中基本信息情况表、章程及历次修正案由工商局进行调档查询，以确保其真实性。

实务中，绝大多数类金融机构融资主体的股东会决议/董事会决议等相关内部决策文件采取面签的较多，其从一定程度上保证了股东会决议/董事会决议等决策文件的真实性。但在具体业务办理中，也有一部分企业无法做到该决策文件的面签程序，应当由融资主体将该决策文件内部签署完成后交付给类金融机构，并出具承诺保证签字或盖章的真实性，否则应当承担相关法律后果，类金融机构做好形式上审查，即可在掌握原则性和灵活性的情况下，最大程度地降低业务风险。

在融资主体为有限责任公司和股份有限公司时，这两种主体在工商查档中因工商变更和备案的异同而具有一定的差异：有限责任公司的股东变更需要通过工商登记变更，董事、监事、高级管理人员发生变更均需要进行备案登记，当发生工商登记与实际情况不一致时，由于工商登记的公示效力，应以工商登记为准；股份有限公司在工商局的登记、变更、备案与有限责任公司不同，股份有限公司在工商局登记仅登记设立、发起人等信息，对后续其股东变更不进行变更登记，仅在公司进行股东登记，并记载于股东名册上，对股份有限公司的董事、监事、高级管理的变更需要进行备案登记，故对股份有限公司的信息查询除了查询工商登记外，应当查询公司相关内部文件，以确保后续签订合同的有效性。

第三，融资主体为非营利法人中的事业单位时，在签订主合同时应当提供包括但不限于能够证明其主体资质的相关证明、内部决策相关文件等。由于该类企业的特殊性和复杂性，应当核查其主管部门及相关机构，确保其有权利能力签订相关合同，履行相关合同义务。

第五节 其他需要说明

一、主合同无效情形及处理

根据《民法典》第一百四十四条"无民事行为能力人实施的民事法律行

为无效"、第一百四十六条"行为人与相对人以虚假的意思表示实施的民事法律行为无效"、第一百五十三条"违反法律、行政法规的强制性规定的民事法律行为无效。但是，该强制性规定不导致该民事法律行为无效的除外。违背公序良俗的民事法律行为无效"、第一百五十四条"行为人与相对人恶意串通，损害他人合法权益的民事法律行为无效"可知，导致主合同无效的情形主要为：无民事行为能力人实施的、与相对人虚假的意思表示实施的、违反法律、行政法规的强制性规定的，违背公序良俗的等。

而对于主合同无效后的结果，根据《民法典》第一百五十五条"无效的或者被撤销的民事法律行为自始没有法律约束力"及第一百五十七条"民事法律行为无效、被撤销或者确定不发生效力后，行为人因该行为取得的财产，应当予以返还；不能返还或者没有必要返还的，应当折价补偿。有过错的一方应当赔偿对方由此所受到的损失；各方都有过错的，应当各自承担相应的责任。法律另有规定的，依照其规定"可知，无效的处理，结合实务具体情形，因该行为取得的财产，返还；不能或没必要返还，折价补偿；有过错方赔偿无过错方的损失；均有过错的，各自承担。具体到类金融业务过程中，若发生主合同无效的情形，可要求融资主体返还融资款项，根据各方过错程度和具体业务，可以向融资主体主张赔偿资金占用期间的损失。

二、主合同和从合同效力独立的问题

根据《民法典担保制度解释》第二条"当事人在担保合同中约定担保合同的效力独立于主合同，或者约定担保人对主合同无效的法律后果承担担保责任，该有关担保独立性的约定无效。主合同有效的，有关担保独立性的约定无效不影响担保合同的效力；主合同无效的，人民法院应当认定担保合同无效，但是法律另有规定的除外。因金融机构开立的独立保函发生的纠纷，适用《最高人民法院关于审理独立保函纠纷案件若干问题的规定》……"及结合《九民纪要》第五十四条"从属性是担保的基本属性，但由银行或者非银行金融机构开立的独立保函除外。……"可知，除了法定的独立担保外，所有有关排除担保从属性的约定都是无效的，类金融机构与融资主体不能通过约定的方式约定担保合同独立于主合同，从而排除主合同无效导致担保合同的情形。

三、格式合同的问题

《民法典》第四百九十六条、第四百九十七条集中对格式条款的相关问题

进行了规定。相较于《合同法》第三十九条、第四十条，本次修法对格式条款的提供方提出了更高的要求。有关格式条款，类金融机构应当重点关注如下几个方面：

（1）格式条款的定义：根据《民法典》第四百九十六条第一款"格式条款是当事人为了重复使用而预先拟定，并在订立合同时未与对方协商的条款"，集中表现为三点："预先拟定"、"重复使用"、未经协商。

（2）注意义务：根据《民法典》第四百九十六条第二款"采用格式条款订立合同的，提供格式条款的一方应当遵循公平原则确定当事人之间的权利和义务，并采取合理的方式提示对方注意免除或者减轻其责任等与对方有重大利害关系的条款，按照对方的要求，对该条款予以说明。提供格式条款的一方未履行提示或者说明义务，致使对方没有注意或者理解与其有重大利害关系的条款的，对方可以主张该条款不成为合同的内容"，要求提供方采用合理的方式进行提示和说明。

具体在法律实务中，类金融机构可以采用如下方式提升签约管理：

（1）对合同中重要的内容不论是否限制、排除对方权利，均应以加粗、加黑的方式凸显；

（2）配合提供签约说明书，提示签约人注意对加黑、加粗的内容关注。

（3）最终使用文本并非格式文本的，应当包括内部的审批记录并配合保留签约磋商的证据。例如各方往来邮件、通讯记录等，从而排除格式条款规则的适用。

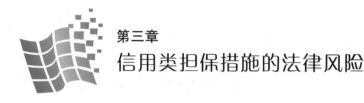

第三章

信用类担保措施的法律风险

第一节　个人保证

一、个人保证合同内容及简述

个人保证即保证人属于自然人，保证人与债权人约定当债务人不履行债务时，保证人按照约定履行债务或者承担责任的行为。保证人以其个人的合法财产对债务提供保证。在办理业务过程中，有关个人保证相关内容及简述如下：

1. 担保类业务

《反担保个人保证合同》：提供个人保证的人为反担保保证人，该类合同是指担保债权人（即向债权人提供担保的担保人）与反担保人（自然人）签订的，由反担保人向担保人以其个人财产提供保证，若主合同到期或者提前偿还时，债务人未及时足额归还，导致担保债权人发生代偿时，担保人以其资产代债务人偿还债务的合同。

2. 小贷类业务

《个人保证合同》：作为自然人的保证人，向债权人小额贷款公司提供的保证担保，约定到期后债务人不及时足额归还借款，由担保人以其个人财产向债权人偿还债务的合同。

3. 典当类业务

《个人保证合同》或《担保函》：典当类业务由于其特殊性，常见的为在主合同之外单独签订保证合同或者由保证人出具担保函，担保合同或担保函内容主要为保证人作为自然人承诺，若当户到期未及时赎当，典当行可要求保证人就当物未清偿之部分承担保证责任，具体以双方签订的相关协议为准。

4. 融资租赁类业务

《个人保证合同》：主要内容约定为承租人到期未及时支付租金，作为自然人的保证人自愿以其个人资产代为偿还租金的合同。融资租赁业务中保证人提供担保的主债权为租赁债权。该合同担保对应的主合同主要为融资租赁公司与融资主体签订的租赁合同。

5. 保理类业务

《个人保证合同》：主要体现在有追索权的保理业务中，合同内容约定作为自然人的保证人与保理公司约定，若主合同到期，融资主体未及时足额归还保理资金，返还保理融资款本息，或回购融资主体应收账款的，则保证人以其个人资产偿还该资金。该合同担保的主合同为保理公司与融资主体签订的保理合同。

6. 其他类业务

实务中常见的其他类提供个人保证的形式为担保函，在主合同上以保证人名义签字。无论是担保函或者以保证人的名义在主合同签字均属于作为自然人保证人的单方的承诺，其效力具体根据担保函或在主合同签订时有无其他约定来确定，担保函或者在主合同上以保证人名义签字但无其他约定的，则按照相关法律法规处理。

二、个人保证合同的常见主体

第一，能够提供个人保证的主体，需年满 18 周岁，属于完全民事行为能力人。16 周岁至 18 周岁，以自己劳动收入作为主要生活来源的，可视为完全民事行为能力人，此种情况下，实务中需要求其在签署合同时，提供其工作单位的在职证明，以确定其有行为能力进行民事行为。同时需精神正常，在签订合同时，能够进行正常的意思表达和签订合同，能够承担相应的法律责任。

第二，以签订合同时间节点为准。实务中判断保证人主体层面能否提供有效的保证，主要以签合同的时间节点为准，常见实务中保证人在签订合同时符合其年龄要求和精神状态要求，其主体资格即满足签订合同的要求，至于保证人签订合同时满足主体要求，签订后在履行担保义务时变成限制行为能力人或者无民事行为能力人，并不影响其承担担保责任。

三、个人保证合同常见的法律风险与处理方法

1. 形式不限

提供个人保证的形式多种多样，可以签订保证合同，也可出具担保函，或者以保证人的身份在主合同中签字等，结合实务及相关法律，若保证人单独提供保证，债权人接受且未提异议的，也成立担保关系，根据《民法典》第六百八十五条"保证合同可以是单独订立的书面合同，也可以是主债权债务合同中的保证条款。第三人单方以书面形式向债权人作出保证，债权人接收且未提出异议的，保证合同成立"可明确。

2. 保证人和见证人有本质区别

在民事关系中，见证人多指在合同现场，证明合同系双方真实意思表示，并且亲笔签名的第三人，仅起证明事实存在的作用。其中第三人可以是自然人，也可以是第三方机构，比如公证处就有公证见证业务，见证事务的发生或者合同签订的事实；律师业务中的律师见证业务，以独立第三方的角色见证合同的签订，在后期诉讼过程中，起到证人的作用。而保证人属于合同中一方，根据合同约定承担保证义务。

3. 财产划分阶段

其中一个自然人向主债权人提供保证的，具体划分如下：阶段一：单身，未婚；阶段二：婚姻关系存续期间；阶段三：离异后未再婚；阶段四：再婚。

实务中，自然人可以按照其婚姻状态来具体区分其个人财产，能够区分是否为其个人财产是判定其承担保证的财产范围的最重要指标之一。

阶段一：单身，自然人处于单身阶段的时候，其承担责任以其自有的全部个人财产承担担保责任。单身阶段的个人财产包括：合法的收入、房屋、生活用品、生产工具、原材料等不动产和动产（《民法典》第二百六十六条）。

阶段二：婚姻关系存续期间，自然人一个人提供保证时，其婚姻状况若处于婚姻关系存续期间，个人对外提供担保，其配偶未提供保证时，提供保证担保的财产范围为：以其婚前个人财产、婚后个人财产及婚后共同财产中的个人财产部分提供保证担保。具体如下：

（1）婚前个人财产：此处财产范围等同于单身未婚时的个人财产部分，详见上述。

（2）婚后个人财产部分：①提供保证一方的个人婚前财产；②提供保证

一方因身体受到伤害获得的医疗费、残疾人生活补助费等费用；③遗嘱或赠与合同中确定只归提供保证的夫或妻一方的财产；④一方专用的生活用品；⑤其他应当归一方的财产（《民法典》第一千零六十三条）。该部分资产无论婚姻状态如何，始终归其中一方个人，而不会随着时间的推进混同为夫妻共同财产。

（3）婚后共同财产中的个人财产部分：夫妻婚姻关系存续期间共同财产中应属于夫妻一方的财产部分，该部分资产属于夫妻共同财产，只不过该共同财产中有一部分属于提供保证一方的共同财产的份额部分。婚姻关系中的夫妻共同财产主要指：①工资、奖金、劳务报酬；②生产、经营、投资的收益；③知识产权的收益；④继承或者受赠的财产，但是确定只归一方的财产的除外；⑤其他应当归共同所有的财产（《民法典》第一千零六十二条）。关于其他应当归共同所有的财产，《最高人民法院关于适用〈中华人民共和国民法典〉婚姻家庭编的解释（一）》第二十五条有相应的说明："婚姻关系存续期间，下列财产属于民法典第一千零六十二条规定的'其他应当归共同所有的财产'：（一）一方以个人财产投资取得的收益；（二）男女双方实际取得或者应当取得的住房补贴、住房公积金；（三）男女双方实际取得或者应当取得的基本养老金、破产安置补偿费。"

阶段三：离异后未再婚，提供保证的自然人属于离异但未再婚时，主要以其婚前财产、上一段婚姻关系中的个人财产、上一段婚姻关系中夫妻共同财产在离婚分割后提供保证一方取得的财产及提供保证一方在离异后产生的个人财产的现存财产部分。实务中，婚前单身阶段财产主要通过财产取得的时间和结婚时间判断其是否为婚前财产。夫妻共同财产在离婚分割后提供保证一方取得的财产，主要通过判断上一段婚姻的解决方式判断，若是通过民政局协议离婚，则从民政局调档《离婚协议》判断其双方的财产归属；若是通过诉讼离婚，则需要通过法院判决书或调解书确定上一段婚姻中分割给保证人的财产。

阶段四：再婚，提供保证的人处于再婚阶段，但其配偶未提供保证的情况下，主要提供财产的范围为其婚前财产、上一段婚姻关系中的个人财产、上一段婚姻关系中夫妻共同财产在离婚分割后提供保证一方取得的财产、提供保证一方在离异后产生的个人财产、再婚后个人财产部分、再婚后夫妻共同财产中属于其个人财产份额部分的现存财产部分。其复杂程度类同于婚姻关系存续期间一个人提供保证部分。

4. 婚姻关系存续时

婚姻关系存续期间，两个自然人向主债权人提供保证的，具体划分如下：

阶段一：婚姻关系存续期间，以夫妻双方各自的婚前个人财产，各自的婚后个人财产及婚姻关系存续期间的共同财产的现存价值向债权人提供保证担保，若债务人到期未能及时足额偿还，由夫妻双方以上述财产的现存价值共同对外承担责任。

阶段二：再婚，通常指提供保证的夫妻双方其中一方或双方曾在本次婚姻之前和其他第三人有过至少一次婚姻，其提供担保的财产范围基本和婚姻关系存续期间相同，不同的财产范围是包括上一次婚姻中分得的个人财产部分的现存价值，该部分的财产的所有权核实同样可以通过民政局查档或者法院的判决书或调解书内容进行判断。

5. 签订个人财产清单的必要性

由于财产始终处于变动状态，保证人提供的财产范围为保证人财产的现存价值，这就需要在签订相关保证合同时，核实和明确保证人的现有财产部分，需要保证人签订个人财产清单。但实务中个人财产的清单通常由保证人自行提供，由于各种原因，通常保证人列明的财产大部分为债权人已知悉的财产或价值低廉的财产，远没有达到预期，故在实务中，还需要依靠前期的客户调研过程中收集到的客户财产明细或者是在贷后管理过程中收集的财产线索进行补足。

6. 夫妻一方对外担保之债，能否认定为夫妻共同债务

根据《民法典》第一千零六十四条"夫妻双方共同签名或者夫妻一方事后追认等共同意思表示所负的债务，以及夫妻一方在婚姻关系存续期间以个人名义为家庭日常生活需要所负的债务，属于夫妻共同债务。夫妻一方在婚姻关系存续期间以个人名义超出家庭日常生活需要所负的债务，不属于夫妻共同债务；但是，债权人能够证明该债务用于夫妻共同生活、共同生产经营或者基于夫妻双方共同意思表示的除外"可知，夫妻共同债务的认定的情形一为需要共同签名或事后追认，也即"共签共债""共债共签"；情形二为家庭共同生活，而以个人名义负债；情形三为债权人能够证明用于夫妻共同生活、共同生产经营，否则不能认定为夫妻共同债务。且该条并不包含对外担保之债。

同时根据最高人民法院民一庭《关于夫妻一方对外担保之债能否认定为夫妻共同债务的复函》（［2015］民一他字第9号）：即夫妻一方对外担保之债

不应当适用《最高人民法院关于适用〈中华人民共和国婚姻法〉若干问题的解释（二）》第二十四条的规定认定为夫妻共同债务。

结合上述可认定为夫妻共同债务的情形，夫妻一方担保之债，并不满足任何一种，且《民法典》第一千零六十四条相较于《最高人民法院关于适用〈中华人民共和国婚姻法〉若干问题的解释（二）》第二十四条有着重大原则性变更，夫妻一方对外担保之债，是否认定为夫妻共同债务，需要以《民法典》相关解释为准进行把握。

7. 非法财产是否是保证财产范围的内容

非法财产指非合法取得的财产，通常指赌博、贪污、受贿等非法手段获得的财产。该部分财产并非保证人的个人合法收入，故该部分财产并非保证财产范围的内容。实务中，涉及区分保证人现存财产是否属于非法财产时，法律实务中可能存在民刑交叉的问题。比如该保证人现存的名下的房产，为保证人受贿所得，在要求保证人承担担保责任，查封执行该保证人名下资产时，其他检察机关以保证人的该房产为保证人受贿款所购买，存在刑民交叉中的实务处理问题。

8. 承担保证责任以现存财产承担责任

保证人在签订相关担保合同时，即向债权人提供了担保责任，即当债务到期，债务人无法及时足额归还债务时，由保证人承担归还债务的担保责任。由于保证人的财产时刻处于变动之中，保证人在签订合同时与债权人要求承担担保责任时的财产状况可能完全不一样，保证人承担担保责任的范围为保证人财产的现存价值，即担保财产范围为债权人要求保证人承担担保责任时保证人的当下财产的现存价值。在实务中可以采取以下方式，降低保证人由于财产变动而带来的风险：一方面可以在合同中约定财产发生变动需要告知债权人；另一方面需要在业务办理完成之后，在后期的管理中做好贷后管理，掌握保证人的财产变动情况，若保证人财产价值明显降低或保证人处置重大财产等可以要求债务人或者保证人提供价值相当的实物担保，或者要求增加保证人，以扩大融资方的财产范围，降低风险。

9. 在主合同上签字和订立个人保证合同的异同

个人提供保证，承担担保责任的形式有在主合同上以保证人名义进行签字和与主债权人签订保证合同等，但这两种形式有很多异同之处：一是相同之处：（1）签订的主体均为保证人；（2）签订后，均需要承担保证责任。二是不同之处：（1）主合同上仅以保证人名义签字，但未约定保证方式的，对保证方式没有约定或约定不明的，按照一般保证承担保证责任（《民法典》第六百八十六条）。而签订保证合同的双方可以约定保证方式为连带责任保证或者一般保证，签订合同条款时可以更明确。（2）主合同上仅以保证人名义签字未约定保证期限的，没有约定或约定方式不明的，保证期限为主债务履行期限届满之日起六个月（《民法典》第六百九十二条）。而签订保证合同的双方可以自行约定保证期限，比如保证期限为借款到期后 3 年等，约定会更有利于主债权人。

四、签订个人保证合同流程和相关资料

1. 签订个人保证合同流程

个人保证合同的签订无具体流程要求。由于主合同在签订时已经选择了发生纠纷后的争议解决方式，通常个人保证合同作为从合同，其选择争议解决的方式同于主合同，不再赘述。

2. 相关资料

签订个人保证合同时，由于提供保证担保的主体为自然人。其需要提供的资料文件主要包括：身份证、户口本、结婚证或离婚证、财产清单、银行征信。

通过财产清单，可以查看保证人提供担保时的财产范围，后期保证人的财产范围可能扩大，即财产增加，也可能会产生财产范围的缩小，即财产减少，但债权人要求保证人承担担保责任时，以该财产范围项下的现存价值为准。

银行征信在签订保证合同之前的，可以要求保证人自行打印（一般本人持有身份证，可在中国人民银行窗口打印查询），银行征信除显示保证人自身有无逾期，征信是否良好，更重要的是可以通过该银行征信记录查看该保证人名下是否有按揭房屋、按揭车辆及其他负债情况，通过以上情况以确定保证人的担保代偿能力。

五、个人保证合同其他需要说明

1. 保证人死亡后，保证责任的承担问题

根据《民法典》第一千一百五十九条"分割遗产，应当清偿被继承人依法应当缴纳的税款和债务；但是，应当为缺乏劳动能力又没有生活来源的继承人保留必要的遗产"可知，遗产管理人在分割遗产时，需要对税款、债务

清偿，也要对特定继承人进行必要的财产保留。同时，结合实务及相关判例，保证人死亡后，虽然其民事权利能力终止了，但其个人生前所负的债务，包括但不限于担保之债，并不因为死亡而免除，其遗产仍将作为生前所负担债务的责任财产，继承人应当在其所继承遗产的范围内承担保证责任。

六、相关案例

《中华人民共和国最高人民法院民事裁定书》（2019）最高法民申 1360 号

1. 案情介绍

再审申请人梁某林、甘肃某担保有限公司（以下简称某公司）、刘某、黄某因与被申请人甘肃某银行天水北路分理处（以下简称某分理处）金融借款合同纠纷一案，不服甘肃省高级人民法院（2018）甘民终 488 号民事判决，向最高人民法院申请再审。

某公司申请理由：（1）某公司与某分理处之间没有签订过保证合同及条款，房地产抵押估价协议书既不是保证合同也不是借款合同中的保证条款，其不符合保证合同的形式要件也不属于保证条款；（2）某公司就不应当基于签署同意将所有的房产作为抵押担保形成的文书承担保证担保责任；（3）某分理处改变款项用途，据此不应当承担保证责任；（4）本案属于典型的"套路贷"。

刘某申请再审理由：（1）刘某与某分理处之间没有签订过保证合同及条款。刘某签字的抵押承诺书及房地产抵押估价协议书既不是保证合同也不是借款合同中的保证条款，其不符合保证合同的形式要件也不属于保证条款；（2）某分理处对某公司所有的房产不享有优先受偿权，据此刘某就不应当基于签署同意某公司将所有的房产作为抵押担保形成的文书承担保证担保责任；（3）改变款项用途时刘某不应当承担保证责任；（4）本案属于典型的"套路贷"。

黄某申请再审理由：（1）本案没有对贷款保证期限进行约定，如果黄某属于保证人，其保证期限已经超过，不再承担保证责任；（2）黄某在房地产抵押估价协议书上的签字，明确注明财产共有人，并没有写明自己为担保人；（3）债务人在未征得保证人同意的情况下，擅自改变借款性质，保证人不再承担保证责任。

梁某申请再审理由：（1）梁某没有为虚假借款做过独立的保证担保；（2）即使将房地产抵押估价协议书第二条约定理解为在抵押担保之外的保证

担保，但梁某和其他股东的保证对象也只能是用于土方工程的借款，而不是某分理处擅自改变的为某公司对他人汽车按揭贷款担保还款；（3）本案属既有人的保证又有物的担保的情形。但因某分理处与某公司抵押担保合同的抵押物没有及时办理房地产的抵押登记手续，双方均有过错，某分理处应当自行承担责任。

2. 裁定内容

本院认为，根据再审申请人的申请事由，本案再审审查的焦点为：……（2）某公司、刘某、黄某、梁某是否为本案保证人，是否应当承担保证担保责任；……

关于某公司、刘某、黄某、梁某是否为本案保证人，是否应当承担保证担保责任的问题。本院认为，本案双方虽未签订单独的保证合同，但在《房地产抵押估价协议书》中记载，该协议为贷款合同的补充协议，且第二条中载明某公司及其财产共有人梁某林、黄某、梁某承诺自愿将该房产作为梁某林贷款 1000 万元的抵押物，在贷款未还清前，不得处分设定抵押的房地产，并承担连带责任保证。在《担保抵押承诺书》中刘某亦承诺自愿承担连带清偿责任，故各保证人应当按照约定承担相应的保证担保责任。虽然某公司、刘某、黄某申请再审时提供了 2013 年 12 月 26 日特种转账凭证复印件一份、委托支付承诺书复印件一份、某公司章程修正案两份、某公司出具的证明一份、刘某出具的事实证明一份，以此证明某分理处改变了借款用途，某公司、刘某、黄某并非本案的保证人，不应当承担连带清偿责任，但某公司、刘某提供的证据均系复印件，不符合证据的形式要件，某公司、刘某、黄某提供的上述证据亦不符合再审新证据的构成要件，既不能否定双方之间已形成金融借款保证担保的法律关系，也不能免除某公司、刘某、黄某所应承担的保证担保责任，同样不能证明某分理处改变了借款用途，故某公司、刘某、黄某提供的上述新证据并不足以推翻原审判决。

对于黄某申请再审提出保证期间已经超过的主张。本院认为，参照《最高人民法院关于审理民事案件适用诉讼时效制度若干问题的规定》第四条"当事人在一审期间未提出诉讼时效抗辩，在二审期间提出的，人民法院不予支持，但其基于新的证据能够证明对方当事人的请求权已过诉讼时效期间的情形除外。当事人未按照前款规定提出诉讼时效抗辩，以诉讼时效期间届满为由申请再审或者提出再审抗辩的，人民法院不予支持"的规定，黄某在一审中并未提出该主张，其在一审判决后也未提起上诉，现提出前述主张，有违民事诉讼程序。本院对其该项再审主张不予支持。对于黄某提出二审未审查其是对借款或房产抵押提供担保，故二审认定事实错误的主张。本院认为，本案为金融借款合同纠纷，根据一、二审已经查明的事实，黄某所提供的担保即是对案涉1000万元借款提供的连带责任保证，黄某在二审时亦未提出上诉或提供相应证据佐证其主张，故本院对其该项再审主张不予支持。

对于梁某提出的因抵押权未设立应当减轻或免除其担保责任的问题。本院认为，双方未办理房产抵押登记是因某公司未取得该抵押房产的所有权证书，无法办理抵押登记，导致抵押权未设立。本案的各担保人均为某公司的股东，对公司房产未取得房屋产权证书的事实明确知晓，故并不能据此减轻或免除各担保人的保证责任。

对于某公司、刘某提出"套路贷"的问题。本院认为，"套路贷"，是对以非法占有为目的，假借民间借贷之名，诱使或迫使被害人签订"借贷"或变相"借贷""抵押""担保"等相关协议，通过虚增借贷金额、恶意制造违约、肆意认定违约、毁匿还款证据等方式形成虚假债权债务，并借助诉讼、仲裁、公证或者采用暴力、威胁以及其他手段非法占有被害人财物的相关违法犯罪活动的概括性称谓。本案系金融机构与借款人、担保人之间签订的金融借款合同，并不属于"套路贷"审查的范围，且某公司、刘某亦未提供证据证明本案的借款属于"套路贷"，涉嫌违法犯罪活动，因此某公司、刘某提出本案系"套路贷"，故案涉借款合同应为无效的主张不能成立。

3. 其他案例

《陕西省西安市新城区人民法院民事判决书》(2019) 陕 0102 民初 3543 号

本院认为，原告与温某签订的《融资租赁合同》、《租赁物买卖合同》系双方真实意思表示，内容不违反法律规定，合法有效，依法应予保护。原告按约履行完付款义务后，被告温某未按照《融资租赁合同》的约定履行支付租金的义务，被告温某武、谢某、宗某、谢某坤亦未按照《保证担保函》的承诺履行连带保证担保义务，四被告均构成违约，依法应承担违约责任。……关于原告要求被告温某武、谢某、宗某、谢某坤承担连带担保责任之诉讼请求，因四被告的担保期限截至 2018 年 12 月 14 日届满，原告无证据证明其在担保期限届满之前向四被告主张过担保权利，四被告的担保责任在 2018 年 12 月 14 日之后依法已免除，原告该项诉讼请求缺乏事实及法律依据，本院不予支持。

第二节 法人/非法人组织保证

一、法人/非法人组织保证合同内容及简述

法人/非法人组织保证即保证人属于具有清偿债务能力的法人或非法人组织的，保证人与债权人约定当债务人不履行债务时，保证人按照约定履行债务或者承担责任的行为。

保证人以其法人/非法人组织的合法财产对债务提供保证。在办理业务过程中，有关法人/非法人组织保证相关内容及简述如下：

1. 担保类业务

《反担保保证合同》：提供法人/非法人组织的保证人为反担保保证人，该类合同主要内容为担保债权人（即向债权人提供担保的担保人）与反担保人签订的，约定由反担保人向担保债权人以其财产提供保证担保，若主合同到期或者提前偿还时，债务人未及时足额归还，导致担保债权人发生代偿时，保证人以其资产代债务人向担保债权人进行提供保证担保等相关内容的合同。

2. 小贷类业务

《保证合同》：作为法人/非法人组织的保证人与债权人小额贷款公司达成的，约定当债务到期债务人不履行债务时，由法人/非法人组织的保证人按照该合同约定承担担保责任行为的合同。

3. 典当类业务

《保证合同》或《担保函》：典当类业务常见的担保合同签订，为在主合同之外单独签订保证合同或者由保证人出具担保函，担保合同或担保函内容主要为保证人作为法人/非法人组织时，当债务已到期而未获清偿时，由法人/非法人组织的保证人按照该合同约定或担保函承诺内容履行债务或者承担责任行为的合同或函件。

4. 融资租赁类业务

《保证合同》：主要内容为作为法人/非法人组织的保证人与融资租赁主合同中的出租人签订的，约定承租人（即债务人）到期未及时足额支付租金，作为法人/非法人组织的保证人自愿以其资产代为偿还租金的合同。融资租赁中保证人担保的债权为租赁债权，即该合同担保对应的主合同主要为融资租赁公司与融资主体签订的租赁合同。

5. 保理类业务

《保证合同》主要内容为作为法人/非法人组织的保证人与保理公司签订的，约定若主合同到期，融资主体未及时足额归还保理资金，回购融资主体应收账款，则法人/非法人组织的保证人以其资产代为偿还该资金。该合同担保的主合同为保理公司与融资主体签订的保理合同。

6. 其他类业务

实务中常见的其他类法人/非法人组织提供保证的形式为担保函，或在主合同上以保证人名义签字、盖章（签字并盖章）。无论是担保函或者以保证人的名义在主合同签字、盖章（签字并盖章）均属于作为法人/非法人组织保证人的单方的承诺，其效力具体根据担保函或在主合同签订时有无其他约定来确定，担保函或者在主合同上以保证人名义签字但无其他约定的，则按照相关法律处理。

二、签订法人/非法人组织保证合同的常见主体

1. 有限责任公司

该主体类型是最常见的，主要核查点为该公司主体是否满足法律上的必要条件，即依法成立，合法存续，具有清偿债务的能力，同时需核查其是否满足必要的内部决策流程和形式要件，即根据章程及法律规定，出具股东会决议或董事会决议。

2. 股份有限公司（含上市公司）

该主体类型，同样主要核查点为该公司主体是否满足法律上的必要条件，即依法成立，合法存续，具有清偿债务的能力，同时需核查其是否满足必要的内部决策流程和形式要件，即根据章程及法律规定，出具股东会决议或董事会决议。该类型公司与有限责任公司核查落实的公司股东情况有很大差异，主要表现在股份有限公司在工商登记中只登记其发起人，后续的股东及股权变更并不在工商局进行登记，故核查该公司股东需通过公司股东名册等进行核实。

另，根据《公司法》第一百二十一条"上市公司在一年内购买、出售重大资产或者担保金额超过公司资产总额百分之三十的，应当由股东大会作出决议，并经出席会议的股东所持表决权的三分之二以上通过"可知，上市公司对外提供担保时，具有明确的法律要求，即一方面要求股东大会进行决议，另一方面要求由出席会议的股东所持表决权的2/3以上通过，当章程规定与

法律要求不一致的，以该法律要求为准。

3. 有限合伙企业

有限合伙企业由于该企业性质的特殊性，其合伙企业中有普通合伙人和执行事务合伙人，其中在核查和要求有限合伙企业对外提供担保的情形下，一方面需要合伙企业出具会议决议，即需要合伙企业根据合伙协议出具内部决策的会议决议，另一方面若执行事务合伙人属于公司、合伙企业等的，则执行事务合伙人需要出具该执行事务合伙人对外同意代表合伙企业进行执行事务的会议决议，若执行事务合伙人属于自然人，则仅需要其以自然人属性的执行事务合伙人的身份进行对外代表合伙企业执行具体事务。

4. 普通合伙企业

普通合伙企业由于该企业中均为普通合伙人，但根据合伙协议有代表合伙企业执行事务的执行事务合伙人，则在事务执行过程中，普通合伙企业和有限合伙企业进行内部决策及执行事务合伙人的内部决策相类似，需要按照相关内部决策程序及对外签订合同方式对外办理相关业务。

5. 非法人组织

（1）机关法人，指依法行使国家权力，并因行使国家权力的需要而享有民事权利能力和民事行为能力的国家机关，主要包括：党委、政协、立法机关、审判机关、检察机关、行政机关（国务院、部委、省政府、市政府、区县政府、乡镇政府、街道办事处、居委会、村委会）。

根据《民法典》第六百八十三条"机关法人不得为保证人，但是经国务院批准为使用外国政府或者国际经济组织贷款进行转贷的除外"可知，在涉外担保中，存在以机关法人作为担保人的实例，但在常规的发生在中国境内的，为国内注册和经营的贷款主体融资的情况下，机关法人是不能作为担保人的。

（2）事业单位法人和社会团体法人，事业单位法人是为了公益目的或者其他非营利目的成立，不向出资人、设立人或者会员分配所取得利润的法人，其为非营利法人中的一种，主要为具备法人条件，为适应经济社会发展需要，提供公益服务设施的事业单位，其中确定其主体性质和范围的主要依据为该单位取得的事业单位法人证书。

社会团体法人也属于非营利法人中的一种，其具备法人条件，基于会员共同意愿，为公益目的或者会员共同利益等非营利目的设立的社会团体，实务中判断该社会团体法人主体性质，主要通过社会团体法人登记证书所载进行判断。

根据《民法典》第六百八十三条第二款"以公益为目的的非营利法人、非法人组织不得为保证人"及《民法典担保制度解释》第六条"以公益为目的的非营利性学校、幼儿园、医疗机构、养老机构等提供担保的，人民法院应当认定担保合同无效，但是有下列情形之一的除外：（一）在购入或者以融资租赁方式承租教育设施、医疗卫生设施、养老服务设施和其他公益设施时，出卖人、出租人为担保价款或者租金实现而在该公益设施上保留所有权；（二）以教育设施、医疗卫生设施、养老服务设施和其他公益设施以外的不动产、动产或者财产权利设立担保物权。登记为营利法人的学校、幼儿园、医疗机构、养老机构等提供担保，当事人以其不具有担保资格为由主张担保合同无效的，人民法院不予支持"可知，事业单位或社会团体类型中登记为营利法人的民办学校、幼儿园、医疗机构，可以作为保证人提供担保，如无其他导致保证合同无效的情况，其所签订的保证合同应当认定为有效，而以公益为目的的非营利性的学校、幼儿园、医疗机构均不能作为保证人，但除《民法典担保制度解释》第五条第一款所列二种情况以外，其中判断该学校、幼儿园、医疗机构是否以公益为目的，或是否为营利性或非营利性，需要根据取得的主体资质来判断，若以公司形式取得营业执照，则属于以营利为目的，若取得的属于事业单位法人证书，则根据其事业单位性质初步判定其是否为以公益为目的。由于我国事业单位目前正处于改革中，根据事业单位分类改革中规定的分类，又可以将事业单位分为行政类事业单位、公益类事业单位、生产经营类事业单位，故在具体的实务操作中，需要核查事业单位的职能分工及范围等。

以营利为目的的社会团体法人主体，提供保证担保时，需满足合同有效的主体要求，判断其主体资格时，需要明确社会团体法人依法登记成立，取得社会团体法人资格，依法不需要办理法人登记的，从成立之日起，具有社会团体法人资格（《民法典》第九十条）。

（3）企业法人的分支机构，是根据企业法人的意志在法人总部之外依法设立的分支机构，其活动范围限于法人的活动范围内。一般情况下，法人的分支机构是法人的组成部分，分支机构的行为后果，由所属法人承担责任。具体形式为，各企业法人的分公司、分行、分店、代表处。根据《公司法》第十四条"公司可以设立分公司，设立分公司，应当向公司登记机关申请登记，领取营业执照。分公司不具有法人资格，其民事责任由所属法人承担"。同时根据《民法典担保制度解释》第十一条第一款"公司的分支机构未经公司股东（大）会或者董事会决议以自己的名义对外提供担保，相对人请求公司或者其分支机构承担担保责任的，人民法院不予支持，但是相对人不知道且不应当知道分支机构对外提供担保未经公司决议程序的除外"。此处的例外情形为相对人不知道或者不应当知道分支机构没有经过公司决议程序，而直接以分支机构名义对外提供担保。

实务中，企业分支机构中分公司和代表处的主要区别为是否取得营业执照，分公司根据《公司法》取得营业执照，而代表处由于其业务内容主要为办理总公司营业范围内的业务联络活动，通常不以自己的名义对外活动或者进行民事活动，故在融资业务活动中，通常不能以办事处作为提供担保的主体，而有相关授权的分支机构可以。

（4）企业法人的职能部门指企业的内部架构中的、根据业务职能划分的各类工作部门，常见职能部门如：企业财务部、人事部、行政部等。由于其主体性质不属于民事法律主体，不能对外以其名义进行民事活动，也不能独立承担民事责任。故作为企业法人的职能部门，不能对外提供担保，其对外提供担保的合同无效。

三、法人/非法人组织保证合同常见的法律风险与处理方法

1. 对外担保，董股决议，对内担保，股东决议

根据《公司法》第十六条"公司向其他企业投资或者为他人提供担保，依照公司章程的规定，由董事会或者股东会、股东大会决议；公司章程对投资或者担保的总额及单项投资或者担保的数额有限额规定的，不得超过规定的限额。公司为公司股东或者实际控制人提供担保的，必须经股东会或者股东大会决议。前款规定的股东或者受前款规定的实际控制人支配的股东，不得参加前款规定事项的表决。该项表决由出席会议的其他股东所持表决权的过半数通过"的相关规定可知，在公司对外（其他企业或者他人）提供担保的过程中，需要按照章程的规定，按照内部管理规定出具相关决议，即出具董事会、股东会、股东大会决议。在公司对内（公司股东或者实际控制人）提供担保过程中，则必须出具股东会或者股东会大会决议。同时，提供担保事项，除非公司章程另有约定，该事项属于公司一般事项，非关联股东过半数即可形成有效决议，而无需通过2/3以上股东进行表决。

对该条的适用和理解在实务中有一定的争议，争议主要在于该条款属于

管理性规范还是效力性规范，此外还有代表权限制说。

管理性规范指法律及行政法规没有明确规定违反此类规范将导致合同无效或者不成立，而且违反此类规范后如果使合同继续有效也并不损害国家或者社会公共利益，只是损害当事人的利益的规范。

效力性规范指法律及行政法规明确规定违反了这些禁止性规定将导致合同无效或者合同不成立的规范；或者是法律及行政法规虽然没有明确规定违反这些禁止性规范后将导致合同无效或者不成立，但是违反了这些禁止性规范后如果使合同继续有效将损害国家利益和社会公共利益的规范。

代表权限制说认为《公司法》第十六条作为公司法规定的规范，属于组织规范的范畴，限制的是法定代表人的权限，对于担保行为，因涉及公司及股东重大利益，不是法定代表人能单独决定的事项，而必须要以公司股东（大）会、董事会等公司机关的决议作为法定代表人代表权的基础和来源。

结合相关实务判例及实务需要，《九民纪要》采取代表权限制说。

根据《九民纪要》第十七条"为防止法定代表人随意代表公司为他人提供担保给公司造成损失，损害中小股东利益，《公司法》第16条对法定代表人的代表权进行了限制。根据该条规定，担保行为不是法定代表人所能单独决定的事项，而必须以公司股东（大）会、董事会等公司机关的决议作为授权的基础和来源。法定代表人未经授权擅自为他人提供担保的，构成越权代表，人民法院应当根据《合同法》第五十条关于法定代表人越权代表的规定，区分订立合同时债权人是否善意分别认定合同效力：债权人善意的，合同有效；反之，合同无效"及第十八条第一款"前条所称的善意，是指债权人不知道或者不应当知道法定代表人超越权限订立担保合同"。《公司法》第十六条对关联担保和非关联担保的决议机关作出了区别规定，相应地，在善意的判断标准上也应当有所区别。一种情形是，为公司股东或者实际控制人提供关联担保，《公司法》第十六条明确规定必须由股东（大）会决议，未经股东（大）会决议，构成越权代表。在此情况下，债权人主张担保合同有效，应当提供证据证明其在订立合同时对股东（大）会决议进行了审查，决议的表决程序符合《公司法》第十六条的规定，即在排除被担保股东表决权的情况下，该项表决由出席会议的其他股东所持表决权的过半数通过，签字人员也符合公司章程的规定。另一种情形是，公司为公司股东或者实际控制人以外的人提供非关联担保，根据《公司法》第十六条的规定，此时由公司章程规定是由董事会决议还是股东（大）会决议。无论章程是否对决议机关作出规定，也无论章程规定决议机关为董事会还是股东（大）会，根据《民法总则》第六十一条第三款关于"法人章程或者法人权力机构对法定代表人代表权的限制，不得对抗善意相对人"的规定，只要债权人能够证明其在订立担保合同时对董事会决议或者股东（大）会决议进行了审查，同意决议的人数及签字人员符合公司章程的规定，就应当认定其构成善意，但公司能够证明债权人明知公司章程对决议机关有明确规定的除外，及《民法典担保制度解释》第七条"公司的法定代表人违反公司法关于公司对外担保决议程序的规定，超越权限代表公司与相对人订立担保合同，人民法院应当依照民法典第六十一条和第五百零四条等规定处理：（一）相对人善意的，担保合同对公司发生效力；相对人请求公司承担担保责任的，人民法院应予支持。（二）相对人非善意的，担保合同对公司不发生效力；相对人请求公司承担赔偿责任的，参照适用本解释第十七条的有关规定。法定代表人超越权限提供担保造成公司损失，公司请求法定代表人承担赔偿责任的，人民法院应予支持。第一款所称善意，是指相对人在订立担保合同时不知道且不应当知道法定代表人超越权限。相对人有证据证明已对公司决议进行了合理审查，人民法院应当认定其构成善意，但是公司有证据证明相对人知道或者应当知道决议系伪造、变造的除外"可知，公司对外提供担保时，提供了相关内部决策的决议（股东会决议、董事会决议），且该决策符合相关法律的规定时，该对外担保的行为有效。

若公司对外提供担保时，未提供相关内部决策的决议（股东会决议、董事会决议），且法定代表人属于未经授权擅自为他人提供担保的，构成越权代表，需要根据实际情况区分订立合同时债权人是否善意分别认定合同效力：当债权人不知道或者不应当知道法定代表人超越权限订立担保合同的，该合同有效；当债权人知道或者应当知道法定代表人超越权限订立担保合同，该合同无效。

2. 对股东会决议/董事会决议进行形式审查，还是实质审查

结合实务判例可知，类金融机构是否具有审查义务，在实务中均有不同的观点支持，一种认为相对人不负有公司担保决议的审查义务，另一种认为相对人负有公司审查的义务，主流观点为第二种。

审查义务同时又分为形式审查和实质审查。形式审查主要通过对形成决议的表面形式和要件进行判断，通过文件形式上判断该决议的形成时间、参加人员、组织结构等确定是否满足法律对会议决议的要求；实质审查除了对会议决议形成的形式进行判断，更多的通过实质条件中会议召开的真实性、

合法性，组成人员的合法性及签字是否真实等判断会议的真实召开情况和决议的通过情况。

实务中，类金融机构为了降低风险，通常直接拟定好会议决议，由担保主体的公司股东或者非法人组织应当参加会议的相关人员直接进行面签，其本质上属于实质审查，但实质审查要求比较苛刻，审查内容的真实性和合法性操作起来比较困难，结合《九民纪要》第十八条第二款"债权人对公司机关决议内容的审查一般限于形式审查，只要求尽到必要的注意义务即可，标准不宜太过严苛。公司以机关决议系法定代表人伪造或者变造、决议程序违法、签章（名）不实、担保金额超过法定限额等事由抗辩债权人非善意的，人民法院一般不予支持。但是，公司有证据证明债权人明知决议系伪造或者变造的除外"之规定及实务需要，通过形式审查即可以满足风险控制的条件和要求。故，类金融机构应做好形式审查，第一，审查决议中签章的股东是否对应于公司章程中的记载，既核对股东的姓名或名称，也核对股东的签章。相对人仅需按照理性人标准对公司担保决议中的股东签章与公司章程上的股东签章进行表面上的核对即可，无须鉴别签章的真实性。第二，审查决议中同意担保的股东所持表决权（股权、股份）之和是否达到法律规定的或公司章程中载明的股东（大）会决议形成的最低表决权要求。相对人可从公司章程中获悉相应信息。第三，审查决议中的担保的数额是否超过章程中对单项担保的限额规定。

3. 超出章程授权部分对外担保是否有效

实务中有部分公司的章程会约定得非常详细，比如 3000 万元以上金额对外借款或担保的出具股东会决议，2000 万元以上 3000 万元以下金额对外借款或担保的出具董事会决议，2000 万元以下的由总经理（法定代表人）审批即可。对于此种分层式的授权，应当按照其章程的约定具体进行签署相关决议，以保证出具决议的合法性和有效性。

但实务中存在超出授权部分对外担保的情形，比如上例中董事会对外担保的决议金额超过 3000 万元，或者总经理（法定代表人）审批的金额超过 2000 万元，此种情况下则分两种处理方式：

第一，类金融机构虽然未尽到合理注意义务，接收的会议决议超过了章程的内部约定，但由于章程属于公司内部的管理性约定，从内部管理的角度来看，其仍然属于内部的约定，对外在满足《公司法》第十六条的条件下，不宜确定其效力上有瑕疵。

第二，类金融机构尽到合理注意义务，但由于融资担保主体自身提供的章程为虚假的或者不真实的，导致类金融机构虽审查确认融资担保主体出具会议决议满足《公司法》第十六条，但其实际仍超出其章程内部约定的，宜认定为尽到合理注意的形式审查，效力上无瑕疵。

4. 无需机关决议的例外情形

实务中，并非所有的对外担保，都需要出具相关机关决议，根据《民法典担保制度解释》第八条"有下列情形之一，公司以其未依照公司法关于公司对外担保的规定作出决议为由主张不承担担保责任的，人民法院不予支持：（一）金融机构开立保函或者担保公司提供担保；（二）公司为其全资子公司开展经营活动提供担保；（三）担保合同系由单独或者共同持有公司三分之二以上对担保事项有表决权的股东签字同意。上市公司对外提供担保，不适用前款第二项、第三项的规定"可知，以上三种情形下，类金融机构在审查签订担保相关合同时，不需要审查担保人出具相关决议，该合同即有效，但上市公司作为担保主体时不适用第二项和第三项的规定。

另，《民法典担保制度解释》延续了《九民纪要》的相关精神和内容，《九民纪要》第十九条对于无需机关出具决议的例外情形，还包括一种情形"（3）公司与主债务人之间存在相互担保等商业合作关系"，《民法典担保制度解释》未予以列明，实务中建议从严把握，宜对于存在互保等商业合作关系的情形，作为类金融机构一方，要求出具相关内部决议。

5. 签字、盖章与签字并盖章、签字或盖章的异同

根据《民法典》第四百九十条"当事人采用合同书形式订立合同的，自当事人均签名、盖章或者按指印时合同成立。在签名、盖章或者按指印之前，当事人一方已经履行主要义务，对方接受时，该合同成立"可知在合同成立层面，双方当事人只要签名盖章，或按指印任何一种行为该合同均成立，《民法典》对于"按指印"的形式属于新增，符合目前社会发展需要，同时对于"签名、盖章"的约定实务中常见四种具体约定的情形，如下所述。

情形一：双方约定"本合同自双方签字盖章后生效"，根据审判实务案例可知，该种情形下只要签字或盖章存在其中一种，且可知道存在双方意思表示真实时，并不要求其生效条件是双方的"签字"和"盖章"同时具备，存在其一即可认定合同有效。

情形二：双方约定"本合同自双方签字、盖章后生效"，根据审判实务案例可知，最高法院认为双方当事人签订的协议中所表述的"签字、盖章"中的顿号，是并列词语之间的停顿，其前面的"签字"与后面的"盖章"系并列词组，它表示签字与盖章是并列关系，只有在签字与盖章均具备的条件下，该协议方可生效。根据《民法典》第一百五十八条"民事法律行为可以附条件，但是根据其性质不得附条件的除外。附生效条件的民事法律行为，自条件成就时生效……"对于该项"签字"同时"盖章"并列存在才生效的情形下的约定，可以视为是一种双方附条件合同生效的约定。

情形三：双方约定"本合同自双方签字或盖章后生效"，依法成立的合同，自成立时生效，可知该种情形下，合同成立且生效。

情形四：双方约定"本合同自双方签字并盖章后生效"，同"情形二"。

6. 公司提供保证后，其财产处于变动之中

实务中，由于公司一直在运营中，其财产状况一直根据经营状况不断在变化，提供保证担保后，并不能影响到提供担保的公司的经营，故其资产及负债随时在变化中，在实务中通常采取两种方式来增加风险的可控性：

（1）加强保（贷）后监管非常重要，时刻了解企业是否正常运转，一旦企业发生经营困难，也能及时快速地做好执行准备，及时进行财产保全或其他措施，及时收回融资款项。

（2）在保证合同或者担保函中约定企业对其经营发生重大变化，比如增加负债或者发生并购、重组、涉诉、破产清算等负有及时书面报告义务，否则视同违约等措施，进一步了解企业的经营状况和资产负债变动情况。

7. 债权人（管理人）的撤销权使用

由于公司（企业）向类金融机构提供保证后，其资产负债等处于变化过程中，将可能涉及作为保证人的公司（企业），在债务到期之前，低价或者无偿转让资产，以求无财产可供执行，逃避最终承担担保责任的情形。对于保证人及债务人的此种情形，作为债权人的类金融机构可以在满足法律规定情形下，行使债权人的撤销权。

根据《民法典》第五百三十八条"债务人以放弃其债权、放弃债权担保、无偿转让财产等方式无偿处分财产权益，或者恶意延长其到期债权的履行期限，影响债权人的债权实现的，债权人可以请求人民法院撤销债务人的行为"及第五百三十九条"债务人以明显不合理的低价转让财产、以明显不合理的高价受让他人财产或者为他人的债务提供担保，影响债权人的债权实现，债务人的相对人知道或者应当知道该情形的，债权人可以请求人民法院撤销债务人的行为"可知，存在以下几种情形：放弃债权、放弃担保债权、无偿转

让财产、恶意延长其到期债权的履行期限、以明显不合理的低价转让财产、以明显不合理的高价受让他人财产、为其他人的债务提供担保，影响债权人债权实现的，债权人可以请求法院撤销该行为。

同时根据《民法典》第五百四十一条"撤销权自债权人知道或者应当知道撤销事由之日起一年内行使。自债务人的行为发生之日起五年内没有行使撤销权的，该撤销权消灭"可知，撤销权的两个时间节点比较重要，一是知道或应当知道撤销事由 1 年内，二是行为发生 5 年内没有行使，该权利消灭。

根据《企业破产法》第三十一条"人民法院受理破产申请前一年内，涉及债务人财产的下列行为，管理人有权请求人民法院予以撤销：（一）无偿转让财产的；（二）以明显不合理的价格进行交易的；（三）对没有财产担保的债务提供财产担保的；（四）对未到期的债务提前清偿的；（五）放弃债权的"可知，在破产申请前 1 年内，存在以上五种法定情形，管理人可以向债务人所在地提起撤销权之诉。其中，对于"（二）以明显不合理的价格进行交易的"的理解，可根据《最高人民法院关于适用〈中华人民共和国合同法〉若干问题的解释（二）》第十九条"对于合同法第七十四条规定的'明显不合理的低价'，人民法院应当以交易当地一般经营者的判断，并参考交易当时交易地的物价部门指导价或者市场交易价，结合其他相关因素综合考虑予以确认。转让价格达不到交易时交易地的指导价或者市场交易价百分之七十的，一般可以视为明显不合理的低价；对转让价格高于当地指导价或者市场交易价百分之三十的，一般可以视为明显不合理的高价。债务人以明显不合理的高价收购他人财产，人民法院可以根据债权人的申请，参照合同法第七十四条的规定予以撤销"结合实际情况具体把握。《最高人民法院关于适用〈中华人民共和国合同法〉若干问题的解释（二）》已经废止，但《民法典》相配套的相对应司法解释尚未完善，暂时无相关对应的解释配套，待后期司法解释补充与对应。

补充说明：《民法典》于 2021 年 1 月 1 日起实施，《合同法》同时废止，但实际情况为与《民法典》相配套的相对应司法解释尚未完善，结合实务需要，在《民法典》相关内容的配套司法解释未出台之前，宜以《合同法》相关司法解释规定补充依据为准，以保证实务处理过程中的连续性和可操作性，其他相关废止法律与此相通。若出现相关之前配套的司法解释与《民法典》相冲突的，以《民法典》为准，结合审判实务把握。

另，根据《最高人民法院关于适用〈中华人民共和国民法典〉时间效力的若干规定》第二十条"民法典施行前成立的合同，依照法律规定或者当事人约定该合同的履行持续至民法典施行后，因民法典施行前履行合同发生争议的，适用当时的法律、司法解释的规定；因民法典施行后履行合同发生争议的，适用民法典第三编第四章和第五章的相关规定"可知，《民法典》实施前后的衔接阶段，根据履行合同发生争议的时间节点不同，而参照适用的法律不同。

8. 股东仅在股东会决议上承诺对外担保，但并未签订保证合同时的效力

根据《民法典》第六百八十五条"保证合同可以是单独订立的书面合同，也可以是主债权债务合同中的保证条款。第三人单方以书面形式向债权人作出保证，债权人接收且未提出异议的，保证合同成立"可知，确定保证担保的形式有三种：

（1）与债权人订立书面的保证合同。

（2）为单方向债权人出具担保书，债权人未提出异议的，结合审判案例，股东仅在股东会决议上承诺对类金融机构提供个人保证担保，但未签订保证合同的，由于其意思表示真实，属于单方以书面形式向债权人做出保证，且类金融机构不对此提出异议，即认为该行为满足单方向债权人出具担保书的一种要约，债权人未提出异议的即为承诺，双方达成保证担保关系，股东在股东会决议上的承诺有效，其个人对债权人承担保证责任。

（3）为保证人在主合同上以保证人的身份签字或者盖章的，此种情形下只需要表明保证人身份，即具有提供担保的意思表示及行为，则承担相关保证责任。

9. 国家机关、以公益为目的的事业单位、企业法人职能部门签订担保合同的效力问题

根据《民法典》第六百八十三条"机关法人不得为保证人，但是经国务院批准为使用外国政府或者国际经济组织贷款进行转贷的除外。以公益为目的的非营利法人、非法人组织不得为保证人"及企业法人职能部门的性质可知，国家机关、以公益为目的的事业单位、企业法人职能部门均属于法律或司法解释规定不得为保证人的人。

国家机关、以公益为目的的事业单位、企业法人职能部门与债权人签订的担保合同无效。

10. 相对人非善意时的越权担保

根据《民法典担保制度解释》第七条第一款"公司的法定代表人违反公司法关于公司对外担保决议程序的规定，超越权限代表公司与相对人订立担保合同，人民法院应当依照民法典第六十一条和第五百零四条等规定处理……（二）相对人非善意的，担保合同对公司不发生效力；相对人请求公司承担赔偿责任的，参照适用本解释第十七条的有关规定"可知，法定代表人超越权限代表公司的情形主要为公司股东未出具相关股东会决议或者董事会决议，法定代表人越权代表公司对外签订担保合同、分支机构的负责人无权限或者分支机构无授权的情形代表分支机构对外签订担保合同等以上超越公司法定代表人权限的情形，相对人知道或应当知道的，对于相对人非善意的越权担保行为，对于公司与非善意相对人的责任，按照《民法典担保制度解释》第十七条"主合同有效而第三人提供的担保合同无效，人民法院应当区分不同情形确定担保人的赔偿责任：（一）债权人与担保人均有过错的，担保人承担的赔偿责任不应超过债务人不能清偿部分的二分之一；（二）担保人有过错而债权人无过错的，担保人对债务人不能清偿的部分承担赔偿责任；（三）债权人有过错而担保人无过错的，担保人不承担赔偿责任。主合同无效导致第三人提供的担保合同无效，担保人无过错的，不承担赔偿责任；担保人有过错的，其承担的赔偿责任不应超过债务人不能清偿部分的三分之一。"区分"主合同有效而担保合同无效"与"主合同无效导致担保合同无效"分别处理，对于公司与法定代表人的责任，按照《民法典担保制度解释》第七条第二款"法定代表人超越权限提供担保造成公司损失，公司请求法定代表人承担赔偿责任的，人民法院应予支持"进行处理。

11. 上市公司、一人公司提供担保的情形

根据《民法典担保制度解释》第九条"相对人根据上市公司公开披露的关于担保事项已经董事会或者股东大会决议通过的信息，与上市公司订立担保合同，相对人主张担保合同对上市公司发生效力，并由上市公司承担担保责任的，人民法院应予支持。相对人未根据上市公司公开披露的关于担保事项已经董事会或者股东大会决议通过的信息，与上市公司订立担保合同，上市公司主张担保合同对其不发生效力，且不承担担保责任或者赔偿责任的，人民法院应予支持"可知，在对上市公司对外提供担保的过程中，对相对人的善意与否判断标准为，是否根据上市公司对外公开披露的关于担保事项的相关决议与上市公司订立合同，有，发生效力，无，则不发生效力，至于相

对人是否真实审查，并不是核查重点。

根据《民法典担保制度解释》第十条"一人有限责任公司为其股东提供担保，公司以违反公司法关于公司对外担保决议程序的规定为由主张不承担担保责任的，人民法院不予支持。公司因承担担保责任导致无法清偿其他债务，提供担保时的股东不能证明公司财产独立于自己的财产，其他债权人请求该股东承担连带责任的，人民法院应予支持"可知，对于该解释的理解的第一个层面为一人有限公司的股东有且只有一人，该一人可以是自然人、法人、非法人组织，只要满足公司设立时的股东条件即可，一人公司为了股东的债务，向第三人提供担保的，应当承担担保责任。第二个层面为一人公司承担担保责任导致其他债务无法清偿，其他债权人请求该一人公司股东承担连带责任的，该股东承担连带责任的条件是不能证明公司财产独立于自己的财产，此处可以理解为财产发生了混同，法律拟制可以要求一人公司股东承担连带责任，而丧失股东有限责任的情形。

四、签订法人/非法人组织保证合同流程和相关资料

1. 签订法人/非法人组织保证合同流程

法人/非法人组织合同的签订无具体流程要求。如上所述，签订保证合同的形式有三种：（1）与债权人订立书面的保证合同，这种是类金融机构最常见的签订保证合同方式；（2）为单方向债权人出具担保书，债权人未提出异议的，通常为类金融机构要求担保人单方出具的《担保函》或《不可撤销担保函》等；（3）为保证人在主合同上以保证人的身份签字或者盖章的。通常为主合同与保证合同结合的，比如《借款/保证合同》或者其他在主合同中约定有明确的保证条款，由保证人在其中一方签字的合同。

2. 相关资料

签订法人/非法人组织保证合同时，需要提供的资料主要包括：

（1）法人/非法人组织基础证照（其中公司法人或合伙企业为营业执照、事业单位为事业单位法人证书、社会团体为社会团体法人登记证书）、信用代码证、法人/非法人组织名下财产清单。提供以上资料的作用，一方面是确定融资主体的主体资格和性质，另一方面通过其提供的财产清单明确企业名下的资产情况，有利于逾期后作为财产线索保全或执行；

（2）工商基本信息查询信息、法院被执行人查询信息、银行征信。通过工商基本信息情况表主要确定融资主体的组织结构和股权架构，法院执行信

息主要用于明确融资主体是否涉诉，银行征信主要判断目前融资主体的资产、负债及对外提供担保的情况。

五、法人/非法人组织保证合同其他需要说明

个人保证与法人/非法人组织保证均属于保证担保的范畴，其共同存在以下需要关注的问题：

1. 担保范围的从属性问题

根据《民法典担保制度解释》第三条"当事人对担保责任的承担约定专门的违约责任，或者约定的担保责任范围超出债务人应当承担的责任范围，担保人主张仅在债务人应当承担的责任范围内承担责任的，人民法院应予支持。担保人承担的责任超出债务人应当承担的责任范围，担保人向债务人追偿，债务人主张仅在其应当承担的责任范围内承担责任的，人民法院应予支持；担保人请求债权人返还超出部分的，人民法院依法予以支持"可知，担保责任的范围不得超出债务人应当承担的责任范围，实务中较常见的担保范围大于债务人应当承担范围的表现为担保人与债权人另行签订了担保合同，而该合同中约定担保人要承担违约金、实现债权的费用等，而主合同中未约定违约金或者实现债权费用等，超出了债务人应当承担范围，保证人可以不予承担，对于违约金条款的专门约定，保证人可以主张无效，而在追偿时，追偿的范围也不超过债务人应当承担的范围之内，可见，对担保范围的限定从属于主债权中债务人的责任范围。

《九民纪要》中与《民法典担保制度解释》对于担保责任的范围具有相同精神的规定，依据为《九民纪要》第五十五条"担保人承担的担保责任范围不应当大于主债务，是担保从属性的必然要求。当事人约定的担保责任的范围大于主债务的，如针对担保责任约定专门的违约责任、担保责任的数额高于主债务、担保责任约定的利息高于主债务利息、担保责任的履行期先于主债务履行期届满，等等，均应当认定大于主债务部分的约定无效，从而使担保责任缩减至主债务的范围"，实务中，应当结合《九民纪要》与《民法典担保制度解释》整体把握。

2. 一般保证和连带保证的异同

（1）根据《民法典》第六百八十七条"当事人在保证合同中约定，债务人不能履行债务时，由保证人承担保证责任的，为一般保证"及第六百八十八条"当事人在保证合同中约定保证人与债务人对债务承担连带责任的，为连带责任保证"可知，一般保证主要强调"不能"，一般保证人具有先诉抗辩权，而连带保证则重点在债务人"不"履行时，连带保证人无先诉抗辩权，债务到期后，债权人即可要求连带保证人承担保证责任。

（2）根据《民法典》第六百八十七条第二款"一般保证的保证人在主合同纠纷未经审判或者仲裁，并就债务人财产依法强制执行仍不能履行债务前，有权拒绝向债权人承担保证责任。但是，有下列情形之一的除外：（一）债务人下落不明，且无财产可供执行；（二）人民法院已经受理债务人破产案件；（三）债权人有证据证明债务人的财产不足以履行全部债务或者丧失履行债务能力；（四）保证人书面表示放弃本条款规定的权利"，本条相较于《担保法》第十七条"……有下列情形之一的除外：（一）债务人住所变更，致使债权人要求其履行债务发生重大困难的；（二）人民法院受理债务人破产案件，中止执行程序的；（三）保证人以书面形式放弃前款规定的权利的"具有更加准确和完善的表述，同时具有很强的操作性，特别注意的是"人民法院已经受理债务人破产案件"，明确了债务人破产案件一旦受理，即可以要求一般保证人承担保证责任以及"债权人有证据证明债务人的财产不足以履行全部债务或者丧失履行债务能力"属于新增条件之一。而连带保证人根据《民法典》第六百八十八条第二款"连带责任保证的债务人不履行到期债务或者发生当事人约定的情形时，债权人可以请求债务人履行债务，也可以请求保证人在其保证范围内承担保证责任"可知，债务一旦到期，无论是何情形，债权人都可以直接要求保证人承担保证责任。

（3）保证方式的推定发生了重大根本性变更，根据《民法典》第六百八十六条"当事人在保证合同中对保证方式没有约定或者约定不明确的，按照一般保证承担保证责任"可知，《民法典》六百八十六条较之前《担保法》第十九条"当事人对保证方式没有约定或者约定不明的，按照连带责任保证承担保责任"，《担保法》项下推定为连带责任，而《民法典》项下推定为一般保证。

（4）实务中，对于提供一般保证的保证人作为当事人的处理，根据《民法典担保制度解释》第二十六条"一般保证中，债权人以债务人为被告提起诉讼的，人民法院应予受理。债权人未就主合同纠纷提起诉讼或者申请仲裁，仅起诉一般保证人的，人民法院应当驳回起诉。一般保证中，债权人一并起诉债务人和保证人的，人民法院可以受理，但是在作出判决时，除有民法典

第六百八十七条第二款但书规定的情形外，应当在判决书主文中明确，保证人仅对债务人财产依法强制执行后仍不能履行的部分承担保证责任。债权人未对债务人的财产申请保全，或者保全的债务人的财产足以清偿债务，债权人申请对一般保证人的财产进行保全的，人民法院不予准许"，而提供连带保证的保证人作为当事人的处理，债权人可以只起诉保证人，也可以单独起诉债务人，也可以将债务人和保证人作为共同被告提起诉讼。

3. 保证的期限可以约定，无约定的，可依法定

（1）根据《民法典》第六百九十二条第二款"债权人与保证人可以约定保证期间，但是约定的保证期间早于主债务履行期限或者与主债务履行期限同时届满的，视为没有约定；没有约定或者约定不明确的，保证期间为主债务履行期限届满之日起六个月"可知，无论是一般保证或连带保证，保证人可以与债权人约定保证期间，若保证人与债权人对保证期间没有约定或者约定不明确的，保证期间为主债务履行期限届满之日起6个月。

与《担保法解释》第三十二条"保证合同约定的保证期间早于或者等于主债务履行期限的，视为没有约定，保证期间为主债务履行期届满之日起六个月。保证合同约定保证人承担保证责任直至主债务本息还清时为止等类似内容的，视为约定不明，保证期间为主债务履行期届满之日起二年"相较，重大区别为：《民法典》对保证期限没有约定或者约定不明，作了统一规定"主债务履行期限届满之日起六个月"，而《担保法解释》区分了没有约定和约定不明两种情况，其中没有约定的"保证期间为主债务履行期届满之日起六个月"，同《民法典》一致，而约定不明的"保证期间为主债务履行期届满之日起二年"，与《民法典》有较大区别。

（2）保证期间的起算，无论是一般保证人或连带保证人，与债权人对保证期间有约定的，按照约定起算，没有约定或者约定不明的，根据《民法典》第六百九十二条第三款"债权人与债务人对主债务履行期限没有约定或者约定不明确的，保证期间自债权人请求债务人履行债务的宽限期届满之日起计算"，同时需要明确，根据《民法典》第六百九十二条第一款"保证期间是确定保证人承担保证责任的期间，不发生中止、中断和延长"，故保证期间有约定，按照约定计算，无约定或约定不明的，按照《民法典》处理。

在合同约定的保证期间和法定的保证期间内，债权人要求保证人承担法律责任则保证责任转化成保证之债，这里的期间包括几种情况：①约定的保证期间早于或者等于主债务的履行期，视为此时当事人未约定保证期间，直

接适用法定保证期间，即自主债务履行期届满之日起 6 个月；②约定的保证期间短于主债务履行期届满后 6 个月，应视为 6 个月；③约定的保证期间长于主债务履行期届满后 2 年，从其约定；④约定的保证期间在主债务履行期届满后 6 个月至 2 年，从其约定；⑤约定保证人承担保证责任直至主债务本息还清时为止等类似内容，视为无约定，自主债务履行期届满之日起 6 个月。

（3）一般保证与连带保证的诉讼时效起算有较大的区别，根据《民法典》第六百九十三条第一款"一般保证的债权人未在保证期间对债务人提起诉讼或者申请仲裁的，保证人不再承担保证责任"及第六百九十四条第一款"一般保证的债权人在保证期间届满前对债务人提起诉讼或者申请仲裁的，从保证人拒绝承担保证责任的权利消灭之日起，开始计算保证债务的诉讼时效"可知，保证债务的诉讼时效，较《担保法解释》发生了变化，明确了保证债务的诉讼时效"从保证人拒绝承担保证责任的权利消灭之日起"，同时明确了一般保证需要在保证期间内对债务人提起诉讼或者申请仲裁。而连带保证的起算，根据《民法典》第六百九十三条第二款"连带责任保证的债权人未在保证期间请求保证人承担保证责任的，保证人不再承担保证责任"可知，在保证期间内请求保证人承担连带保证责任，可以是诉讼、仲裁或者函件要求等多种形式，结合《民法典》第六百九十四条第二款"连带责任保证的债权人在保证期间届满前请求保证人承担保证责任的，从债权人请求保证人承担保证责任之日起，开始计算保证债务的诉讼时效"可知，连带保证的保证债务诉讼时效自"债权人请求保证人承担保证责任之日"起算。

（4）《担保法解释》第三十六条"一般保证中，主债务诉讼时效中断，保证债务诉讼时效中断；连带责任保证中，主债务诉讼时效中断，保证债务诉讼时效不中断。一般保证和连带责任保证中，主债务诉讼时效中止的，保证债务的诉讼时效同时中止"对保证诉讼时效的中止、中断进行了解释，但《民法典》未对该部分内容进行规定，《民法典担保制度解释》也没有相关内容，和其他法律相一致的是《民法典》实施后，其被废止后的相关法律的司法解释的衔接问题，需要根据《民法典》相关配套解释进行进一步确定。

4. 有过错时的责任承担问题

实务中由于面对的融资主体各种各样，遇到的情况也差异较大，难免会存在融资主体与类金融机构、保证人等各方参与主体都有过错的情况，比如：签股东会决议时类金融机构方知悉融资主体或保证公司代签事项或者由于身份未核实清楚导致代签等致使主合同或者担保合同无效或其他瑕疵。

若各方有过错，那么具体的责任划分应该怎样分配问题。根据《民法典担保制度解释》第十七条"主合同有效而第三人提供的担保合同无效，人民法院应当区分不同情形确定担保人的赔偿责任：（一）债权人与担保人均有过错的，担保人承担的赔偿责任不应超过债务人不能清偿部分的二分之一；（二）担保人有过错而债权人无过错的，担保人对债务人不能清偿的部分承担赔偿责任；（三）债权人有过错而担保人无过错的，担保人不承担赔偿责任。主合同无效导致第三人提供的担保合同无效，担保人无过错的，不承担赔偿责任；担保人有过错的，其承担的赔偿责任不应超过债务人不能清偿部分的三分之一"可知，根据债权人、担保人、债务人的各自过错程度，需要承担各自相应的责任。

5. 物保和人保并存的情形处理

物保是自然人或者法人/非法人组织以其自有的具有处分权的特定财产为自己或者他人的债务提供担保的一种，若债务人到期未履行债务，债权人可以通过处分担保物进而实现债权。

人保是以自然人或者法人/非法人组织的信用而非特定的物为他人提供担保的一种，若债务到期，债务人未履行债务，债权人可以通过处分自然人或者法人/非法人组织现存的全部资产来实现债权。

由于类金融业务的复杂性，经常会碰到人保和物保同时存在的情形，《民法典》第三百九十二条"被担保的债权既有物的担保又有人的担保的，债务人不履行到期债务或者发生当事人约定的实现担保物权的情形，债权人应当按照约定实现债权；没有约定或者约定不明确，债务人自己提供物的担保的，债权人应当先就该物的担保实现债权；第三人提供物的担保的，债权人可以就物的担保实现债权，也可以请求保证人承担保证责任。提供担保的第三人承担担保责任后，有权向债务人追偿"可知，在人保与物保并存时分三种处理方式：

（1）有约定，按约定，类金融常见的业务合同中，经常对物保和人保并存时进行详细约定，比如约定"提供保证的担保人不因本合同之外同时存在其他物的担保或者保证而进行抗辩，债权人有权选择向本合同项下的任一担保人主张权利"。

（2）人保和债务人提供的物保并存的情形下，保证人承担的为补充担保责任，即债权人应当先就债务人的物保实现债权，不足的部分，由保证人承担补充责任。

（3）人保和第三人提供的物保并存的情形下，保证人与物保人承担连带责任或者按照约定承担责任，即无具体约定时，债权人可以选择要求保证人承担保证责任，或者要求物保实现债权，其选择权在债权人。

6. 保证人不承担责任的常见情形

结合相关《民法典》及《民法典担保制度解释》，常见的保证人不承担责任的情形主要包括以下几种：

（1）一般保证的债权人未在保证期间对债务人提起诉讼或者申请仲裁的，保证人不再承担保证责任。连带责任保证的债权人未在保证期间请求保证人承担保证责任的，保证人不再承担保证责任（《民法典》第六百九十三条）。

（2）保证人与债权人约定禁止债权转让，债权人未经保证人书面同意转让债权的，保证人对受让人不再承担保证责任（《民法典》第六百九十六条第二款）。

（3）一般保证的保证人在主债务履行期限届满后，向债权人提供债务人可供执行财产的真实情况，债权人放弃或者怠于行使权利致使该财产不能被执行的，保证人在其提供可供执行财产的价值范围内不再承担保证责任（《民法典》第六百九十八条）。

（4）一般保证的债权人在保证期间内对债务人提起诉讼或者申请仲裁后，又撤回起诉或者仲裁申请，债权人在保证期间届满前未再行提起诉讼或者申请仲裁，保证人主张不再承担保证责任的，人民法院应予支持（《民法典担保制度解释》第三十一条第一款）。

7. 债权转让、债务转移、第三人加入债务时，保证人的保证责任承担问题

（1）债权转让的，根据《民法典》第六百九十六条"债权人转让全部或者部分债权，未通知保证人的，该转让对保证人不发生效力。保证人与债权人约定禁止债权转让，债权人未经保证人书面同意转让债权的，保证人对受让人不再承担保证责任"可知，债权转让的需要通知保证人，不通知对其不发生效力，实务中通常采取邮件或函件的方式通知保证人，但并不需要保证人同意，通知即可。而如果保证人与债权人明确了禁止债权转让的，未经保证人书面同意的，保证人对受让人不再承担保证责任。

（2）债务转移的，根据《民法典》第六百九十七条第一款"债权人未经保证人书面同意，允许债务人转移全部或者部分债务，保证人对未经其同意转移的债务不再承担保证责任，但是债权人和保证人另有约定的除外"可知，

对于债务转移，因涉及新的债务人的履行能力的问题，允许债权人与保证人约定是否同意转移，有约定的从约定，没有约定的，没有经过保证人书面同意，保证人对其未经同意转移的债务不承担担保责任，但在部分转移中，对于未转移的债务仍应继续承担担保责任。

（3）第三人加入债务的，根据《民法典》第六百九十七条第二款"第三人加入债务的，保证人的保证责任不受影响"可知，第三人加入债务，实质上对债务的履行能力是一种提升，对保证人并没有增加其履行的负担，《民法典》对该种情形进行了确认。

8. 借新还旧业务中，保证人承担责任问题

实务中比较常见的借新还旧业务，从法律关系角度上分析，其并非属于新业务对旧业务的延续，其性质上讲，属于建立了一笔新的融资关系，消灭（还款）了一笔旧的融资关系，故保证人在旧的融资关系消灭时即不再承担保证责任，其新建立一笔融资关系时，需要在该笔业务项下重新签订相关保证合同，明确主合同相关内容，保证人才需要承担保证责任，故借新还旧中，若保证人没有重新签订保证合同，明确主合同为新的融资关系时，仅签订旧的保证合同（其对应的是旧的主合同）情形下，保证人不再承担保证责任。

而根据《民法典担保制度解释》第十六条第一款"……债权人请求新贷的担保人承担担保责任的，按照下列情形处理：（一）新贷与旧贷的担保人相同的，人民法院应予支持；（二）新贷与旧贷的担保人不同，或者旧贷无担保新贷有担保的，人民法院不予支持，但是债权人有证据证明新贷的担保人提供担保时对以新贷偿还旧贷的事实知道或者应当知道的除外"可知，区分两种情形，一种是新贷旧贷均为同一担保人，且担保人签订了新贷合同和旧贷合同，则担保人继续承担担保责任，另一种为新贷的担保人与旧贷的担保人不同，保证人对于新贷签订了保证合同，但其不知道或不应当知道该新贷的用途为归还旧贷，则新贷的担保人不应当承担担保责任。

9. 主合同展期情形下，保证人承担责任问题

实务中，可以在主合同展期的情况下，分为两种情形：

（1）有约定，从约定。实务中类金融机构和保证人可以约定对于展期情况的保证责任承担问题，常见的约定"债权人与保证人一致同意：在发生主合同展期的情况下，保证人同意继续承担保证责任，保证期间为展期日期到期后2年止"，经过双方约定后，则此种情形下，该笔业务进行展期的，则保

证人继续承担保证责任。

（2）没有约定的，保证人按照展期前约定的保证期间承担保证责任，根据《民法典》第六百九十五条"债权人和债务人未经保证人书面同意，协商变更主债权债务合同内容，减轻债务的，保证人仍对变更后的债务承担保证责任；加重债务的，保证人对加重的部分不承担保证责任。债权人和债务人变更主债权债务合同的履行期限，未经保证人书面同意的，保证期间不受影响"可知，在涉及主债权债务合同发生重大变更的情况下，包括但不限于展期等情形时，有约定的，按照约定处理，未约定的，按照是否增加债务判断保证人承担责任的部分。

10. 最高额保证的相关问题

（1）实务中经常在授信合同项下，由保证人根据实际情况分别订立保证合同或者签订单一的《最高额保证合同》以承担主合同在发生一个连续阶段内的担保。根据《民法典》第六百九十条"保证人与债权人可以协商订立最高额保证的合同，约定在最高债权额限度内就一定期间连续发生的债权提供保证。最高额保证除适用本章规定外，参照适用本法第二编最高额抵押权的有关规定"可知，可以约定在最高债权额限度内为连续发生的债权提供担保，结合实务，由于在承担担保的期间内，债务人的经营及资产负债状况在变动中，故保证人承担的担保责任为，发生保证人需要承担保证责任的情形时，最高额保证额度项下实际的债务人未清偿的金额，而非最高额保证金额。同时《民法典》新增了"最高额保证除适用本章规定外，参照适用本法第二编最高额抵押权的有关规定"条款，参照适用最高额度抵押权。

（2）根据《民法典担保制度解释》第十五条"最高额担保中的最高债权额，是指包括主债权及其利息、违约金、损害赔偿金、保管担保财产的费用、实现债权或者实现担保物权的费用等在内的全部债权，但是当事人另有约定的除外。登记的最高债权额与当事人约定的最高债权额不一致的，人民法院应当依据登记的最高债权额确定债权人优先受偿的范围"及实务可知，提供最高额保证担保保证人的保证期限和一般保证及连带保证一致：有约定从约定，但若出现登记的最高债权额与约定的最高债权额不一致的，以登记的最高债权额为准。另，实务中，授信合同项下的最高额保证合同，由于存在多笔授信项下的融资，故存在清偿期限及最高额保证合同终止期限，清偿期限通常指授信合同项下，单笔签订的单笔合同，其期限可能长于或者短于授信合同期限，比如授信业务项下开立银行承兑汇票业务中，授信合同一般为 1 年，单笔开立银行承兑汇票为每次 6 个月的期限。最高额保证合同终止期限通常指的是该最高额保证合同的合同约定期限的到期日。

六、相关案例

《中华人民共和国最高人民法院民事判决书》（2018）最高法民再 323 号

1. 案情介绍

再审申请人东某公司因与被申请人红某公司保证合同纠纷一案，不服四川省高级人民法院（2016）川民终 444 号民事判决，向最高人民法院申请再审。

2. 裁定内容

本院认为，本案再审的争议焦点是：（1）案涉《保证合同》是否生效；（2）东某公司向红某公司主张权利是否超过法定的保证期间；（3）东某公司向红某公司主张权利是否超过诉讼时效期间。

（1）关于案涉《保证合同》是否生效的问题

红某公司主张，因《债务承担协议》未经某银行上级行批准，协议成立但未生效。主合同未生效，作为从合同的《保证合同》亦未生效。对此，本院认为，首先，根据红某公司提交的证据《四川省人民政府关于成都红某公司重组问题的请示》记载"国家经贸委、中国人民银行会同成都市与各债权银行总行一起，就红某公司截至 2000 年 3 月 31 日的 13.4 亿元总债务处置问题进行了充分协商，中国人民银行条法司以《会议纪要》明确：一般债权人按债权总额的 12.46% 留在红某公司，其余全部划转到红某集团。按此原则各债权银行、金融资产管理公司和成都市有关单位完成了各自债权的划转和处置"可见，红某公司将原债务划转至红某集团系源于政府主导的资产重组行为，有其特殊背景。对于该资产重组的内容，各债权银行总行应当是知悉并认可的。其次，从《债务承担协议》的履行情况看，协议签订后，2001 年 2 月 12 日，某银行就案涉债务向红某集团发出催收通知，要求其偿还借款本金及利息，担保人红某公司承担担保责任。红某集团和红某公司均盖章、签字确认；2005 年 1 月 29 日，某银行上级行和某资产公司联合登报公告案涉债权转让。上述事实说明，不管是主债务人红某集团、保证人红某公司还是某银行，均是认可该笔债务存在的。至本案诉讼前，红某公司亦未就此提出异议，现其以没有某银行上级行的正式书面批准文件为由主张案涉《债务承担协议》

未生效，要求免除其保证责任，依据不足。

（2）关于东某公司向红某公司主张权利是否超过法定保证期间的问题

《最高人民法院关于适用〈中华人民共和国担保法〉若干问题的解释》第三十四条第二款规定，连带责任保证的债权人在保证期间届满前要求保证人承担保证责任的，从债权人要求保证人承担保证责任之日起，开始计算保证合同的诉讼时效。本案中，根据2000年7月12日某银行与红某公司签订的《债务分担协议》及原《借款合同》第二条第一项约定，红某集团承担债务后，其主债务履行期为2000年7月12日至2001年6月12日。红某公司与某银行于同日签订的《保证合同》第五条约定，保证期间为借款合同约定的债务履行期届满（含展期到期）后两年为止。故案涉债务的保证期间应为2001年6月13日至2003年6月13日。在该保证期间届满前，2003年2月2日，红某公司盖章确认了某银行发出的担保借款本金和利息的通知，应当认定债权人某银行在保证期间届满前已经要求保证人红某公司承担保证责任，从该日起，即开始计算保证合同的诉讼时效而非保证期间。红某公司辩称，其盖章确认仅是对欠款数额的确认，并未同意对欠款进行清偿。因双方对欠款数额并无异议，且债权人向保证人发出通知仅是为了确认欠款数额而不主张权利不符合日常认知，红某公司该项主张无事实和法律依据，本院不予支持。《担保法解释》第四十四条第二款虽为主债务人破产情形的特别规定，但该条规定并非适用于任何主债务人破产情形。首先，从保证期间的制度目的看，法律规定保证期间的目的有二：一是督促债权人及时行使权利，避免其怠于行使权利使保证人长期处于可能履行担保债务的不确定状态；二是保障保证人及时向主债务人行使追偿权。本案中，如上所述，债权人某银行已经在保证期间要求保证人红某公司承担保证责任，保证期间的制度目的已经实现。其次，从保护债权人利益的角度看，要求保证人承担保证责任系债权人的权利而非义务，主债务人破产已经使债权人的债权产生不能清偿之虞，不能因主债务人的破产反而加重债权人的负担。因此，《担保法解释》第四十四条第二款应适用于债务人在破产程序开始时保证期间尚未届满的情形，如在保证期间内、债务人破产程序开始前，债权人已经要求保证人承担保证责任的，则应开始计算保证合同的诉讼时效，而不应再计算保证期间。本案中，某银行已经在保证期间届满前要求保证人红某公司承担保证责任，自其主张保证责任之日起应当开始计算案涉《保证合同》的诉讼时效，本案无担保法司法解释第四十四条第二款之适用余地。二审判决适用法律错误，本院予以纠正。

（3）关于东某公司向红某公司主张权利是否超过诉讼时效期间的问题

从已经查明的债权转让和债务催收情况看，从 2003 年 2 月 2 日某银行向保证人红某公司主张保证权利后，开始计算保证合同的诉讼时效。在 2005 年 1 月 29 日、2007 年 1 月 2 日、2008 年 12 月 14 日，东某公司均单独或与某银行上级行联合登报公告催收，产生诉讼时效中断的法律效力，对此各方均无异议。对于 2009 年 8 月 31 日的《债权转让暨催收公告》，该公告载明："中国东方某公司作为转让方，以及东某公司作为该等债权的受让方，现公告要求下列借款人及其相应的担保人和/或者其责任承继人向东某公司履行相应合同约定的和法律法规规定的义务和责任。"根据《最高人民法院关于审理民事案件适用诉讼时效制度若干问题的规定》第十九条规定，债权转让的，应当认定诉讼时效从债权转让通知到达债务人之日起中断。东某公司发布的债权转让公告能够产生诉讼时效中断的法律效力。对于 2010 年 5 月 12 日的《债权转让暨催收公告》，该公告载明："东某公司特公告与该等债权有关的借款人、担保人及其他相关义务人，该等债权转让的事实。"根据本院再审查明的事实，东某公司系东方某公司与银建某资产公司合作设立的资产处置联合体，属于可以依法进行公告催收的主体，其在全国或省级有影响的报纸上发布的债权转让公告能够产生诉讼时效中断的法律效果。综上，案涉《保证合同》的诉讼时效不断产生中断情形，至东某公司提起本案诉讼时，其主张权利并未超过诉讼时效期间，红某公司关于本案诉讼时效已超过法定期间的抗辩理由不能成立。

第三节　开发商致函

一、开发商致函内容及简述

此种类型不属于有名的担保措施，但实务中较实用且有很强的操作性，故笔者将其列为其中一种的担保措施，该类型适用于提供担保的主体有房产且实际占有，购房款已全额付清，但房产证因其他原因暂时未办下来，但主要以该房产作为实物担保，且房产开发商同意提供这种承诺的担保措施。

此函包括两个致函：一是提供担保的房屋所有权人给类金融机构做的反担保保证；二是开发商给类金融机构所做的致函。两个函内容前后呼应，可以割裂开使用，但经常一同使用，对类金融机构的权利保障会更明确。

具体以担保业务中常用的内容列示：

列示1：

反担保保证函

某某担保公司：

____在____年____月____日向____申请贷款人民币_____（大写）____ _____，签订了编号为_____的《____》（以下简称《借款合同》），期限为____个月，贷款用途为_____，由贵公司为该笔贷款提供保证担保。

____自愿提供本人名下位于_____房产作为反担保措施为贵公司提供反担保保证，该房产买卖合同已签订，购房款已付清，房产证正在办理过程中。

本人现承诺如下：

第一条　如贷款期满前取得房产证，则本人承诺：在取得该房产证当日，配合贵公司签订上述房产抵押反担保合同，办理抵押登记，以本人名下房产为贵公司的担保提供反担保。

第二条　如贷款期满未取得房产证，则本人承诺：贷款合同履行期间，本人不在合同备案机关办理《商品房买卖合同》的变更手续，确保该《商品房买卖合同》的购买人为本人。

第三条　如_____违反与_____签订的有关《_____》，导致贵公司承担担保责任或给贵公司造成其他损失，则：

1. 贵公司有权依法处置本人名下房产（取得房产证并根据本函第一条办理抵押登记的，按照担保法规定处理；未取得房产证的，本人配合贵公司将该房产购买人变更为贵公司或贵公司指定的任何人，房产价格不变）；

2. 如处置上述房产不足以赔偿贵公司损失（包括但不限于贷款本金、利息、罚息、违约金及实现债权的费用），本人仍承担反担保责任，直至赔偿所有损失。特此承诺。

反担保保证人：_____
年　　月　　日

列示 2：

致 函

某某担保公司：

我公司作为_____房产的开发商，现确认____出具的反担保保证函就该房产的陈述属实，我公司愿配合贵公司和____履行他们提供的反担保，具体如下：

1. 在上述房产产权证取得当日，直接将房产证原件交给贵公司，并通知房屋所有权人。

2. 如房屋所有权人要求我公司配合办理《商品房买卖合同》更名手续，我公司将第一时间通知贵公司，在征得贵公司同意前，我公司不予办理。

3. 如_____违反《_____》导致贵公司承担担保责任，则贵公司可持代偿凭证要求我公司按照_____出具的反担保保证函的第三条办理更名，我公司予以配合。

4. 如我公司未履行上述义务，愿就贵公司的损失与_____承担连带赔偿责任。

同意履行上述义务！

特此致函。

致函人（开发商）：_____

年 月 日

本人已知悉，同意履行以上义务。

反担保保证人：_____

年 月 日

二、开发商致函常见的法律风险和处理方法

1. 属于一种各方约定

该种类型担保措施属于各方对相关担保事宜的一种互相约定，提供担保的房屋所有权人向债权人提供了一种物的担保和保证担保，但由于不动产的权利变动和设定权利等以登记为准，则实际上提供了一种未登记的物的担保和保证担保，或者可以理解为一种设定条件的物的抵押担保（未办理登记）和保证担保；债权人接受了担保人向其提供的一种保证担保，同时又单独接受了附条件的物的担保。开发商则提供了一种附条件的保证担保，即开发商

按照致函内容在满足条件时，配合将房产证交付给债权人或者满足条件时为债权人办理相关过户手续，若开发商违约则承担保证责任。类金融机构权利的实现依赖于各方积极履行。

2. 为融资主体提供了便利性，但属于一般债权

该类型担保措施主要处于房产证未办理完毕之前进行办理的一种担保措施，其具有极大的实用性，为融资主体提供了较高的便利性，在签订完上述致函后，类金融机构同时收取了房屋所有权人关于房屋的相关购房合同、购房发票、契税凭证、大修基金凭证等，同时又有开发商的承诺，有利于限制房屋所有权人将房产证办理完成后抵押给其他第三人。但由于该房产并未办理抵押登记，对于类金融机构来说属于一般债权，对该房产无优先权，债务到期后，未及时清偿时，若按照该函内容，房屋所有权人取得房产证并办理抵押登记的，则债权人按照抵押权人实现债权规定处理；若在该函履行过程中，房屋所有权人未取得房产证的，两种处理方式：一是开发商及房屋所有权人配合类金融机构将该房产购买人变更为类金融机构或类金融机构指定的第三人；二是房屋所有权人及开发商均不配合按照该函内容履行的情形下，债权人按照处理一般债权的方式，要求房屋所有权人及开发商承担连带保证责任，该房产作为房屋所有权人的一般财产，进行实现债权。

3. 《商品房买卖合同》更名的问题

该种处理方式主要受房地产各地政策的影响较大。合同更名即为开发商与原房屋购买人协商解除房屋买卖合同，同时类金融机构或者类金融机构指定的第三人同开发商签订新的房屋买卖合同，因 2018 年以来全国各地实行"限售""限购"政策，对购买房屋及出售房屋均进行了限制，故作为后期保障债权的处理方式之一的商品房买卖合同更名，需要根据当地房屋买卖政策进行适当的调整。其作为其中的一种处理方式，满足当地政策的条件时，实现债权是具有可行性和操作性的。

4. 多笔致函的处理

实务中，有一种情形为房屋所有权人以一套房屋，与多个债权人签订多笔反担保保证函，开发商仅向其中一家债权人出具了《致函》，由于《反担保保证函》与开发商《致函》可以分别出具，各自相互独立，在涉及此种情形下，收到开发商《致函》的类金融机构可以按照该函件内容履行或者直接按照一般债权主张债权，其他债权人仅能依照一般债权主张权利。对于多笔致函的限制，通常采取收取房屋所有权等的相关凭证来限制房屋所有权人将房

屋二次与其他融资主体达成致函，但限制条件有限。

三、开发商致函流程和相关资料

1. 签订开发商致函流程

该类致函由提供保证的人和开发商向类金融机构出具，无具体流程要求。通常类金融机构可要求面签，以确保该函件的真实性。

2. 保证人将该房产相关的原件交付给类金融机构保管

按照致函的约定及风险控制的需要，通常类金融机构要求房屋所有权人将该房屋相关的所有原件，包括但不限于购房合同、购房发票、契税发票、大修基金发票等相关原件交付给类金融机构保管。也可双方另行约定对该元件进行共同封存之后，由类金融机构进行保管，除为办理房产证之外，类金融机构不得挪用。

3. 相关资料。签订开发商致函时，需要提供的资料主要包括

（1）自然人身份证、户口本、结婚证等基础资料，法人/非法人组织基础证照（其中公司法人或合伙企业为营业执照、章程等以保证其可以提供质押担保的主体合法性）。

（2）开发商一方通常提供营业执照复印件、工商基本信息情况表。为了实务操作的便利性，通常不要求开发商提供股东会决议，对于开发商未经股东会决议对外提供的附条件的担保的效力，详见法人/非法人组织保证担保章节所述。

四、开发商致函其他需要说明

该类型的担保措施基本适用于无房产证、但有购房合同情形下的融资情形，适用范围较广，但其风险控制程度由于其自身担保措施的特殊性，属于一种约定，控制风险程度相对较弱，属于一种增信措施，可以结合其他担保措施综合运用。

第四节　园区回购

一、园区回购内容及简述

这种类型的担保措施在实务中操作性较强，虽为无名担保，但笔者将其单列为一种担保措施。其常见适用的情形是企业在某工业园区进行项目投资

或者生产经营需要，以该园区内该企业出让所得的土地为主要的实物主体为类金融机构做保证，而园区为了促进企业进行项目融资或者发展需要，愿意为融资企业进行土地融资服务的融资方式。

具体以担保业务中常用的内容列示：

列示1：

资产处置委托协议书

_____（园区）：

鉴于：

一、____公司（以下简称：债务人）在____投资建设_____项目，该项目用地____亩，计划总投资____万元，建设周期为____个月［具体投资建设情况以某工业园《项目合同书》（［____］号）内容为准］。

二、债务人因投资建设上述项目向____银行申请贷款_____万元，期限_____月（具体时间以其与银行签订的合同为准），该笔借款由某担保公司（以下简称：担保人）提供保证担保。

三、债务人取得上述贷款后，将该笔贷款定向用于其在某工业园内投资建设_____项目，支付给园区或参与项目建设的第三方。

四、在债务人向某工业园支付完项目用地的土地款并实际占有土地之后，依法取得土地使用权证之前，因无法办理抵押登记，债务人同意以其所享有的该宗土地的权益为担保人提供反担保，并以其享有的上述土地及地上附着物等一切权益质押给担保公司（相关财产清单附后）。

五、贷款期内，如债务人依法取得土地所有权证，则依法办理抵押登记，以该土地作为反担保物，抵押给担保人，为其贷款提供反担保。

六、贷款期内，债务人未取得土地证，也未按约定及时足额偿还贷款本息，造成担保公司给银行代偿（代偿的标志为银行出具的《代偿证明》），则债务人同意放弃上述土地及地上附着物的一切权益，交由担保人委托某工业园对该宗土地和地上资产进行资产处置。

现债务人与担保人一致函委托某工业园：

一、如发生"鉴于"第五条及第六条约定的事项，则双方共同委托贵园区对债务人的上述土地及地上附着物进行处置，具体委托内容如下：

1. 贷款期内，如债务人取得土地证，则贵园区将土地证原件直接交给担保人，以便担保人按照"鉴于"约定第五条办理抵押登记手续。

2. 贷款期内，如发生"鉴于"第六条事项，即债务人放弃该土地及地上附着物的一切权益交由担保人委托贵园区处置时，担保人必须将上述土地交由贵园区收回，并授权贵园区按不低于债务人原购买价重新进行二次招商，并在自然天数90天内完成招商工作，为担保人收回代偿银行之债务。

3. 贵园区将二次招商收取的价款，优先用于支付担保人代偿本息的全部费用（包括但不限于诉讼费、仲裁费、律师费、财产保全费、差旅费、执行费、评估费、拍卖费等）。

4. 上述所有条款已经债务人确认，在贵园区处置还债过程中无需债务人再次确认同意，由贵园区直接支付给担保人（担保人出具代偿证明和损失证明）。

5. 若支付完担保人的追偿代偿本息全部费用后尚有剩余款项，则剩余款项由贵园区自行处理；若该款项不足支付担保人的追偿代偿本息，贵园区不承担责任。

二、如债务人如期足额归还银行贷款本息，且担保人担保责任解除后，债务人和担保人应书面告知贵园区，则本委托协议书自动作废。

三、在贷款期内，贵园区如果按照《土地出让合同》的约定如期向债务人办理了土地证应直接交付给担保人。如在贷款期满后，债务人未按约定及时足额偿还贷款本息，造成担保公司给银行代偿（代偿的标志为银行出具的《代偿证明》），则债务人同意放弃上述土地及地上附着物的一切权益，交由担保人委托贵园区对该宗土地和地上资产进行资产处置。具体处置办法遵照本"委托函"第一条2、3、4、5款执行。

四、本协议一式六份，各方各执二份，具有同等的法律效力。

五、本委托是全权委托，也是不可撤销委托。

委托人：_____　　　　担保人（签章）：_____

债务人（签章）：_____

受委托人：_____园区（签章）

签订日期：　　年　　月　　日

二、园区回购常见的法律风险和处理方法

1. 属于各方约定，各方共赢

对于企业来说，一般只拿到项目用地而没有土地证的情况下，基本上很难融到资金。因为这种情况下不能办理土地抵押，所以类金融机构基本不会

以拿到土地项目的合作书和企业付了一定的土地款就给其融资。按照本方式进行操作可以盘活资金，变相地进行了土地融资。

对于园区来说，仅仅把企业吸引进来远远不够，其若愿意达成此意向进行回购或者二次招商，则一方面提高了其服务功能和附加值，因为企业取得其项目土地即可融资，投资资金即可盘活，可以吸引到更多的企业；另一方面此协议直接规定了融资付给园区或参与项目建设的第三方用于项目投资，这样限定了用款，便于园区项目有资金顺利进行，也加快了园区的建设。

对于类金融机构来说，园区愿意进行回购或二次招商，无异于对类金融机构的债权有了保障，因为企业进行了投资，其已经有一定的资金进入项目了，其也希望顺利进行，而且园区一般能够同意进行回购及二次招商也足可见园区对项目的重视，对类金融机构是有一定保障的。退一步讲，即使出现风险，园区若按其约定进行回购及二次招商，并优先将处置价款支付给类金融机构的话，对类金融机构来讲，风险还是可控的。

2. 交纳了土地款，但未取得土地证的情形下融资方案

实务中，此种情形较常见，即融资主体已交纳全部或者部分土地款，但土地证尚未取得，需要通过非土地抵押的方式取得融资，以交纳剩余的土地款或者其他相关费用，以便于后期开发。此种类型的融资方案，以下两种方式可以供参考：

（1）项目贷款，园区回购。以该项目所属公司作为融资主体，以项目开发为用途，以本章所述担保措施作为主要的风险控制方式，依托园区回购及二次招商作为后续出现不良后的风险处置办法，在严格考察融资主体经营模式及资产负债规模的情形下，设置合理的风险标准，进行部分项目建设款项的融资是可行的，且具有一定的可操作性。

（2）结合股权回购担保措施方式，设置融资方案。在融资主体交纳了部分土地款的情况下，可以考虑前期由类金融指定的第三人与融资主体以设立公司的方式，将土地权利放置于该共同设立的公司内，在前期取得土地阶段，就以该公司的名义取得土地使用权，由于该公司部分股权由类金融机构指定人员持有，另一部分股权由融资主体实际持有，在交纳部分土地款后进行融资时，即以该共同设立的公司作为担保主体或者融资主体向类金融机构进行融资，类金融机构按照融资周期和规模设定融资主体，对实际控制土地使用权的公司的股权进行逐步地回购。

3. 园区回购的合法性

园区作为签订《土地出让合同》的一方，其以民事权利主体的身份将土地出让给融资主体，在后期以该融资主体、类金融机构约定《资产处置委托协议书》回购的方式，属于平等主体之间签订的具有意思自治的法律行为，应当为有效。但土地的出让必须经过招拍挂程序进行，在土地被园区回购之后，其仍旧需要按照土地出让的程序和相关法律要求，对土地进行"招拍挂"的方式，进行二次出让。涉及园区与融资主体在签订《土地出让合同》后，在另有约定的情形下，园区能否将土地收回的问题。笔者认为，园区回购不违背相关法律法规，属于当事人意思自治的范围，其约定了可以由园区一方回购的条件下，在满足该条件时，园区可以进行回购，并不违反法律的强制性规定，应当认定为有效。

4. 园区后期违约的问题

园区不按该委托处置协议进行处置的，类金融机构可以采取诉讼的救济措施，诉讼内容可追究的责任：一是违约责任，可以约定一方未按该协议履行的违约责任。二是园区对土地进行二次招商（重新进行土地"招拍挂"）属于另一民事行为，其履行需要依据相关法律程序进行，类金融机构可以要求园区及融资主体履行本担保措施项下相关协议。

三、园区回购流程和相关资料

1. 签订园区回购流程

该类《资产处置委托协议书》由融资主体、类金融机构、工业/产业园区共同签订，无具体流程要求。

2. 风险控制

根据风险控制的需要，通常类金融机构需要将土地相关的所有原件，包括但不限于土地出让合同、已交土地凭证等相关原件交付给类金融机构保管。也可双方另行约定对该原件进行共同封存之后，由类金融机构进行保管，除为办理土地证之外，类金融机构不得挪用。

3. 签订园区回购时，需要提供的资料主要包括

（1）融资主体若为法人/非法人组织的，提供基础证照（其中公司法人或合伙企业为营业执照、章程等以保证其主体合法性）。

（2）园区通常提供其设立的相关文件或者相关能够明确其主体资格的证照。

四、园区回购其他需要说明

园区回购适用于新型工业园、产业园、管委会等对外拟进行以土地开发或者土地补偿的方式进行招商，但所招商企业又能以最低成本进行项目启动的风险控制担保措施，需要结合其他担保措施共同设计，以降低风险。

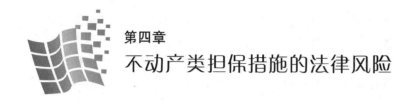

第四章
不动产类担保措施的法律风险

第一节 房产抵押

一、房产抵押内容及简述

房产抵押，是指抵押人将其合法的房产以不转移占有的方式向抵押权人提供债务履行担保的行为。债务人不履行债务时，或发生约定的实现抵押权的情形时，债权人有权依法以抵押的房产拍卖所得的价款优先受偿。在办理具体业务过程中，有关房产抵押相关内容及简述如下：

1. 担保类业务

《反担保房产抵押合同》：提供房产抵押的人为反担保抵押人，担保公司通常为反担保抵押权人，该类合同主要内容为抵押权人（即担保公司）与提供反担保抵押的人签订的，约定由反担保抵押人向抵押权人将其房产以不转移占有的方式提供的抵押担保，若主合同到期或者提前偿还时，或发生约定的实现抵押权的情形时，债务人未及时足额归还，导致担保公司发生代偿时，担保公司可以该抵押房产拍卖所得的价款优先受偿。

2. 小贷类业务

《房产抵押合同》：由抵押人与小额贷款公司达成的，主要约定当债务人不履行债务时，或发生约定的实现抵押权的情形时，债权人可以通过拍卖房产所得价款优先受偿的方式实现债权的合同。

3. 典当类业务

《房产典当合同》：由典当行与当户签订的约定由当户以房产作为当物，进行抵押借款，到期后当户未及时足额进行赎当时，或发生约定的实现抵押权的情形时，由典当行拍卖当物房产所得价款优先受偿而实现债权的合同。

4. 融资租赁类业务

《房产抵押合同》：主要指在回租业务中，承租人与出租人签订《买卖合同》后将承租人名下的房产转让给出租人，并进行法律上的交付之后，由出租人以该房产为标的回租给承租人，由承租人将该房产抵押给出租人，以保障出租人的租赁债权。具体内容为承租人与融资租赁主合同中的出租人签订的，约定以登记在承租人名下的房产为出租人提供抵押担保，并办理抵押登记，承租人（即债务人）到期未足额及时支付租金或发生约定的实现抵押权的情形时，承租人作为抵押人自愿以抵押房产处置后优先偿还出租人。

根据《民法典》第七百三十七条"当事人以虚构租赁物方式订立的融资租赁合同无效"可见，《民法典》并未对融资租赁的标的物种类做出规定。中国银保监会制定的《融资租赁公司监督管理暂行办法》第七条规定"适用于融资租赁交易的租赁物为固定资产，另有规定的除外。融资租赁公司开展融资租赁业务应当以权属清晰、真实存在且能够产生收益的租赁物为载体。融资租赁公司不得接受已设置抵押、权属存在争议、已被司法机关查封、扣押的财产或所有权存在瑕疵的财产作为租赁物。"固定资产是一个会计科目的概念并非法律概念，具体应当包括：有形资产和无形资产，其中有形资产包括动产和不动产。动产是常见的融资租赁标的物种类，例如生产设备、库存货物、配套设施、船舶航空器、汽车等。根据民法典动产物权变动的规则，交易双方完成交付后，即完成了所有权的转移，登记时为了对抗善意第三人。"自物抵押"的目的就是排除第三人的善意取得。《民法典》第七百四十五条也有同样的表述"出租人对租赁物享有的所有权，未经登记，不得对抗善意第三人"。

不动产抵押的手续上，因不动产采用登记生效主义，那么租赁物所有权的取得应当在办理登记手续之时发生物权变动效力。所以笔者认为在房产作为租赁物时，双方办理自物抵押是有现实可能性的。但是实践中，以房产作为租赁物的情况非常少见。主要有以下两个方面的障碍：

（1）税负过重。现有的契税虽然有关于售后回租的契税减免政策，但是增值税并未将不动产纳入到减免范围内。这就直接导致了不动产融资租赁将按照17%征收增值税。这样交易成本过高。

（2）物权变动与非典型担保。即根据《民法典担保制度解释》第一条"因抵押、质押、留置、保证等担保发生的纠纷，适用本解释。所有权保留买卖、融资租赁、保理等涉及担保功能发生的纠纷，适用本解释的有关规定"，融资租赁被认定为具有担保功能的合同，但是作为租赁物物权变动的条件不具备的，承租人未取得租赁物的所有权，融资租赁的融物属性就未成就，从而影响合同效力。但是如果以房产作为租赁物的话，办理过户手续则会导致税费负担过重，交易成本过高。与其采用不动产融资租赁租赁，借款人多采用间接租赁方式，即变相的将不动产中动产拆出来并配备无形收益、知识产权等从而提高资产价格，间接实现与不动产融资租赁金额相当的业务。

5. 保理类业务

《房产抵押合同》主要内容为在有追索权的保理业务中约定作抵押人（可以是融资主体或者是第三方抵押人）与保理公司签订的，约定若主合同到期，融资主体未及时足额归还保理资金，回购融资主体应收账款或发生约定的实现抵押权的情形时，则抵押人自愿以抵押房产优先偿还该资金。该合同担保的主合同为保理公司与融资主体签订的保理合同。

6. 其他类业务

实务中常见的为民间借贷中，个人与个人之间的房产抵押（个人作为抵押人将房产抵押至抵押权人，约定到期未及时清偿时或发生约定的实现抵押权的情形时，由抵押权人优先受偿）；委托贷款业务中，银行作为受托人与抵押人之间的抵押贷款（抵押人与银行约定的，债务人到期未及时足额清偿债权或发生约定的实现抵押权的情形时，抵押权人以该抵押房产优先受偿）等。

二、房产抵押常见的法律风险和处理方法

1. 抵押登记的作用和效力

房产抵押登记属于登记生效主义，即不登记抵押权未生效，而非登记对抗主义（不登记不对抗第三人），实务中，未登记的房产抵押合同签订在先，登记后的房产抵押合同在后的情形下，房产抵押合同均成立有效，但抵押权的优先则以谁登记在先，谁具有抵押权，故合同签订在后但办理了抵押登记的抵押权必然优先。

办理抵押登记后，抵押权即有物权效力，《物权法》及其司法解释对于抵押人在抵押期间出售抵押物的情形做出了限制，即抵押人无法过户买卖，其若想出售该房产，必须得到抵押权人同意，而且实际操作中是必须先注销抵押登记，后办理过户手续，但《民法典》第四百零六条"抵押期间，抵押人可以转让抵押财产。当事人另有约定的，按照其约定。抵押财产转让的，抵押权不受影响。抵押人转让抵押财产的，应当及时通知抵押权人。抵押权人能够证明抵押财产转让可能损害抵押权的，可以请求抵押人将转让所得的价款向抵押权人提前清偿债务或者提存。转让的价款超过债权数额的部分归抵押人所有，不足部分由债务人清偿"及《民法典担保制度解释》第四十三条

"当事人约定禁止或者限制转让抵押财产但是未将约定登记，抵押人违反约定转让抵押财产，抵押权人请求确认转让合同无效的，人民法院不予支持；抵押财产已经交付或者登记，抵押权人请求确认转让不发生物权效力的，人民法院不予支持，但是抵押权人有证据证明受让人知道的除外；抵押权人请求抵押人承担违约责任的，人民法院依法予以支持。当事人约定禁止或者限制转让抵押财产且已经将约定登记，抵押人违反约定转让抵押财产，抵押权人请求确认转让合同无效的，人民法院不予支持；抵押财产已经交付或者登记，抵押权人主张转让不发生物权效力的，人民法院应予支持，但是因受让人代替债务人清偿债务导致抵押权消灭的除外"可知，自 2020 年 1 月 1 日《民法典》及《民法典担保制度解释》实施后，抵押期间，抵押人可以出售相关抵押财产，但需要区分对于该约定是否登记，若未登记的，抵押财产已经交付或者登记，抵押权人请求确认物权不发生效力，不会支持，若已经登记的，即时抵押财产已经交付或者登记，抵押权人可以请求确认物权不发生效力，除非受让人清偿。同时无论是否登记，抵押权人请求确认转让合同无效的，均不予支持。目前实务中并未涉及该类型登记事项，需要关注抵押登记机关于此类问题的描述。

办理抵押登记后，即取得了抵押权，抵押权人具有债务清偿的优先性，其债务人其他债务的增多，并不影响抵押权效力，也不会影响抵押权优先性的实现，甚至抵押的房产被其他债权人申请法院查封后，该房产处置后仍应优先偿还抵押权人的债权。

2. 先租赁后抵押的问题

实务中在办理抵押登记之前，房产已经出租的，抵押权人的权利不能影响到租赁人的权利。根据《民法典》第七百二十五条"租赁物在承租人按照租赁合同占有期限内发生所有权变动的，不影响租赁合同的效力"可知，债权到期后，债务人不偿还债务，当抵押权人要求实现抵押权，即对出租房产进行处置时，承租人继续可以租赁房屋，可以不受抵押权人的影响，直至租赁合同到期或租赁人放弃租赁利益自愿搬离，但在抵押权人按照抵押合同主张权利时，可以从告知承租人之日起，收取租金。从类金融机构的角度出发，优劣则较为明显：

优势：房产抵押权有优先性，除承租人外，可以对抗其他任何第三人。房产的优先权还是属于抵押权人，当实现抵押权时，抵押权人可以优先受偿。只是要等到承租人放弃承租该房屋或者租赁合同到期，才能去实现抵押权。

劣势：（1）在抵押权人主张其抵押权，但该合同在租赁期内时，只能按租赁合同规定按规定时间收取租金。若按季度或月付租金，抵押权人还可以收取一定的租金来挽回时间成本带来的损失。但也有的租赁合同，在签订租赁合同时一次性交 3 年至 5 年，那么对于抵押权人来说时间成本即抵押权实现成本，更别说租赁达 10 年甚至更久，对抵押权的现时影响较大。

（2）有租赁的房产，无法立即实现抵押权。房产短时间内无法强制执行，只能等租赁合同到期再采取执行。当然在等租赁到期的时间内，会有抵押物毁损灭失的风险，若灭失肯定实现不了抵押权。

（3）执行期限比较长，导致执行成本较高。时间成本若太长，毁损灭失的风险是一方面，还有就是时间成本太大。挽回损失的办法是给租赁户高额补贴，要求其放弃承租该房屋。

3. 承租人承诺的重要性

实务中，经常遇到已租赁房产抵押的情况，从风险控制的角度出发，类金融机构通常会要求承租人签署承诺书，内容如下文列示。其作用主要体现在三个方面：

（1）告知作用。承租人签订《承诺书》后，承租人可以明确知道当前租赁房屋的状态，但并不影响其对租赁房屋的使用，作为抵押权人的类金融机构，当债务人到期未及时足额清偿债务，作为抵押权人主张实现债权时，可以同时根据《承诺书》向承租人主张收取租金，且因已告知承租人，后期执行阶段具有很强的实操性。

（2）若在后期执行阶段，承租人按照《承诺书》约定放弃继续租赁的，有明确的房屋交付方，即类金融机构，且承租人不能进行转租或者将租赁房屋返还给出租人，否则要承担违约责任。

（3）风险控制的需要，根据《承诺书》和所附的《租赁合同》可以明确其真实的租赁状况，比如租金、租期等，在前期可能存在承租人不愿意签《承诺书》、承租人与出租人未签订租赁合同等风险，可以根据具体事务中的问题，综合考虑风险控制的程度和要求。

列示 1：

承诺书（承租人）

某担保公司：

　　鉴于_____于____年____月____日向_____（债权人）借款____

万元整（大写：_____）期限：_____，由贵公司为该笔借款提供连带责任保证担保。_____自愿将坐落于_____，房屋所有权证编号：_____，建筑面积约_____平方米的商业房产抵押给贵公司作为贵公司出具上述担保的反担保。

_____，是上述抵押房产的承租人，与____签订了《房屋租赁合同》（详见附件）。

因我公司所租赁的上述房产被设定了抵押权，如果房屋所有权人违约，贵公司有可能向法院申请执行该抵押房产。为了保护贵公司的抵押权，本公司作为承租方，自愿承诺如下：

1. 我公司已知悉房屋所有权人将该房屋抵押给贵公司的事实，在承租期间，按租赁合同要求正当使用承租的房屋，积极履行妥善保管义务。

2. 在我公司承租期间，如借款人未按时足额偿还向银行的借款，导致贵公司向法院主张抵押权时，分两种情况：

（1）若我公司自愿继续承租该房屋，将在收到贵公司发出的能够证明满足抵押权实现情形的书面文件之日起，按租赁合同向贵公司支付剩余租赁期间的房租。

我公司保证，在贵公司发出支付房租的通知时，我公司将按租赁合同的的内容，无条件向贵公司按时足额支付剩余房租，确保贵公司的利益实现。

若我公司未按照上述承诺履行，自愿以未支付的租金金额承担违约责任。

（2）我公司自愿解除该租赁合同，放弃租赁权对抗抵押权，积极配合贵公司实现抵押权，自愿搬离该房屋并放弃因提前搬离而多余支付给出租方的租金追偿权。

我公司保证，在贵公司向司法部门主张抵押权时，我公司将在收到贵公司搬离通知书后十日内，按本条前述承诺的内容，无条件搬离被抵押的房屋，确保贵公司抵押权的实现。

若我公司未按照上述承诺履行，自愿以未支付的租金金额承担违约责任。

特此承诺。

承诺人：
年　　月　　日

4. 抵押权及于孳息的问题

根据《民法典》第四百一十二条"债务人不履行到期债务或者发生当事人约定的实现抵押权的情形，致使抵押财产被人民法院依法扣押的，自扣押之日起抵押权人有权收取该抵押财产的天然孳息或者法定孳息，但抵押权人未通知应当清偿法定孳息的义务人的除外。前款规定的孳息应当先充抵收取孳息的费用"及实务判例可知，对法定孳息清偿义务人的通知并非抵押权效力及于孳息的生效要件，而为对抗要件。即在发生实现抵押权的情形下，自扣押抵押财产之日即抵押权及于孳息，并不因为是否通知或通知的时间而影响抵押权及于孳息的效力。

结合上述承租人出具的《承诺书》，该承诺约定自"本公司将在收到贵公司发出的能够证明满足抵押权实现情形的书面文件之日起我公司将按租赁合同向贵公司支付剩余租赁期间的房租"属于双方对通知情形的约定，但并不影响抵押权及于孳息的法定效力。

5. 先抵押后租赁的问题

根据《民法典》第四百零五条"抵押权设立前，抵押财产已经出租并转移占有的，原租赁关系不受该抵押权的影响"并结合实务，可知，在抵押担保关系中，先办理抵押登记手续，后将该抵押房产出租的，当发生执行该抵押房产时，抵押权人可以随时要求承租人搬离该房屋，其租赁权不能对抗抵押权，抵押权人可以要求法院对该抵押房产进行折价，拍卖，变卖。

辨别该抵押房产是在抵押登记之前出租的，还是抵押登记之后出租的，这个时间点很重要，会直接影响到后期执行。所以，一方面要实地察看抵押房产的真实租赁状况，另一方面，需要根据真实情况，采用书面方式留作证据，选择签订承诺书，即若未出租，签订《未出租承诺书》。

列示 2：

承诺书（未出租）

鉴于 _____ 于___年___月___日向____（债权人）借款人民币____万元整（大写：_____ ）期限：____ 个月，由项下____担保公司为该笔借款提供连带责任保证担保。____自愿将以下房产抵押给____担保公司作为该公司出具上述借款的反担保：

_____坐于_____，房产证号：_____，建筑面积约_____平方米商业房产；

我们保证该房屋无灭失、查封、交易和重复抵押等现象。

我们保证截止____年____月____日，该房屋未对外出租且该房产非我（我们）名下的唯一住宅。借款期间，我们若出租该房屋，我们将及时将该笔借款事实告知承租人，并及时通知债权人和____担保公司。

如该笔借款到期后，_____无力偿还，我（我们）自愿由某担保公司对抵押物依法处置，并由____担保公司作为优先受偿人。

目前该抵押房产现状：购房款已全部交清，房产证已办理。

特此承诺

承诺人：

年　　月　　日

6. 承租人转租的问题

实务中有一种情形为：抵押房产的承租人和实际承租人不是一个人。即承租人是二房东，其从房产所有人处租赁到该房屋，并与房屋所有人签订了《租赁合同》，但其将房子租赁到手后，转租给第三方，现该房产实际由第三人合法占有。对于此种情形，存在一个很重要的问题，若是要求签订或是公证送达承租人《承诺书》，应该向谁送，向谁告知？通常实务中有两个选择：一个是二房东。一个是实际承租人。根据《民法典》第七百一十六条"承租人经出租人同意，可以将租赁物转租给第三人。承租人转租的，承租人与出租人之间的租赁合同继续有效；第三人造成租赁物损失的，承租人应当赔偿损失。承租人未经出租人同意转租的，出租人可以解除合同"及实务操作的便利性出发，通常实务中的解决方式是：向二房东发函签《承诺书》。原因如下：最理想的状态是给他们两个人都发，都告知，这样无论承租人最后确定是谁，我们都可以向其主张权利。但实务中具有一定的操作难度：（1）实务中，二房东的租赁合同中一般会约定其有转租权，这样的话，实际承租人就会变得不特定。他在融资期内，可以不断变换实际承租人，若每变一次都给发一次函的话，成本太大，也不现实；（2）实务中，二房东经常把房产租给若干户，比如一个大商城被一个二房东承租后，其将房产又分割租赁出去，这样的话实际承租人可能会非常多，这就增加了签《承诺书》的难度和不确定性，因为还有实际承租人配合度的问题。

在类金融机构向二房东要求出具了承诺函，而实际承租人未签订的情形下，抵押权人在主张权利时，可能会遇到以下实务情形：甲将房屋出租给了乙，乙作为二房东将租赁房屋出租给了丙，抵押权人实现债权时作为二房东的乙不配合履行。举例如下：甲是房屋所有权人，乙是二房东，丙是实际承租人。甲将其房屋租赁给乙使用，并同意乙可以转租给他人。后来乙拿到房子后转租给了丙，并且甲知悉且同意了丙的实际承租。后来乙一次性收取了丙10年的房租，乙付了甲5年的房租之后，消失不见了。现在要执行该房产，问题一：能否要求丙搬离该房屋？答案是不可以要求丙搬离该房屋的。理由是丙在租赁期内属于合法占有该房屋，只能等到租赁合同到期后采取执行，或者丙自愿放弃继续承租该房屋。

问题二：乙只向甲付了5年房租，而丙向乙付了10年房租，假若5年租赁到期后，丙能否继续租赁至10年止。答案是需要核查甲乙之间的租赁合同，若该合同约定未付房租甲方可以单方解除合同，甲可以解除合同后要求乙方搬离。对于乙方已支付的5年房租，由于甲乙之间的租赁合同解除，乙丙之间的转租合同存在的基础已经不存在，丙可以根据合同相对性要求乙方返还。

7. 没有签租赁合同的问题

实务中，由于情况错综复杂，有的时候房屋所有权人和承租人出于各种原因，没有签租赁合同。根据《民法典》第七百零七条"租赁期限六个月以上的，应当采用书面形式。当事人未采用书面形式，无法确定租赁期限的，视为不定期租赁"及第七百三十条"当事人对租赁期限没有约定或者约定不明确，依据本法第五百一十条的规定仍不能确定的，视为不定期租赁；当事人可以随时解除合同，但是应当在合理期限之前通知对方"可知，该种情形可以视为不定期租赁，出租人可以随时解除。为了降低业务风险，类金融机构通常采取以下方法：（1）承租方签《承诺书》，承诺其为不定期租赁，若发生抵押权人实现债权的情形，自愿向承租人发送解除通知函，要求承租人在一定期限内搬离；（2）承租人与房屋所有权人共同签《承诺书》，承诺租赁使用期限，并承诺若发生抵押权人实现债权的情形，自愿向承租人发送解除通知函，要求承租人在一定期限内搬离；（3）承租人与房屋所有权人补充签订租赁合同，租赁期限由双方约定，并按照承租人出具《承租人承诺书》的方式处理。

8. 房产抵押中单独所有房产的抵押问题

房产属于个人房产的，若房产在房屋所有权人单身状态期间办理抵押登记的，一般得具体区分房产取得阶段，以确保其具有处分权，通常存在以下情形：

情形一：未婚的。房屋所有权人处于未婚状态，而且从未结过婚的，房屋所有权人有处分权，房屋属于抵押人个人财产，对该房产的抵押属于有权处分，实现抵押权时，可直接执行该房产，抵押权人具有优先权。2016 年之前未婚但已到法定结婚年龄的，各类金融机构在办理业务中，均要求其到民政局开立单身证明，以确定其婚姻状态的真实性，随着政策的变化，目前民政局已经不再开具单身证明，类金融机构为了风控的要求，可以要求抵押人自行承诺其单身，对其名下资产享有处置权。

情形二：结婚后，但属于婚前财产。房产办理抵押时，若其属于婚前财产，抵押人有处分权，房屋登记时不具体区分夫妻双方谁有处分权，谁无处分权，若办理抵押登记时，属于婚姻关系存续期间的，则需婚姻双方共同签字，以保障抵押人处分房产的有效性，办理抵押登记之后，实现抵押权时，抵押权人具有优先权。

情形三：离异后，未再婚。这类财产也属于单身时财产，最主要是确认房产所有权，以保证抵押人有处分的权利，最大风险为无权处分，如夫妻双方离异后，将房产判定给另一方作财产时，房屋虽登记在此一方，但实际属于另一方财产。特别是该房产属于一方婚前购买，离婚时又自愿分给另一方时的处分权认定需要结合查询购房合同、档案及离婚时相关资料判断房产的所有权归属。判定是否有权处分房产，有两种途径：一是协议离婚的，离婚登记地民政局核查"离婚协议书"；二是诉讼离婚的，核查法院判决或调解书。

9. 房产抵押中共同所有的房产抵押问题

婚姻关系存续期间的夫妻共同所有房产抵押常见以下情形：

情形一：婚姻关系存续期间。抵押房产若属于夫妻婚姻关系存续期间购买，抵押时，该房产属于夫妻共同所有的房产，需要夫妻双方共同签字盖章，共同处分该房产。对于抵押权人说，具有优先性。

情形二：签合同时，婚姻关系存续；代偿时，离异。此种情形较常见的是在签订合同并办理他项权利证书时，该抵押人房产属于共同财产，但实现抵押权时，抵押人已离异。此种情形，对抵押权人的实际影响不大，婚姻关系变更不影响抵押权的效力，抵押权具有优先性。

情形三：离异后，再婚。此种情形主要是确定抵押人是否有处分权，若其有处分权，则可办理抵押登记，且权利有保障；若无处分权，那么效力就有瑕疵，而且无法办理抵押登记。此种房产明晰办法：要求出具民政局调档的离婚协议书或法院调解书或判决书，若该协议明确房产属于抵押人，那么该抵押人有权处分，此时即使其属于抵押人第二次婚姻前单身时的财产，只要抵押人与第二次的婚姻配偶已领取结婚证，那么抵押人夫妻双方都必须签字，共同处分，该房产抵押，可参照"结婚后，但属于婚前财产"处理。

10. 抵押房产属于抵押人唯一住宅的问题

根据《最高人民法院关于人民法院民事执行中查封、扣押、冻结财产的规定》第五条"对于超过被执行人及其所扶养家属生活所必需的房屋和生活用品，人民法院根据申请执行人的申请，在保障被执行人及其所扶养家属最低生活标准所必需的居住房屋和普通生活必需品后，可予以执行"及实务可知，唯一住房可以执行，应当在执行前保障被执行人及所扶养家属最低生活标准所必需的居住房屋。实务中可以为被执行人提供租住或提供等额租金的形式顺利完成强制执行。为此在实务中类金融机构通常可以从两方面着手填补漏洞，以保障后期抵押权的顺利执行：一是要求未出租的房屋所有权人在签订《未出租承诺书》时，承诺其该抵押房产非唯一住宅；二是在尽职调查阶段，收集房屋所有权人仍有其他住宅的相关资料，或者要求房屋所有权人提供其他房产信息资料，并承诺提供资料的真实性，并在融资期间不处分其他房产；三是在唯一住宅抵押给类金融机构的情况下，在后期执行阶段，首先给抵押人租赁其他房屋保障其基本生活，之后再执行抵押之房产。

其次，目前部分法院执行局出现了"前置腾房"倾向，即原本应当在后期拍卖后腾房的措施被提前到评估拍卖前。上述方式并无相关法律法规支持。仅仅是法院为了避免纠纷和变相的不启动执行程序的非合规手段，而目前自力救济容易引起纠纷，为了更好地顺应该做法，应当在合同中约定有关腾房的相关约定，例如由公证机关对腾房进行全程录像，做好证据保全工作。其次对腾房做出限制性的约定，要求限期 1 个月内完成。否则有权强制腾房等对应措施。

11. 车库抵押的问题

（1）车位属于房产证载中的一部分，可以办理抵押登记。实务中的具体情形为在不动产证登记中既有房产部分，又有车位部分，两者证载于一起，此种情形可以办理登记，在后续的抵押登记办理中，抵押价值为两者之和，抵押范围为房产部分和车位部分，后期处置中房产同车位一起评估拍卖。

（2）车位属于独立证载，可以办理抵押登记。实务中的具体情形为不动产登记证车位单独为一证所载，车位属于独立的所有权，此种情形抵押登记同单独房产抵押登记相同。有一种现象需注意：开发商作为融资主体时，其名下有车位的大证，出售或出租均以合同形式对外签订的，未给已出售车位的业主办理车位不动产证时，开发商将大证抵押用于融资时的风险：出租的车位，买卖不破租赁，处置时容忍租赁合同到期；先买卖后抵押，部分出售的车位属于无权处分。具体需要根据实际情形进一步把握风险控制程度。

（3）只签订了买卖合同，但未取得房产证的，不能办理抵押登记。办理抵押登记的不动产必须以取得不动产登记证为前提，未取得不动产证的均不能办理抵押登记，此种情形车位抵押同房产抵押一致。

12. 余值抵押的问题

根据《民法典》第四百一十四条"同一财产向两个以上债权人抵押的，拍卖、变卖抵押财产所得的价款依照下列规定清偿：（一）抵押权已经登记的，按照登记的时间先后确定清偿顺序；（二）抵押权已经登记的先于未登记的受偿；（三）抵押权未登记的，按照债权比例清偿。其他可以登记的担保物权，清偿顺序参照适用前款规定"及实务可知，同一房产若办理抵押登记后，该房产担保的债权金额小于该房产的价值的，比如房产价值 100 万元，对外担保的债权金额为 60 万元，则余值 40 万元，对于其余值部分，可以进行二次抵押，办理二次抵押登记。对于余值抵押，通常需要注意两点：一是办理二次抵押的，不需要第一顺位人同意，即可办理；二是办理二次抵押的资料和程序，基本和第一次抵押登记资料一致，唯一区别为二次抵押权人同抵押人对余值金额的确定，和对第一次抵押价值范围的明确和披露。

13. 抵押期间的抵押物转让问题

《民法典》实施之前，法律上和实务中对于抵押期间已办理了抵押登记的抵押物的转让，根据《物权法》第一百九十一条"抵押期间，抵押人经抵押权人同意转让抵押财产的，应当将转让所得的价款向抵押权人提前清偿债务或者提存。转让的价款超过债权数额的部分归抵押人所有，不足部分由债务人清偿。抵押期间，抵押人未经抵押权人同意，不得转让抵押财产，但受让人代为清偿债务消灭抵押权的除外"可知，抵押人必须征得抵押权人的同意，未经同意不得转让抵押财产，除非受让人代为清偿，而《民法典》第四百零六条"抵押期间，抵押人可以转让抵押财产。当事人另有约定的，按照其约定。抵押财产转让的，抵押权不受影响。抵押人转让抵押财产的，应当及时通知抵押权人。抵押权人能够证明抵押财产转让可能损害抵押权的，可以请求抵押人将转让所得的价款向抵押权人提前清偿债务或者提存。转让的价款超过债权数额的部分归抵押人所有，不足部分由债务人清偿"，对于抵押期间转让抵押财产的，由"经抵押人同意"，颠覆性地变更成了"应当及时通知抵押权人"，其明显地弱化了抵押权人对抵押财产的控制力，促进了抵押物的流转，但对债权人而言不可控的因素会增加，若存在债务未到期，而抵押人又处置抵押财产的情况，抵押权人需要能够证明抵押财产可能损害抵押权，请求提前清偿或提存，对抵押权人而言，有证明损害抵押权的义务，否则不能影响抵押期间的抵押财产的正常买卖。

从另一个角度来讲，作为债权人，在具体的业务执行中会存在以下情况，由于抵押期间抵押财产进行了转让，债务到期后，债务人未及时足额履行的，抵押财产在第三人（买售抵押财产人）的名下，诉讼或执行过程中，第三人的诉讼地位怎么列的问题，第三人还是被告？笔者的理解应该是第三人，因为房产的处置会和第三人的利益息息相关，《民法典》实施之后，将会成为常态。

同时，作为买受人的角度，购买的房产涉及抵押，需要在受让时核查抵押房产相关的融资资料，抵押范围可能涉及本金、利息、实现债权的收入等，购买抵押房产时，剩余房产价值的核实和确定，需要进一步落实。

14. 债权转让时抵押权的处理

根据《民法典》第五百四十七条"债权人转让债权的，受让人取得与债权有关的从权利，但是该从权利专属于债权人自身的除外。受让人取得从权利不因该从权利未办理转移登记手续或者未转移占有而受到影响"可知，主债权转让，从权利一同转让，作为抵押权应当根据主债权转让而一同进行了转让，实务中为了明确权利义务，通常的操作为债权转让后，抵押权人需要将已经办理抵押登记的不动产登记证中的抵押权人变更为新的债权受让人，且因为各地不动产登记中的登记不一致，导致在部分地区，变更登记无法办理，或者很难办理，而各地法院在对主债权转让后，抵押权登记不进行变更是否影响抵押权人的权利认识不一，因而影响到新的债权受让人的权利。

《民法典》第五百四十七条第二款为本次民法典新增条款部分，其明确了债权转让的，取得抵押权等相关从权利的，不因为没有办理转移登记手续或者没有转移占有而影响到抵押权的权利，从法律层面，对实务中的问题给了明确的规定。

15. 约定流押条款的，可以优先受偿

《民法典》实施之前，《担保法》第四十条"订立抵押合同时，抵押权人和抵押人在合同中不得约定在债务履行期届满抵押权人未受清偿时，抵押物的所有权转移为债权人所有"，《担保法解释》第五十七条第一款"当事人在抵押合同中约定，债务履行期届满抵押权人未受清偿时，抵押物的所有权转移为债权人所有的内容无效。该内容的无效不影响抵押合同其他部分内容的效力"，以及《物权法》第一百八十六条"抵押权人在债务履行期届满前，不得与抵押人约定债务人不履行到期债务时抵押财产归债权人所有"可知，禁止流押，且流押的法律后果为该内容无效。《民法典》第四百零一条"抵押权人在债务履行期限届满前，与抵押人约定债务人不履行到期债务时抵押财产归债权人所有的，只能依法就抵押财产优先受偿"可知，对于流押条款的内容，不再是一律无效，而是对于抵押财产，抵押权人享有优先受偿权。

同时需要明确《民法典》第四百零一条约定的流押条款设定的前提条件为"债务履行期限届满前"，若该条款是在债务履行期限届满后达成的，将抵押财产以物抵债给债权人，或者以折价的方式折抵给了债权人，则不存在流押，属于正常的资产处置。

16. 居住权对抵押权人的影响

《民法典》的亮点之一为设立了居住权制度。居住权属于用益物权，当事人按照法律规定要件设立，并经登记公示的居住权具有对抗任何第三人的法律效力。该部分属于新增部分，故对相关法条予以解读：

根据《民法典》第三百六十六条"居住权人有权按照合同约定，对他人的住宅享有占有、使用的用益物权，以满足生活居住的需要"可知居住权根据合同进行设立，即当事人双方通过合意，形成合同行为设立居住权，且属于他物权，限定的对象为用于居住的房屋，包括但不限于商品房、经济适用房、共有产权房、农村宅基地所建房屋，但不包括商铺、厂房、办公楼。设立居住权的目的为满足生活居住之需要，除生活居住之外的其他用途，比如经营等均不能设立。

根据《民法典》第三百六十七条"设立居住权，当事人应当采用书面形式订立居住权合同。居住权合同一般包括下列条款：（一）当事人的姓名或者名称和住所；（二）住宅的位置；（三）居住的条件和要求；（四）居住权期限；（五）解决争议的方法"可知，居住权的设立基础为要式合同，但结合《民法典》第三百六十六条设立居住权只能满足生活居住需要，居住权人只能是自然人，涉及提示性条款中"名称和住所"，所以居住权设立人（住宅所有人）可以是自然人，也可以是法人或者非法人组织。同时，居住权的功能是满足生活居住需要，包括居住权人的生活需要，也包括居住权人家庭成员或者一起共同生活的人的生活需要。

根据《民法典》第三百六十八条"居住权无偿设立，但是当事人另有约定的除外。设立居住权的，应当向登记机构申请居住权登记。居住权自登记时设立"可知，居住权的设立以无偿为原则，以有偿为例外，同时进行居住权设立的需要向登记机关申请登记，具体的登记部门应当为不动产登记中心，居住权属于物权，物权的设立登记，经依法登记后，发生效力。实务中自2020年1月1日《民法典》开始实施，之前不动产登记中心未办理过相关登记，之后具体登记以各地不动产登记中心的具体实施细则为准。

根据《民法典》第三百六十九条"居住权不得转让、继承。设立居住权的住宅不得出租，但是当事人另有约定的除外"可知，居住权设立后，居住权只能由设立居住权的当事人根据设立居住权相关合同使用，不得转让、继承，同时除双方另有约定外，也不得出租。

根据《民法典》第三百七十条"居住权期限届满或者居住权人死亡的，居住权消灭。居住权消灭的，应当及时办理注销登记"可知，居住权的消灭存在两种情况：一是居住期限届满，居住权设定的基础为合同，若当事人双方约定了届满期限，则期限终止时为居住权消灭之时，若当事人双方约定了期限届满的条件，比如离婚中，给另一方设定居住权，另一方再婚时居住期限届满，则另一方再婚后的条件达到时，居住期限届满。二是居住权人死亡，居住权依附于人身，也不能继承，居住权人死亡则权利义务消灭，居住权消灭。《中华人民共和国民法典物权编理解与适用》中阐明了对于居住权的消灭还包括：住宅灭失、住宅被依法征收、居住权人放弃居住权、所有权人依据法定或约定的事由解除居住合同、居住权因与所有权混同而消灭。

根据《民法典》第三百七十一条"以遗嘱方式设立居住权的，参照适用本章的有关规定"可知，居住权单方法律行为也可以设立。

基于以上相关居住权的法律制度，结合类金融机构经营之需要，实务中对于抵押人的影响如下：

（1）在已经设定居住权的住宅上，设定抵押权的。该情形下，由于居住权和抵押权均为用益物权，可以相互并存，但居住权的权能主要是占有和使用，而抵押权的权能主要是处分，居住权人不能以住宅为债权人设定抵押权，因为居住权不具备处分权能，房屋所有人可以以该房屋设定居住权，也可设定抵押权，因为居住权和抵押权的权能不冲突，已经设定居住权的并不影响抵押权的设立。但是在实现抵押权的时候，因为涉及对抵押物的处置转让，会影响到居住权的存在，故在已设定居住权的房屋上，设定抵押权的，抵押权的实现应当等居住权到期或者协商不影响居住权的设定而进行处置。

（2）抵押登记先设立，后又设立居住权的。该情形下，因抵押权的权能并不包括对房屋的占有和使用，故并不影响居住权的设立，在先设立抵押权，后设立居住权的情形下，在实现抵押权时，涉及对房屋的处置转让，必然会影响到居住权的正常权利，笔者的理解为同为用益物权，抵押权设立在先，居住权设立在后，抵押权实现时，不需要等到居住权到期，可以直接处置，因为居住权设立时其在相关登记部门能够核查到房屋已经办理了抵押登记的情况，设立居住权的当事人对该情况了解且认可，不影响抵押权的实现。

（3）居住权人与房屋所有人约定房屋可以出租的情形。此种情形就相对比较复杂，因涉及居住权、租赁权、抵押权，当居住权人与房屋所有人约定房屋可以出租时，抵押权人的保护主要按照前述抵押权设立在先，还是居住权设立在先来判断租赁是否影响抵押权的实现，毕竟租赁权的基础为居住权，设定了居住权的房屋再次出租的，是居住权和房屋所有人的约定，对于该部分保护应当以上述两种情形进行具体判断。

17. 抵押权的行使期限

《民法典担保制度解释》第四十四条"主债权诉讼时效期间届满后，抵押权人主张行使抵押权的，人民法院不予支持；抵押人以主债权诉讼时效期间届满为由，主张不承担担保责任的，人民法院应予支持。主债权诉讼时效期间届满前，债权人仅对债务人提起诉讼，经人民法院判决或者调解后未在民事诉讼法规定的申请执行时效期间内对债务人申请强制执行，其向抵押人主张行使抵押权的，人民法院不予支持"可知，主张抵押权的行使期间的重要时间节点为：主债权诉讼时效是否届满。主债权诉讼时效届满之前，分两种情况：一是可以根据约定或者达到实现抵押权的情形时，随时主张行使抵押权；二是债权人仅对债务人提起诉讼，经人民法院判决或者调解后，未在申请强制执行的期间内申请执行，但又向抵押人主张行使抵押权的，主张后不予以支持。主债权诉讼时效届满之后，因超过主债权诉讼时效，不能主张抵押权。

而《九民纪要》第五十九条"抵押权人应当在主债权的诉讼时效期间内行使抵押权。抵押权人在主债权诉讼时效届满前未行使抵押权，抵押人在主债权诉讼时效届满后请求涂销抵押权登记的，人民法院依法予以支持"与《民法典》基本保持了一致。

18. 《民法典担保制度解释》中抵押登记相关的规定

实务中，办理抵押登记相关的规定，在《民法典担保制度解释》中主要有三个条文，同样也适用土地抵押及在建工程抵押，如下：

《民法典担保制度解释》第四十六条"不动产抵押合同生效后未办理抵押登记手续，债权人请求抵押人办理抵押登记手续的，人民法院应予支持"可知，抵押登记签订后，因抵押人的原因不办理抵押登记的情形下，债权人可以起诉要求抵押人办理抵押登记，履行抵押合同中抵押人应当办理登记的义务。

《民法典担保制度解释》第四十七条"不动产登记簿就抵押财产、被担保的债权范围等所作的记载与抵押合同约定不一致的，人民法院应当根据登记簿的记载确定抵押财产、被担保的债权范围等事项"可知，由于实务中各地具体操作方式和登记方式及内容的不统一，存在抵押登记簿与抵押合同约定不一致的情形，实务中，应当以抵押登记簿为准。

《民法典担保制度解释》第四十八条"当事人申请办理抵押登记手续时，因登记机构的过错致使其不能办理抵押登记，当事人请求登记机构承担赔偿责任的，人民法院依法予以支持"可知，抵押登记手续的办理若登记机构有过错的，登记机构承担赔偿责任，但未经登记，无论是登记机关过错还是其他原因，不发生抵押权效力。

19. 有关第三人代持抵押物

根据《民法典担保制度解释》第四条"有下列情形之一，当事人将担保物权登记在他人名下，债务人不履行到期债务或者发生当事人约定的实现担保物权的情形，债权人或者其受托人主张就该财产优先受偿的，人民法院依法予以支持：（一）为债券持有人提供的担保物权登记在债券受托管理人名下；（二）为委托贷款人提供的担保物权登记在受托人名下；（三）担保人知道债权人与他人之间存在委托关系的其他情形"，本司法解释是对实务中长期存在的问题的一次呼应。具体包括如下几类：

（1）债券受托管理人代持抵押物。具体可以追溯到《全国法院审理债券纠纷案件座谈会纪要》"登记在受托管理人名下的担保物权行使。根据《最高人民法院关于〈国土资源部办公厅关于征求为公司债券持有人办理国有土地使用权抵押登记意见函〉的答复》精神，为债券设定的担保物权可登记在受托管理人名下，受托管理人根据民事诉讼法第一百九十六条、第一百九十七条的规定或者通过普通程序主张担保物权的，人民法院应当予以支持，但应在裁判文书主文中明确由此所得权益归属于全体债券持有人。受托管理人仅代表部分债券持有人提起诉讼的，人民法院还应当根据其所代表的债券持有人份额占当期发行债券的比例明确其相应的份额"。

（2）委托贷款业务中受托人代持抵押物。根据《中国银监会关于印发商业银行委托贷款管理办法的通知》第十四条"委托贷款采取担保方式的，委托人和担保人应就担保形式和担保人（物）达成一致，并签订委托贷款担保合同"，因为监管上部分地区仍未放开对于非持牌机构抵押登记的准入，从法理上也并未存在合同无效的情况，此时不能一味否认合同效力，更不能否认代持物权效力。

（3）资产转让情形下原债权人代持抵押物有效性。在资产转让情况下，常常存在无法办理抵押变更登记的情况。根据《最高人民法院关于审理涉及金融资产管理公司收购、管理、处置国有银行不良贷款形成的资产的案件适用法律若干问题的规定》（法释［2001］12号，简称《规定》）第九条规定："金融资产管理公司受让有抵押担保的债权后，可以依法取得对债权的抵押权，原抵押权登记继续有效。"

（4）其他担保人知晓存在委托关系的情况。具体可以参考的案例是《刘富田与甘彦海、刘馨等股权转让纠纷案》［（2015）民二终字第310号］。

三、房产抵押流程和相关资料

第一，该类业务需要由房屋所有权人（抵押人）、类金融机构（抵押权人）共同签订《房产抵押合同》，并在相关不动产登记中心办理抵押登记，具体流程如下：

（1）融资主体、抵押人、类金融机构（抵押权人）达成融资担保的意向。

（2）抵押人与类金融机构（抵押权人）对抵押房产的价值进行评估或者双方议价达成一致意见。

（3）融资主体与类金融机构签订融资主合同；抵押人与类金融机构（抵押权人）签订抵押合同及相关表格。

（4）融资主体与类金融机构各自委托相关工作人员携带相关办理抵押登记的全部资料，前往房屋所在地不动产登记中心办理房屋抵押登记，登记后取得受理单。

（5）类金融机构工作人员依据受理单取得已办理抵押登记的《不动产登

记证》，抵押办理完成。

（6）类金融机构依据融资主合同完成对主合同义务。

第二，相关资料。办理房产抵押时，需要提供的资料主要包括：

（1）登记申请书，一般可以从办理登记的不动产登记中心下载或者窗口领取纸质文件。

（2）申请人的身份证明，抵押人若为法人/非法人组织的，提供基础证照，比如营业执照以保证其主体合法性、另提供股东会决议或者董事会决议等；抵押人若为自然人的，提供身份证、户口本、结婚证（离婚证），另提供配偶同意处置房产的声明（婚姻关系存续期间的）；类金融机构提供基础证照，比如营业执照等。

若授权第三人办理的，通常抵押人为法人/非法人组织的，可以授权其工作人员办理，提供授权委托书；抵押人为自然人的，可以公证授权第三人办理；类金融机构可以授权其工作人员办理。

（3）房屋所有权证书或者房地产权证书，需提供原件。

（4）抵押合同，抵押人与类金融机构（抵押权人）双方签订的抵押合同，也有些不动产登记中心会提供参考文本或者指定文本，比如可以从西安市房屋管理局的官网上下载《西安市房产抵押合同》，便于抵押登记。

（5）主债权合同，融资主体与类金融机构签订的融资主合同。

（6）其他必要材料。各不动产登记中心根据不同房产抵押特别需要另行提供的资料。

另外，鉴于部分登记机关的采用格式化的抵押登记文件，为了保证抵押合同中的特别约定条款具备有效的约束力，在递件环节，应当将类金融机构与融资主体签署的抵押合同一并提交，办理抵押登记。

四、房产抵押其他需要说明

1. 办理抵押登记过程中其他问题

实务中经常碰到两种情况，导致办理抵押登记时有不确定事项：

一是结婚证遗失。解决办法是到户口所在地民政局开具结婚登记证明，或者年代稍远，在民政局无法核查到档案的，得去相对应的档案馆查档案。更简单的办法是携带身份证户口本夫妻双方到民政局重新领取新的结婚证。

二是结婚登记与身份证登记不一致，比如身份证号码不一致，姓名填写不一致等。此种情形，需要到相关部门开具证明，比如身份证号码不一致，可以去市一级公安局开具同属于一人的证明。

2. 公证授权

根据《司法部关于公证执业"五不准"的通知》（司发通［2017］83号）中"不准办理涉及不动产处分的全项委托公证。公证机构、公证员办理涉及不动产处分的委托公证，应当按照'重大事项一次一委托'的原则，告知当事人委托抵押、解押、出售、代收房款等的法律意义和法律后果，不得办理一次性授权全部重要事项的委托公证，不得在公证书中设定委托不可撤销、受托人代为收取售房款等内容"可知，在正常的融资业务过程中，抵押人可以通过公证处按照"重大事项一次一委托"的原则，办理房产抵押登记授权的公证。

3. 房产核实

不动产登记中心在办理抵押登记过程中，不具体对房产进行实地查看，书面审查之后，满足抵押登记资料要求的即给予办理抵押登记，故类金融机构在办理抵押类融资业务活动中应当对将抵押房屋进行实地察看，并拍照留存，重点查看房屋所在楼、地理位置、面积与证载是否一致，若发生实现抵押权的情形，一方面可提供有利证据，另一方面可以准确了解抵押房屋的状态。

4. 房改房、经适房能否抵押

（1）均可以办理抵押登记。

（2）与其他房产相比，类金融机构可以在估值上低于市场价值10%～20%左右，因为在后期实现抵押权时，可能涉及补交土地出让金的问题，但不影响处置。

五、相关案例

《中华人民共和国最高人民法院民事判决书》（2018）最高法民终394号

1. 案情介绍

上诉人马某福主张：

（1）从未同意过王某峰将相关房屋抵押给交行某分行，王某峰的行为涉嫌诈骗犯罪，某分行要求对抵押房产享有优先受偿权的诉讼请求不能成立，且王某峰签署合同的时间段也未包含在公证书的委托期限内。一审判决认为该公证委托书构成追认，不符合事实；（2）一审法院在公安机关未对王某峰涉嫌诈骗犯罪的刑事案件作出处理结论的情况下，认为王某峰在本案中从事的行为不违反法律、法规，不符合"先刑后民"原则，属于严重程序性错误。

2. 裁定内容

本院认为，本案二审存在两个争议焦点：第一，某分行是否对涉案房屋享有抵押权。第二，一审是否存在程序错误的问题。

关于第一个争议焦点，即某分行是否对涉案房屋享有抵押权的问题。2015 年 1 月 27 日，某分行与某公司签订《流动资金借款合同》。当天，某分行又与王某峰签订《抵押合同》，约定：马某福、钱某青为抵押人，抵押物为涉案房屋。王某峰代该二人在该合同上签字。某分行在二审中提交了 2013 年 10 月 31 日马某福、钱某青在某公证处办理的公证委托书，受托人为王某峰，授权内容包括：代为用涉案房屋办理抵押手续、签署相关文件以及代为到房产、土地管理部门办理上述房屋的抵押登记、签署相关文件并领取相关凭证等。结合王某峰在签订《抵押合同》时持有涉案房屋的房产证原件等事实，可以认定王某峰在与某分行签订《抵押合同》时，持有马某福、钱某青的经过公证的合法有效的授权委托手续，具有代理权；某分行据此也有理由相信王某峰签订《抵押合同》时，具有相应的代理权。因此，该《抵押合同》合法有效，对马某福、钱某青具有法律约束力。在某公司不按约定向某分行履行还款义务时，某分行对已经登记的涉案抵押房屋依法拍卖或者变卖后的价款享有优先受偿权。马某福上诉主张，其对王某峰以其涉案房屋在本案中做了抵押登记等并不知情，但是从其在王某峰与某分行签订《抵押合同》前就一直将涉案房屋的房产证原件交由王某峰持有，其向王某峰出具的两份公证委托书的内容都包括了签订担保合同等文件及办理抵押登记的内容，王某峰持有该公证委托书已经为涉案房屋办理了抵押登记等事实可以看出，即使马某福主张属实，其在本案中也有过错，其行为足以使人相信王某峰对涉案房屋有合法的相应处分权。马某福的该上诉主张不成立，一审判决对此认定是正确的，应予维持。

关于第二个争议焦点即一审是否存在程序错误的问题。关于本案是否应中止审理的问题。由于马某福向王某峰出具了经公证的具有签订抵押担保合同及办理抵押登记内容的委托书，王某峰由此与某分行签订的抵押合同是有效的。且王某峰已经持有该公证委托书实际办理了涉案房屋的抵押登记手续，取得了房屋他项权证。马某福应对自己的行为承担相应的民事责任。王某峰的行为是否构成犯罪，对本案中马某福应否承担抵押担保的法律责任并不产生影响，本案的处理结果不需要以该刑事案件的结果为依据。因此，本案不存在应中止审理的情形，一审程序合法，处理并不无当。

六、附录 《不动产登记暂行条例实施细则》（节选）

（2016 年 1 月 1 日国土资源部令第 63 号公布 根据 2019 年 7 月 16 日自然资源部第 2 次部务会《自然资源部关于废止和修改的第一批部门规章的决定》修正）

第九节 抵押权登记

第六十五条 对下列财产进行抵押的，可以申请办理不动产抵押登记：

（一）建设用地使用权；

（二）建筑物和其他土地附着物；

（三）海域使用权；

（四）以招标、拍卖、公开协商等方式取得的荒地等土地承包经营权；

（五）正在建造的建筑物；

（六）法律、行政法规未禁止抵押的其他不动产。

以建设用地使用权、海域使用权抵押的，该土地、海域上的建筑物、构筑物一并抵押；以建筑物、构筑物抵押的，该建筑物、构筑物占用范围内的建设用地使用权、海域使用权一并抵押。

第六十六条 自然人、法人或者其他组织为保障其债权的实现，依法以不动产设定抵押的，可以由当事人持不动产权属证书、抵押合同与主债权合同等必要材料，共同申请办理抵押登记。

抵押合同可以是单独订立的书面合同，也可以是主债权合同中的抵押条款。

第六十七条 同一不动产上设立多个抵押权的，不动产登记机构应当按照受理时间的先后顺序依次办理登记，并记载于不动产登记簿。当事人对抵押权顺位另有约定的，从其规定办理登记。

第六十八条 有下列情形之一的，当事人应当持不动产权属证书、不动产登记证明、抵押权变更等必要材料，申请抵押权变更登记：

（一）抵押人、抵押权人的姓名或者名称变更的；

（二）被担保的主债权数额变更的；

（三）债务履行期限变更的；

（四）抵押权顺位变更的；

（五）法律、行政法规规定的其他情形。

　　因被担保债权主债权的种类及数额、担保范围、债务履行期限、抵押权顺位发生变更申请抵押权变更登记时，如果该抵押权的变更将对其他抵押权人产生不利影响的，还应当提交其他抵押权人书面同意的材料与身份证或者户口簿等材料。

　　第六十九条　因主债权转让导致抵押权转让的，当事人可以持不动产权属证书、不动产登记证明、被担保主债权的转让协议、债权人已经通知债务人的材料等相关材料，申请抵押权的转移登记。

　　第七十条　有下列情形之一的，当事人可以持不动产登记证明、抵押权消灭的材料等必要材料，申请抵押权注销登记：

　　（一）主债权消灭；

　　（二）抵押权已经实现；

　　（三）抵押权人放弃抵押权；

　　（四）法律、行政法规规定抵押权消灭的其他情形。

　　第七十一条　设立最高额抵押权的，当事人应当持不动产权属证书、最高额抵押合同与一定期间内将要连续发生的债权的合同或者其他登记原因材料等必要材料，申请最高额抵押权首次登记。

　　当事人申请最高额抵押权首次登记时，同意将最高额抵押权设立前已经存在的债权转入最高额抵押担保的债权范围的，还应当提交已存在债权的合同以及当事人同意将该债权纳入最高额抵押权担保范围的书面材料。

　　第七十二条　有下列情形之一的，当事人应当持不动产登记证明、最高额抵押权发生变更的材料等必要材料，申请最高额抵押权变更登记：

　　（一）抵押人、抵押权人的姓名或者名称变更的；

　　（二）债权范围变更的；

　　（三）最高债权额变更的；

　　（四）债权确定的期间变更的；

　　（五）抵押权顺位变更的；

　　（六）法律、行政法规规定的其他情形。

　　因最高债权额、债权范围、债务履行期限、债权确定的期间发生变更申请最高额抵押权变更登记时，如果该变更将对其他抵押权人产生不利影响的，当事人还应当提交其他抵押权人的书面同意文件与身份证或者户口簿等。

　　第七十三条　当发生导致最高额抵押权担保的债权被确定的事由，从而使最高额抵押权转变为一般抵押权时，当事人应当持不动产登记证明、最高额抵押权担保的债权已确定的材料等必要材料，申请办理确定最高额抵押权的登记。

第七十四条　最高额抵押权发生转移的，应当持不动产登记证明、部分债权转移的材料、当事人约定最高额抵押权随同部分债权的转让而转移的材料等必要材料，申请办理最高额抵押权转移登记。

债权人转让部分债权，当事人约定最高额抵押权随同部分债权的转让而转移的，应当分别申请下列登记：

（一）当事人约定原抵押权人与受让人共同享有最高额抵押权的，应当申请最高额抵押权的转移登记；

（二）当事人约定受让人享有一般抵押权、原抵押权人就扣减已转移的债权数额后继续享有最高额抵押权的，应当申请一般抵押权的首次登记以及最高额抵押权的变更登记；

（三）当事人约定原抵押权人不再享有最高额抵押权的，应当一并申请最高额抵押权确定登记以及一般抵押权转移登记。

最高额抵押权担保的债权确定前，债权人转让部分债权的，除当事人另有约定外，不动产登记机构不得办理最高额抵押权转移登记。

第七十五条　以建设用地使用权以及全部或者部分在建建筑物设定抵押的，应当一并申请建设用地使用权以及在建建筑物抵押权的首次登记。

当事人申请在建建筑物抵押权首次登记时，抵押财产不包括已经办理预告登记的预购商品房和已经办理预售备案的商品房。

前款规定的在建建筑物，是指正在建造、尚未办理所有权首次登记的房屋等建筑物。

第七十六条　申请在建建筑物抵押权首次登记的，当事人应当提交下列材料：

（一）抵押合同与主债权合同；

（二）享有建设用地使用权的不动产权属证书；

（三）建设工程规划许可证；

（四）其他必要材料。

第七十七条　在建建筑物抵押权变更、转移或者消灭的，当事人应当提交下列材料，申请变更登记、转移登记、注销登记：

（一）不动产登记证明；

（二）在建建筑物抵押权发生变更、转移或者消灭的材料；

（三）其他必要材料。

在建建筑物竣工，办理建筑物所有权首次登记时，当事人应当申请将在建建筑物抵押权登记转为建筑物抵押权登记。

第七十八条　申请预购商品房抵押登记，应当提交下列材料：

（一）抵押合同与主债权合同；

（二）预购商品房预告登记材料；

（三）其他必要材料。

预购商品房办理房屋所有权登记后，当事人应当申请将预购商品房抵押预告登记转为商品房抵押权首次登记。

第二节　土地抵押

一、土地抵押内容及简述

土地抵押指土地使用权抵押，指土地使用权人将其合法取得的土地使用权以不转移占有的方式作为抵押财产向债权人（抵押权人）履行债务作出的担保行为，债务人不履行到期债务或发生当事人约定的实现抵押权的情形，债权人（抵押权人）有权就该土地使用权优先受偿。

1. 担保类业务

《反担保土地抵押合同》：提供土地抵押的人为反担保抵押人，担保公司通常为反担保抵押权人，该类合同主要内容为抵押人（土地使用权人）与抵押权人（即担保公司）签订的，约定由反担保抵押人向抵押权人将其合法取得的土地使用权以不转移占有的方式提供的抵押担保，若主合同到期或者提前偿还时，债务人未及时足额归还，或者发生双方约定的实现抵押权的情形，导致担保公司发生代偿时，担保公司可以该抵押土地使用权拍卖所得的价款优先受偿。

2. 小贷类业务

《土地使用权抵押合同》：由抵押人与小额贷款公司达成的，主要约定当债务人不履行债务时，或者发生双方约定的实现抵押权的情形，债权人可以通过拍卖土地使用权所得价款优先受偿的方式实现债权的合同。

3. 典当类业务

《土地使用权典当合同》：由典当行与当户签订的约定由当户以土地使用权作为当物，进行抵押借款，到期后当户未及时足额进行赎当时，或者发生双方约定的实现抵押权的情形，由典当行拍卖当物土地使用权所得价款优先受偿，而实现债权的合同。

4. 融资租赁类业务

《土地使用权抵押合同》：主要在回租业务中，承租人与出租人签订《买卖合同》后将承租人名下的土地使用权转让给出租人，并进行法律上的交付之后，由出租人以该土地使用权为标的回租给承租人，由承租人将该土地使用权抵押给出租人，以保障出租人的租赁债权。具体内容为承租人与融资租赁主合同中的出租人签订的，约定以登记在承租人名下的土地使用权为出租人提供抵押担保，并办理抵押登记，承租人（即债务人）到期未及时足额支付租金，或者发生双方约定的实现抵押权的情形，承租人作为抵押人自愿以抵押的土地使用权处置后优先偿还出租人。

5. 保理类业务

《不动产抵押合同》：主要在有追索权的保理业务中，具体内容为抵押人（土地使用权人）与保理公司签订的，约定若主合同到期，融资主体未及时足额归还保理资金，回购融资主体应收账款，则抵押人自愿以抵押土地使用权优先偿还该资金。该合同担保的主合同为保理公司与融资主体签订的保理合同。实务中，由于各地操作的不一致，保理公司作为抵押权人能够办理抵押登记的情形各不一致。

6. 其他类业务

实务中常见的为民间借贷中，个人与个人之间的土地使用权抵押（个人作为抵押人将土地使用权抵押至抵押权人，约定到期未及时清偿时，或者发生双方约定的实现抵押权的情形，由抵押权人优先受偿）；委托贷款业务中，银行作为受托人与抵押人之间的抵押贷款（抵押人与银行约定的，债务人到期未及时足额清偿债权，或者发生双方约定的实现抵押权的情形，抵押权人以该抵押土地使用权优先受偿）等。根据国务院办公厅《关于完善建设用地使用权转让、出租、抵押二级市场的指导意见》（国办发〔2019〕34 号），提出放宽对抵押权人的限制，按照债权平等原则，明确自然人、企业均可作为抵押权人依法申请以建设用地使用权及其地上房屋等建筑物、构筑物所有权办理不动产抵押登记，并在试点地区推进。

二、土地抵押常见的法律风险和处理方法

1. 哪些土地不能办理抵押登记

根据《民法典》第三百九十九条"下列财产不得抵押：（一）土地所有权；（二）宅基地、自留地、自留山等集体所有土地的使用权，但是法律规定可以抵押的除外；……"及《土地管理法》第九条"城市市区的土地属于国家所有。农村和城市郊区的土地，除由法律规定属于国家所有的以外，属于农民集体所有；宅基地和自留地、自留山，属于农民集体所有"和第十条"国有土地和农民集体所有的土地，可以依法确定给单位或者个人使用。使用土地的单位和个人，有保护、管理和合理利用土地的义务"。

根据《土地管理法》第五十四条"建设单位使用国有土地，应当以出让等有偿使用方式取得；但是，下列建设用地，经县级以上人民政府依法批准，可以以划拨方式取得：（一）国家机关用地和军事用地；（二）城市基础设施用地和公益事业用地；（三）国家重点扶持的能源、交通、水利等基础设施用地；（四）法律、行政法规规定的其他用地"及第五十五条"以出让等有偿使用方式取得国有土地使用权的建设单位，按照国务院规定的标准和办法，缴纳土地使用权出让金等土地有偿使用费和其他费用后，方可使用土地"。

从实务角度出发，可以将土地简单分为三类：

（1）集体所有的土地使用权中宅基地、自留地、自留山，结合相关法律，除法律规定可以抵押的外，该类型土地不能办理抵押登记，《民法典》中删除了"耕地"不得抵押的规定，同时结合《农村土地经营权流转管理办法》第十四条"承包方可以采取出租（转包）、入股或者其他符合有关法律和国家政策规定的方式流转土地经营权"及第三十五条"通过招标、拍卖和公开协商等方式承包荒山、荒沟、荒丘、荒滩等农村土地，经依法登记取得权属证书的，可以采取出租、入股、抵押或者其他方式流转土地经营权，其流转管理参照本办法执行"，对于耕地部分按照《农村土地经营权流转管理办法》确定了流转方式，更好地适应社会发展需要。

（2）出让土地均可抵押，且不具体区分工业用地、商业用地、住宅用地。出让类型的土地办理抵押后，在债务到期未及时足额清偿的情形下，抵押权人可以优先受偿。

（3）划拨土地在满足一定条件下可以抵押，如：科研用地（需要准备经

过审核和有其他文件，如：划拨决定书、土地证），划拨土地抵押，需提供划拨土地抵押批准书、地价备案书。以划拨方式取得的土地使用权连同地上建筑物设定的房地产抵押进行处分时，应当从处分所得的价款中缴纳应当缴纳的土地使用权出让金的款额后，抵押权人对其余部分款项方可优先受偿。根据为《民法典担保制度解释》第五十条"抵押人以划拨建设用地上的建筑物抵押，当事人以该建设用地使用权不能抵押或者未办理批准手续为由主张抵押合同无效或者不生效的，人民法院不予支持。抵押权依法实现时，拍卖、变卖建筑物所得的价款，应当优先用于补缴建设用地使用权出让金。当事人以划拨方式取得的建设用地使用权抵押，抵押人以未办理批准手续为由主张抵押合同无效或者不生效的，人民法院不予支持。已经依法办理抵押登记，抵押权人主张行使抵押权的，人民法院应予支持。抵押权依法实现时所得的价款，参照前款有关规定处理"。

2. 土地规划的问题

土地规划指根据社会经济和城市规划的需要，对土地的合理使用所作出的长期安排。土地使用权涉及土地性质及土地未来规划对土地价值的影响，地理位置相似，但土地规划的不同可能带来土地价值的根本性变化，根据《土地管理法》第四条"国家实行土地用途管制制度。国家编制土地利用总体规划，规定土地用途，将土地分为农用地、建设用地和未利用地。……建设用地是指建造建筑物、构筑物的土地，包括城乡住宅和公共设施用地、工矿用地、交通水利设施用地、旅游用地、军事设施用地等"，不同的土地用途和规划用途会影响到土地的价值，故而类金融机构在业务的前期应当注意和落实抵押土地的位置及规划，在业务办理的周期内，也要适当注意土地规划的变化情况，若规划变化，则会产生土地价值和价格的较大变化，从而提高或降低业务风险。

3. 土地可能被无偿收回的问题

根据国土资源部《闲置土地处置办法》第二条"本办法所称闲置土地，是指国有建设用地使用权人超过国有建设用地有偿使用合同或者划拨决定书约定、规定的动工开发日期满一年未动工开发的国有建设用地。已动工开发但开发建设用地面积占应动工开发建设用地总面积不足三分之一或者已投资额占总投资额不足百分之二十五，中止开发建设满一年的国有建设用地，也可以认定为闲置土地"及第十四条"除本办法第八条规定情形外，闲置土地按照下列方式处理：（一）未动工开发满一年的，由市、县国土资源主管部门报经本级人民政府批准后，向国有建设用地使用权人下达《征缴土地闲置费决定书》，按照土地出让或者划拨价款的百分之二十征缴土地闲置费。土地闲置费不得列入生产成本；（二）未动工开发满两年的，由市、县国土资源主管部门按照《中华人民共和国土地管理法》第三十七条和《中华人民共和国城市房地产管理法》第二十六条的规定，报经有批准权的人民政府批准后，向国有建设用地使用权人下达《收回国有建设用地使用权决定书》，无偿收回国有建设用地使用权。闲置土地设有抵押权的，同时抄送相关土地抵押权人"可知，未动工开发满 1 年的，需要按照土地出让或者划拨价款的 20% 征缴土地闲置费，未动工开发满 2 年的，可无偿收回国有建设用地使用权，同时抄送相关土地抵押权人。但因不可抗力或政府行为或动工开发必需的前期工作造成迟延的除外。依据为《闲置土地处置办法》第八条"有下列情形之一，属于政府、政府有关部门的行为造成动工开发延迟的，国有建设用地使用权人应当向市、县国土资源主管部门提供土地闲置原因说明材料，经审核属实的，依照本办法第十二条和第十三条规定处置：（一）因未按照国有建设用地使用权有偿使用合同或者划拨决定书约定、规定的期限、条件将土地交付给国有建设用地使用权人，致使项目不具备动工开发条件的；（二）因土地利用总体规划、城乡规划依法修改，造成国有建设用地使用权人不能按照国有建设用地使用权有偿使用合同或者划拨决定书约定、规定的用途、规划和建设条件开发的；（三）因国家出台相关政策，需要对约定、规定的规划和建设条件进行修改的；（四）因处置土地上相关群众信访事项等无法动工开发的；（五）因军事管制、文物保护等无法动工开发的；（六）政府、政府有关部门的其他行为。因自然灾害等不可抗力导致土地闲置的，依照前款规定办理"。

4. "房随地走，地随房走"的问题

根据《民法典》第三百九十七条"以建筑物抵押的，该建筑物占用范围内的建设用地使用权一并抵押。以建设用地使用权抵押的，该土地上的建筑物一并抵押。抵押人未依照前款规定一并抵押的，未抵押的财产视为一并抵押"可知，以建筑物抵押的（比如房产），则该建筑物占用范围内的建设用地使用权一并抵押，即为"地随房走"，若房产属于可以区分占用土地范围的建筑物所有权的，则区分后的建设用地使用权抵押部分也会予以区分，若建筑物属于不区分或者难以区分的，则建设用地使用权抵押部分不区分。

另一方面，以建设用地使用权抵押的，则该土地上的建筑物包括但不限

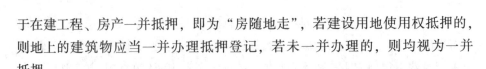

于在建工程、房产一并抵押，即为"房随地走"，若建设用地使用权抵押的，则地上的建筑物应当一并办理抵押登记，若未一并办理的，则均视为一并抵押。

再一方面，由于目前实务登记中，于《不动产登记暂行条例》实施前及不动产登记中心成立之前，土地抵押在国土资源局部门办理，而房产抵押在不动产登记中心办理，由于登记部门的不统一，可能存在土地抵押后房产再进行了抵押，或者房产抵押后又将占用范围内的土地进行了抵押的情形，对于此种将土地和房产分别抵押的情形，顺序在后的抵押，均为重复抵押。于《不动产登记暂行条例》实施后及不动产登记中心成立之后，登记趋向统一，抵押登记不一致，主要为地上建筑物占用土地范围的不一致，及登记时先后顺序的不一致所导致的不统一。

5. 土地位置及评估中的风险问题

根据土地位置的不同，会导致土地价值的巨大差别，特别是城市、市郊区的土地，位置的差异、土地性质、土地用途、周围配套、各区政策的差异会影响到土地的价值，从而影响从类金融机构融资的额度和期限、利率等，应当结合尽职调查中融资企业的其他因素结合土地具体情况综合考虑。

在办理抵押过程中，涉及的评估价值远高于市场价值风险为风险考察的因素之一，若土地价值评估过高，则会导致融资金额过高，抵押率不足，抵押物价值难以覆盖主债权，从而可能引发融资企业负债过高而第二还款来源即抵押物价值实现后的优先受偿又无法保证，从而导致不良发生。

6. 抵押权可能落空的风险

土地抵押存在三种情况，一种是纯净的抵押，即土地上无任何附着物（包括但不限于建筑物、构筑物等），此种情形下，抵押权人享有抵押权，若债务人到期未及时足额归还融资，抵押权人可以通过主张实现抵押权而实现债权，但根据《民法典》第四百一十七条"建设用地使用权抵押后，该土地上新增的建筑物不属于抵押财产。该建设用地使用权实现抵押权时，应当将该土地上新增的建筑物与建设用地使用权一并处分。但是，新增建筑物所得的价款，抵押权人无权优先受偿"，可知，在办理抵押后土地上新增的房产不属于土地抵押的抵押权范围，抵押权人对新增的房产无优先权。

第二种为土地上存在其他建筑物，包括房产或者在建工程，因"房随地走，地随房走"，若该土地抵押之前，地上建筑物已经办理了房产抵押或者在建工程抵押，则土地抵押属于重复抵押，抵押权人不享有优先受偿权，可能存在抵押权落空的风险。

第三种为以违法建筑物抵押的，即使因为登记部门的不规范办理了抵押登记，根据《民法典担保制度解释》第四十九条"以违法的建筑物抵押的，抵押合同无效，但是一审法庭辩论终结前已经办理合法手续的除外。抵押合同无效的法律后果，依照本解释第十七条的有关规定处理"可知，该抵押物也属于违法建筑，从而导致抵押权落空。

7. 土地不办理抵押登记，仍具有抵押权效力的问题

实务中，若房产抵押在先，未办理土地使用权抵押登记的，并不影响土地使用权抵押的效力，因为土地上的建筑物，比如房产在办理抵押登记时，具有对该房产项下占有的土地进行抵押的效力，即使土地不另行办理抵押登记也具有抵押权的效力。从另一个角度讲，若房产处于抵押登记状态，该房产占有下的土地另行设立土地抵押登记的，该土地抵押登记仅能视同是重复抵押或者二次抵押，即使涉案房屋所占用土地的土地使用权又被抵押给其他债权人并办理了抵押登记，对该地使用权的抵押权并不能优先于房产抵押项下的土地抵押权。

8. 乡（镇）村集体土地使用权的问题

根据《民法典》第三百九十八条"乡镇、村企业的建设用地使用权不得单独抵押。以乡镇、村企业的厂房等建筑物抵押的，其占用范围内的建设用地使用权一并抵押"及第四百一十八条"以集体所有土地的使用权依法抵押的，实现抵押权后，未经法定程序，不得改变土地所有权的性质和土地用途"可知，乡（镇）村企业的集体土地使用权不能单独抵押，但可以乡（镇）村企业的地上建筑物抵押时，集体土地使用权一同抵押，且在实现抵押权时，不得改变所有权性质及土地用途，即土地的所有权性质仍然属于农村集体所有，所有权性质的无法改变，可能会产生流转的限制，同时土地用途依然只能用于原规划用途，不得变更为商业或住宅用地，从拍卖购买人的使用限制上可知，因其土地用途无法改变，土地价值并不会大幅增加。

9. 房地一体抵押和房地分别抵押的问题

房地一体抵押和房地分别抵押的两种情形实务中较常见，根据《民法典担保制度解释》第五十一条第一款、第三款"当事人仅以建设用地使用权抵押，债权人主张抵押权的效力及于土地上已有的建筑物以及正在建造的建筑物已完成部分的，人民法院应予支持。债权人主张抵押权的效力及于正在建造的建筑物的续建部分以及新增建筑物的，人民法院不予支持。……抵押人

将建设用地使用权、土地上的建筑物或者正在建造的建筑物分别抵押给不同债权人的，人民法院应当根据抵押登记的时间先后确定清偿顺序"及《九民纪要》第六十一条"【房地分别抵押】根据《物权法》第182条之规定，仅以建筑物设定抵押的，抵押权的效力及于占用范围内的土地；仅以建设用地使用权抵押的，抵押权的效力亦及于其上的建筑物。在房地分别抵押，即建设用地使用权抵押给一个债权人，而其上的建筑物又抵押给另一个人的情况下，可能产生两个抵押权的冲突问题。基于'房地一体'规则，此时应当将建筑物和建设用地使用权视为同一财产，从而依照《物权法》第199条的规定确定清偿顺序：登记在先的先清偿；同时登记的，按照债权比例清偿。同一天登记的，视为同时登记。应予注意的是，根据《物权法》第200条的规定，建设用地使用权抵押后，该土地上新增的建筑物不属于抵押财产"可以明确，房地一体的规则，即"地随房走，房随地走"，前文已述，《九民纪要》中对该规则有更明确的表述，虽然《物权法》自2021年1月1日起废止，但结合《民法典》（第三百九十七条）及《民法典担保制度解释》可知，该部分法理及相关规则并没有变化，房地一体抵押。

实务中存在的房地分别抵押的情形，抵押人将建设用地使用权和地上建筑物或在建工程分别抵押给不同的债权人时，按照登记的先后顺序，确定抵押权的顺位，登记在先的先清偿；同时登记的，按照债权比例清偿。同一天登记的，视为同时登记。

10.《民法典》及《民法典担保制度解释》中土地抵押的其他需要关注问题

（1）抵押财产的转让

根据《民法典担保制度解释》第四十三条"当事人约定禁止或者限制转让抵押财产但是未将约定登记，抵押人违反约定转让抵押财产，抵押权人请求确认转让合同无效的，人民法院不予支持；抵押财产已经交付或者登记，抵押权人请求确认转让不发生物权效力的，人民法院不予支持，但是抵押权人有证据证明受让人知道的除外；抵押权人请求抵押人承担违约责任的，人民法院依法予以支持。当事人约定禁止或者限制转让抵押财产且已经将约定登记，抵押人违反约定转让抵押财产，抵押权人请求确认转让合同无效的，人民法院不予支持；抵押财产已经交付或者登记，抵押权人主张转让不发生物权效力的，人民法院应予支持，但是因受让人代替债务人清偿债务导致抵押权消灭的除外"可知，抵押期间抵押的建筑用地使用权可以转让，除非出现满足《民法典担保制度解释》第四十三条相关规定的情况。《民法典》实施之前，抵押期间的财产无论是从法律层面，或者实务操作层面，均无法实现，但《民法典》的实施对该法律行为有较大的指引作用，也是本次《民法典》抵押部分改动较大的部分之一。

（2）抵押权的物上代位效力

根据《民法典担保制度解释》第四十二条"抵押权依法设立后，抵押财产毁损、灭失或者被征收等，抵押权人请求按照原抵押权的顺位就保险金、赔偿金或者补偿金等优先受偿的，人民法院应予支持。给付义务人已经向抵押人给付了保险金、赔偿金或者补偿金，抵押权人请求给付义务人向其给付保险金、赔偿金或者补偿金的，人民法院不予支持，但是给付义务人接到抵押权人要求向其给付的通知后仍然向抵押人给付的除外。抵押权人请求给付义务人向其给付保险金、赔偿金或者补偿金的，人民法院可以通知抵押人作为第三人参加诉讼"可知，抵押权的物上代为及于保险金、赔偿金或者补偿金，且有优先受偿的权利，并不代表抵押财产毁损、灭失或者被征收就否定了抵押权，这也是在实务中给抵押物买保险的重要性所在。

（3）抵押权及于从物

根据《民法典担保制度解释》第四十条"从物产生于抵押权依法设立前，抵押权人主张抵押权的效力及于从物的，人民法院应予支持，但是当事人另有约定的除外。从物产生于抵押权依法设立后，抵押权人主张抵押权的效力及于从物的，人民法院不予支持，但是在抵押权实现时可以一并处分"可知，本次《民法典》及《九民纪要》均确立了担保效力的从属性、担保范围的从属性，以及抵押权效力的从属性，该条分别明确了两种情形，一种为抵押权设定前为抵押物的从物的处理，另一种为抵押权设定后为抵押物的从物的处理，情形不同，最终处理方式不同。

（4）抵押权及于孳息

《民法典》第四百一十二条"债务人不履行到期债务或者发生当事人约定的实现抵押权的情形，致使抵押财产被人民法院依法扣押的，自扣押之日起，抵押权人有权收取该抵押财产的天然孳息或者法定孳息，但是抵押权人未通知应当清偿法定孳息义务人的除外。前款规定的孳息应当先充抵收取孳息的费用"及结合实务，抵押权效力及于孳息需要同时满足：抵押财产被扣押和通知应当清偿法定孳息的人两种条件，通常土地使用权的法定孳息为土地租金等，实务中也有在合同中约定抵押权及于孳息的条款。

（5）抵押权及于添附物

根据《民法典担保制度解释》第四十一条"抵押权依法设立后，抵押财产被添附，添附物归第三人所有，抵押权人主张抵押权效力及于补偿金的，人民法院应予支持。抵押权依法设立后，抵押财产被添附，抵押人对添附物享有所有权，抵押权人主张抵押权的效力及于添附物的，人民法院应予支持，但是添附导致抵押财产价值增加的，抵押权的效力不及于增加的价值部分。抵押权依法设立后，抵押人与第三人因添附成为添附物的共有人，抵押权人主张抵押权的效力及于抵押人对共有物享有的份额的，人民法院应予支持。本条所称添附，包括附合、混合与加工"可知，在抵押权设定后抵押财产被附合、混合或者加工时，主要区分附合物、混合物或者加工物是否属于抵押人。若该新增部分，属于抵押人的，抵押权效力及于该新增附合物、混合物或者加工物；若该新增部分，不属于抵押人的，抵押权效力及于抵押人对共有物的份额。

三、土地抵押流程和相关资料

1. 办理土地抵押流程

该类业务需要由土地使用权人（抵押人）、类金融机构（抵押权人）共同签订《土地抵押合同》，并在相关不动产登记中心办理抵押登记，具体流程如下：

（1）融资主体、抵押人、类金融机构（抵押权人）达成融资、担保的意向。

（2）抵押人对抵押土地的价值委托第三方机构进行评估。

（3）融资主体与类金融机构签订融资主合同；抵押人与类金融机构（抵押权人）签订抵押合同及相关表格。

（4）融资主体与类金融机构各自委托相关工作人员携带相关办理抵押登记的全部资料，前往区县一级房屋管理局办理土地抵押登记，登记后取得受理单。在办理部分相关土地的抵押登记时，需要不动产登记中心相关工作人员前往土地进行实地查看并测量。

（5）类金融机构工作人员依据受理单取得已办理抵押登记的《不动产登记证》，抵押办理完成。

（6）类金融机构依据融资主合同完成主合同项下义务。

2. 相关资料

办理房产抵押时，需要提供的资料主要包括：

（1）登记申请书，一般可以从办理登记的不动产登记中心下载或者窗口领取纸质文件。

（2）申请人的身份证明，抵押人若为法人/非法人组织的，提供基础证照，比如营业执照以保证其主体合法性、另提供股东会决议或者董事会决议等；抵押人若为自然人的，提供身份证、户口本、结婚证（离婚证），另提供配偶同意处置房产的声明（婚姻关系存续期间的）；类金融机构提供基础证照，比如营业执照。

若授权第三人办理的，通常抵押人为法人/非法人组织的，可以授权其工作人员办理，提供授权委托书；抵押人为自然人的，可以公证授权第三人办理；类金融机构可以授权其工作人员办理。

（3）土地使用权证书，需提供原件。

（4）抵押合同，抵押人与类金融机构（抵押权人）双方签订的抵押合同。

（5）主债权合同，融资主体与类金融机构签订的融资主合同。

（6）其他必要材料。

3. 办理土地抵押权注销流程

抵押人与抵押权人共同前往不动产登记中心，办理他项权利证书注销手续，递交相关资料后，不动产登记中心根据申请办理注销手续，注销手续完成后，将土地使用权证书返还给抵押人。

办理注销手续，需携带以下资料：

（1）双方同意注销的申请书。

（2）双方的主体身份资料。

（3）他项权利证书（原件）。

四、土地抵押其他需要说明

1. 土地的融资方式

单纯从土地属性出发，根据该块土地的开发进度，可以有不同的融资方式，并办理不同的抵押担保措施，依次是土地抵押、在建工程抵押、房产抵押。

（1）土地抵押，一般在《土地出让合同》中会约定土地的开发年限，比如约定必须在 N 年内开发，否则收回该土地或进行缴纳处罚金，那么在该出让合同允许开发的时限内，若该土地未实际动工开发或者动工开发但尚未达到可以办理在建工程抵押阶段时，可以进行办理土地的抵押担保的融资方式，办理土地抵押后，土地抵押权人享有优先权。通常所需要主要和土地相关的资料为：《国有土地使用权证》和《土地出让合同》。

（2）在建工程抵押，一般在一块土地的开发过程中，在其开发阶段分别取得《国有土地使用权证》《建设用地规划许可证》《建设工程规划许可证》《建设工程施工许可证》，即通常所说的"四证"时，按照其取得的资质和实际工程进度，可以进行办理在建工程抵押的方式进行融资，其属于土地开发到一定阶段的可办理登记措施。

（3）房产网签，土地上的在建工程，根据其建设程度和取得相关证件进度情况，待取得《商品房预（销）许可证》时，即满足了销售条件，通常指房地产销售中的，取得"五证"时，可以以房产网签的方式进行融资，该融资类型属于让与担保，可以较快地为融资方取得融资资金，补充前期房地产商的开发资金，及为融资主体提供较好的担保措施之一。

（4）房产抵押，土地开发到一定阶段，当工程建设至能够陆续取得《国有土地使用权证》《建设用地规划许可证》《建设工程规划许可证》《建设工程施工许可证》《商品房预（销）售许可证》之后，并由房屋购买人取得《中华人民共和国不动产权证》时，可以进行办理房产抵押相关担保方式的融资。

综上可知，土地的开发过程，即是融资担保方式的不断变化与融资方式相结合的过程，类金融机构可以在业务开发及办理过程中选择适用何种担保措施，融资担保主体也可以根据其土地开发进度选择合适的融资时机和担保方式。

2. 个人名下的国有土地使用权证

根据《中华人民共和国土地管理法实施条例》（国务院令 1998 年第 256 号）第五条"单位和个人依法使用的国有土地，由土地使用者向土地所在地的县级以上人民政府土地行政主管部门提出土地登记申请，由县级以上人民政府登记造册，核发国有土地使用权证书，确认使用权"及实务可知，生活中常见有国有土地使用权登记在个人名下，其办理土地抵押登记与公司名下的土地办理抵押登记无异，区别为属于夫妻共同财产的，在办理抵押时，需要经得配偶的同意。

五、相关案例

《中华人民共和国最高人民法院民事裁定书》（2019）最高法民申 2821 号

1. 案情介绍

再审申请人某小贷公司因与被申请人某公司、某车站，一审第三人张某平民间借贷纠纷一案，不服河南省高级人民法院（2018）豫民终 181 号民事判决，向最高人民法院申请再审。

2. 裁定内容

某小贷公司申请再审称：（1）《担保法》第二十八条规定的条件是在借款关系成立时同时存在物的担保和保证担保的情况下，保证人对物的担保以外的债务承担担保责任。本案中，某小贷公司受让案涉债权时，该债权并不存在有效的物的担保，双方约定的土地抵押没有办理抵押登记，没有发生物权效力，本案不适用《担保法》第二十八条。（2）某小贷公司系在与某公司签订两份《借款担保合同》当日即办理了土地使用权的抵押登记，抵押所担保的范围仅限于该两份合同所约定的借款，故解押行为也只影响这两份合同约定的借款范围，不影响张某平与某公司的借款合同所约定的借款范围。（3）某车站对某公司的解押行为知情且同意，不应免除其在案涉土地使用权价值之内的保证责任。

本院经审查认为，本案主要有以下争议焦点，一是原判决适用《担保法》第二十八条是否错误；二是解除抵押的行为是否影响某车站的保证责任；三是某车站对某公司的解押行为是否知情且同意。关于原判决适用《担保法》第二十八条是否错误的问题。《担保法》第二十二条规定，"保证期间，债权人依法将主债权转让给第三人的，保证人在原保证担保的范围内继续承担保证责任。保证合同另有约定的，按照约定。"张某平将其债权转让后，某车站须在原保证担保的 4900 万元本金及约定利息的范围内为新债权人益民公司承担保证责任。某小贷公司办理了 5 块土地的抵押登记手续后，该债权既有某车站的保证又有 5 块土地的抵押担保，虽然抵押担保有效设立在后，但该债权项下既有保证又有物权担保系客观事实，符合《担保法》第二十八条规定的适用条件，因此某小贷公司再审称原判决适用《担保法》第二十八条错误的理由不成立。

关于解除抵押的行为是否影响某车站保证责任的问题。如前所述，某小贷公司办理了 5 块土地的抵押登记手续后，同一债权既有某车站的保证又有 5

块土地的抵押担保。依据《担保法》第二十八条规定，此时保证人某车站仅需对土地抵押担保以外的债权承担保证责任，当某小贷公司对4块土地解押后，加重了某车站的保证责任，因此某小贷公司再审称"原判决认定解除抵押的行为影响某车站的保证责任属于认定事实错误"的理由不成立。

关于某车站对某小贷公司的解押行为是否知情且同意的问题。依据《最高人民法院关于适用〈中华人民共和国民事诉讼法〉的解释》第九十条，如某小贷公司主张某车站对某小贷公司的解押行为知情且同意，应当提供证据加以证明。在某小贷公司未能提供证据证明其主张的情形下，对其请求不予采信。

第三节　在建工程抵押

一、在建工程抵押内容及简述

在建工程抵押，即融资主体以正在建造的建筑物及其合法取得的土地使用权，以不移转占有的方式向抵押权人担保，若债务到期未及时足额清偿时，以该在建工程评估拍卖、变卖后优先受偿。通常为在《土地出让合同》规定的年限内，若该土地进行土地开发建设，且已经取得了《国有土地使用权证》《建设用地规划许可证》《建设工程规划许可证》《建设工程施工许可证》四个证，但暂未取得《商品房预售许可证》时，进行办理的在建工程抵押，具体办理中，各地对资质的要求，有一定的差异。

我国《民法典》第三百九十五条"债务人或者第三人有权处分的下列财产可以抵押：……（五）正在建造的建筑物、船舶、航空器；……"、《城市房地产抵押管理办法》第三条"本办法所称在建工程抵押，是指抵押人为取得在建工程继续建造资金的贷款，以其合法方式取得的土地使用权连同在建工程的投入资产，以不转移占有的方式抵押给贷款银行作为偿还贷款履行担保的行为"、《民法典》第四百零二条"以本法第三百九十五条第一款第一项至第三项规定的财产或者第五项规定的正在建造的建筑物抵押的，应该办理抵押登记。抵押权自登记时设立"。

1. 担保类业务

《反担保在建工程抵押合同》：提供在建工程抵押的人为反担保抵押人，担保公司通常为反担保抵押权人，该类合同主要内容为抵押人（在建工程所有权人）与抵押权人（即担保公司）签订的，约定由反担保抵押人向抵押权人以其合法取得的在建工程所有权以不转移占有的方式提供的抵押担保，若主合同到期或者债务提前到期时或发生约定的实现抵押权的情形时，债务人未及时足额归还，导致担保公司发生代偿时，担保公司可以该抵押的在建工程拍卖、变卖所得的价款优先受偿。

2. 小贷类业务

《在建工程抵押合同》：由抵押人与小额贷款公司抵押权人达成的，主要约定当债务人不履行债务时或发生约定的实现抵押权的情形时，债权人可以通过拍卖、变卖在建工程所有权所得价款优先受偿的方式实现债权的合同。

3. 典当类业务

《在建工程典当合同》：由典当行与当户签订的约定由当户以在建工程所有权作为当物，进行抵押融资，到期后当户未及时足额进行赎当时或发生约定的实现抵押权的情形时，由典当行拍卖当物土地使用权所得价款优先受偿，而实现债权的合同。

4. 融资租赁类业务

《在建工程抵押合同》：主要在回租业务中，承租人与出租人签订《买卖合同》后将承租人名下在建工程及所占用范围内的土地转让给出租人，并进行法律上的交付之后，由出租人以该在建工程及所占用范围内的土地为标的回租给承租人，由承租人将该在建工程及所占用范围内的土地抵押给出租人，以保障出租人的租赁债权。具体内容为承租人与融资租赁主合同中的出租人，约定以登记在承租人名下的在建工程及所占用范围内的土地为出租人提供抵押担保，并办理抵押登记，承租人（即债务人）到期未及时足额支付租金或发生约定的实现抵押权的情形时，承租人作为抵押人自愿以抵押的在建工程及所占用范围内的土地处置后优先偿还出租人。

5. 保理类业务

《在建工程抵押合同》主要在有追索权保理业务中，内容是抵押人与保理公司，约定若主合同到期，融资主体未及时足额归还保理资金，回购融资主体应收账款或发生约定的实现抵押权的情形时，则抵押人自愿以抵押在建工程所有权优先偿还该资金。该合同担保的主合同为保理公司与融资主体签订的保理合同。实务中，保理公司办理在建工程抵押的情形，理论上可行，但由于保理公司一般以受让应收账款作为主要的业务内容，故在建工程抵押作为担保措施的情形下，由于一方面各地操作的不一致，另一方面在建工程的担保物价值较大，很少用保理公司作为抵押权人，办理在建工程抵押融资。

6. 其他类业务

实务中常见的为民间借贷中，个人与公司之间的在建工程所有权抵押（公司作为抵押人将在建工程所有权抵押至抵押权人，约定到期未及时清偿时或发生约定的实现抵押权的情形时，由抵押权人优先受偿）；委托贷款业务中，银行作为受托人与抵押人之间的抵押贷款（抵押人与银行约定的，债务人到期未及时足额清偿债权或发生约定的实现抵押权的情形时，抵押权人以该抵押在建工程所有权优先受偿）等均可以办理。

二、在建工程抵押常见的法律风险和处理方法

1. 房地一体的问题

若土地上开发的房地产仅取得《国有土地使用权证》时，可以考虑土地抵押作为担保措施，相关内容见前章；若土地上开发的房地产取得《商品房预售许可证》时，可以考虑进行房产网签作为担保措施，相关内容见前章；若土地上开发的房地产在取得《不动产所有权证》时可以考虑采取房产抵押，相关内容见前章。

《民法典》第三百九十七条"以建筑物抵押的，该建筑物占用范围内的建设用地使用权一并抵押。以建设用地使用权抵押的，该土地上的建筑物一并抵押。抵押人未依据前款规定一并抵押的，未抵押的财产视为一并抵押"及第四百一十七条"建设用地使用权抵押后，该土地上新增的建筑物不属于抵押财产。该建设用地使用权实现抵押权时，应当将该土地上新增的建筑物与建设用地使用权一并处分。但是，新增建筑物所得的价款，抵押权人无权优先受偿"可知，在土地上开发的房地产，若建设用地使用权抵押的情形下，地上的建筑物则一并抵押，新增地上建筑物在抵押权人享有优先受偿权时除外；若以建筑物抵押的（包括在建工程和房产），其占用范围内的建设用地使用权一并抵押，即使未办理抵押登记，也同样视为一并进行了抵押。

2. 在建工程承包人的工程价款具有优先权

根据《民法典》第八百零七条"发包人未按照约定支付价款的，承包人可以催告发包人在合理期限内支付价款。发包人逾期不支付的，除按照建设工程的性质不宜折价、拍卖的以外，承包人可以与发包人协议将该工程折价，也可以请求人民法院将该工程依法拍卖。建设工程的价款就该工程折价或者拍卖的价款优先受偿"、《民法典》第三百八十六条"担保物权人在债务人不

履行到期债务或者发生当事人约定的实现担保物权的情形，依法享有就担保财产优先受偿的权利，但法律另有规定的除外”可知，在建工程的承包人工程价款具有优先权，抵押权也享有优先权，当发生两个优先权冲突时，承包人的优先受偿权是否优先于抵押权和其他债权，《民法典》实施后暂未明确，需对该部分规定持续关注。但类金融企业可以要求承包人采取书面承诺放弃工程价款优先受偿的权利，避免在融资业务到期时，在建工程承包人对在建工程价款行使优先受偿的权利。

3. 买房人的优先权

根据《不动产登记暂行条例实施细则》第七十五条"以建设用地使用权以及全部或者部分在建建筑物设定抵押的，应当一并申请建设用地使用权以及在建建筑物抵押权的首次登记。当事人申请在建建筑物抵押权首次登记时，抵押财产不包括已经办理预告登记的预购商品房和已经办理预售备案的商品房。前款规定的在建建筑物，是指正在建造、尚未办理所有权首次登记的房屋等建筑物"可知，在办理在建工程抵押之前，已经办理预告登记和已经办理了预售备案登记的房屋，不属于在建工程抵押的抵押范围，该已经办理预告登记和已经办理了预售备案登记的房屋的买受人的权利不受在建工程抵押的影响。

根据《最高人民法院关于人民法院办理执行异议和复议案件若干问题的规定》第二十九条"金钱债权执行中，买受人对登记在被执行的房地产开发企业名下的商品房提出异议，符合下列情形且其权利能够排除执行的，人民法院应予支持：（一）在人民法院查封之前已签订合法有效的书面买卖合同；（二）所购商品房系用于居住且买受人名下无其他用于居住的房屋；（三）已支付的价款超过合同约定总价款的百分之五十"可知，购房人交付购买商品房的全部或者大部分款项后，其优先权优先于工程价款的优先权，购房人在满足一定的条件下，可以排除申请执行人在执行程序中对登记在房地产开发企业名下房产的执行。

另，根据《物权法》第一百九十一条"抵押期间，抵押人经抵押权人同意转让抵押财产的，应当将转让所得的价款向抵押权人提前清偿债务或者提存。转让的价款超过债权数额的部分归抵押人所有，不足部分由债务人清偿。抵押期间，抵押人未经抵押权人同意，不得转让抵押财产，但受让人代为清偿债务消灭抵押权的除外"及实务可知，《民法典》实施之前，由于备案登记的完备，在建工程抵押在先，出售备案登记在后的房屋买卖，作为《商品房买卖合同》中出售商品房一方的房地产开发商，必然是要在出售之前需要经过在建工程抵押权人的同意，从而买房人的优先权优先于在建工程抵押权人。《民法典》实施之后，根据《民法典》第四百零六条"抵押期间，抵押人可以转让抵押财产。当事人另有约定的，按照其约定。抵押财产转让的，抵押权不受影响。抵押人转让抵押财产的，应当及时通知抵押权人。抵押权人能够证明抵押财产转让可能损害抵押权的，可以请求抵押人将转让所得的价款向抵押权人提前清偿债务或者提存。转让的价款超过债权数额的部分归抵押人所有，不足部分由债务人清偿"可知，除非抵押人与抵押权人约定禁止转让抵押财产，抵押期间抵押人有权利对抵押财产进行转让，只不过转让并不影响该抵押权的效力。故，抵押人与抵押权人可以对转让行为进行约定，也可以约定买房人的权利不受抵押权的影响，是经过抵押权人同意对抵押物出售的情形。

4. 税收优先权

根据《税收征收管理法》第四十五条"税务机关征收税款，税收优先于无担保债权，法律另有规定的除外；纳税人欠缴的税款发生在纳税人以其财产设定抵押、质押或者纳税人的财产被留置之前的，税收应当先于抵押权、质权、留置权执行"可知，若欠缴税款事项发生在办理抵押、质押、或者纳税人财产被留置之前的，税收优先于抵押权、质权、留置权；若欠缴税款事项发生在办理抵押、质押或者纳税人财产被留置之后的，抵押权、质权、留置权应当先于税收，税收优先于其他无担保的债权。类金融机构在办理以在建工程抵押作为主要担保措施的业务中，需要在尽职调查中落实和明确在建工程中的税费缴纳情况，了解在办理抵押登记之前，是否有未缴纳税款，核实缴纳的相关凭证等。

5. 各类优先权的优先顺序

（1）工程款优先：人民法院在审理房地产纠纷案件和办理执行案件中，应当依照《民法典》第八百零七条的规定，认定建筑工程的承包人的优先受偿权优于抵押权和其他债权。

（2）买房人的优先权：消费者交付购买商品房的全部或者大部分款项后，承包人就该商品房享有的工程价款优先受偿权不得对抗买受人。

（3）抵押人优先权：为担保债务的履行，债务人或者第三人不转移财产的占有，将该财产抵押给债权人的，债务人不履行到期债务或者发生当事人约定的实现抵押权的情形，债权人有权就该财产优先受偿。

（4）国家税收权优先：税务机关征收税款，税收优先于无担保债权，法律另有规定的除外；纳税人欠缴的税款发生在纳税人以其财产设定抵押、质押或者纳税人的财产被留置之前的，税收应当先于抵押权、质权、留置权执行。

根据相关法律法规及实务，可知，在业务办理过程中买房人的优先权优先于工程款优先权，而工程款的优先权则优先于办理抵押前所欠的税款，办理抵押前所欠的税款则优先于在建工程抵押权人，在建工程抵押权人优先于在建工程抵押办理之后的税款，在建工程所欠税款则优先于其他普通债权人。

6. 二次抵押的问题

在建工程抵押的前期（同一块土地上，尚未进行在建工程建设的情形下），可以办理土地抵押登记的担保融资，在办理完在建工程抵押之后，由于在建项目在随着开工建设不断地增加和项目价值的不断增大，可以以现有在建工程扣除首次在建工程抵押后的余值，办理在建工程的剩余价值的二次抵押。

实务中，由于在建工程的特殊性，首次抵押时确定的抵押物为地上及地上建筑物，后续的新增建设的在建工程虽不包含在首次的抵押登记范围内，但由于往往新增的建筑物部分无法单独分割，首次抵押权人在实现债权时，需要将全部地上建筑物进行评估拍卖后，以拍卖所得的价款优先受偿，二次抵押的抵押权人按照顺序优先受偿。

实务中还有一种常见的情形为，首次抵押的合同中抵押人和抵押权人约定明确，若抵押人将在建工程进行二次抵押的，需要经得首次抵押权人的同意，否则不得办理二次抵押，若抵押人仍然签订并办理了二次抵押的相关合同和登记，对于首次抵押权人来讲，属于抵押人违约，对于二次抵押权人，其权利并没有受影响，抵押人与首次抵押权人的约定并不能排除二次抵押权人的抵押权。

7. 权证不齐及其价值难以确定的问题

在建工程抵押办理过程中，各地对权证的要求略有不同，这种证件不齐带来的风险是显而易见的，随着登记部门越来越规范，证件不规范或者未达到一定条件，很难办理在建工程抵押登记，故在一定程度上能够降低证件不齐全带来的风险。

在建工程的价值核定是风险控制要求的一个重要因素，因为价值核定过高，而导致类金融授予的融资额度过高，后期可能会面临融资金额高于在建工程价值的情形。而因为价值核定过低，也可能存在导致融资金额不足以满足资金需求的情况。故需要从出让金缴纳情况、已投资工程款并结合在建工程的具体进度、工程量进行整体价值核定，确保在建工程价值核定的相对准确性，以达到类金融机构能够结合资产情况和其他经营情况核定风险可控的融资额度，必要时，可以由第三方机构进行价值的核定，供类金融机构决策。

8. 价值不确定及变更规划施工的问题

在建工程抵押的标的物为尚在建设过程中的在建工程和占用范围内的土地，由于工程在不断建设中，且价值在不断地变化，一般情形下是不断的在增加，也有另外一种情形为在建工程的所有权人可能会因为工程欠款或者其他问题将在建工程进行协议转让给其他第三人或者以以物抵债的形式转让给第三人，从而导致价值减损的情形，进而可能导致抵押权人实现抵押权不足的情形。

在建工程的另一种风险在于其按照规划建设在进行施工，由于属于正在建设中的施工，部分在建工程所有权人可能会在具体的施工中变更在建工程的规划（实务中曾经发生过此种事情），而在建工程施工中的建设工程规划许可证属于立项文件及后续取得商品房预售许可证及不动产所有权证的重要依据和必备文件，工程建设必须与证载规划相一致，若不一致，则必然导致所建设的在建工程可能无法取得后续产权证书或者被认定为违章建筑，从而进一步影响到抵押权的实现，甚至会因为在建的工程因违反规划或者作为违法建设失去抵押权，故在建工程抵押除了办理相应的抵押登记外，在贷后管理过程中，需要结合规划设计图纸核定在建工程的具体施工人有无违反规划设计进行施工的落实。

9. 土地抵押与在建工程抵押、房产抵押衔接的问题

土地抵押和在建工程抵押在同一块土地上，属于开发阶段过程中，不同的阶段的可适用担保措施，实务中常见的情形为融资主体在前期开发建设初期以无地上建筑物的土地抵押进行融资后，随着在建工程的开展和施工进度，地上建筑物的价值增大，会开展新一轮的以在建工程及所占用项下土地通过办理在建工程抵押的担保方式进行的融资，此种情形即存在办理在建工程抵押时其所占用范围内的土地已经办理了抵押登记的重复抵押风险。根据《民法典》第四百一十七条"建设用地使用权抵押后，该土地上新增的建筑物不属于抵押财产。该建设用地使用权实现抵押权时，应当将该土地上新增的建筑物与建设用地使用权一并处分，但新增建筑物所得的价款，抵押权人无权

优先受偿"可知，在同一块土地上，后期在办理在建工程抵押的情形下，存在对前期办理的土地抵押权重复抵押的问题。为了避免重复抵押，特别是土地抵押登记的抵押权人和在建工程的抵押权人不属于同一人的情形下，为了保障在建工程抵押权人的权益，则需要注销土地抵押权。实务中，《不动产登记暂行条例》及《不动产登记暂行条例实施细则》（2019年7月24日公布并实施）公布之前，土地使用权抵押在土地管理部门登记，在建工程抵押在房地产管理部门登记，由于登记部门的不同，又涉及"房地一体"的原则，土地抵押与在建工程抵押具有一定的冲突。通常情况下，在进行在建工程抵押过程中，需要在不同部门办理土地抵押注销手续和在建工程抵押登记手续，抵押登记的衔接和在建工程抵押的衔接中，根据《民法典》第三百九十九条"下列财产不得抵押：……（五）依法被查封、扣押、监管的财产；……"，主要存在有无其他第三方的查封风险和经办人员的具体操作风险。而自《不动产登记暂行条例》及《不动产登记暂行条例实施细则》实施之后，土地抵押和在建工程抵押登记的部门均为不动产登记中心，减少了抵押登记的冲突。

在同一块土地上的房产抵押，一般存在于开发企业已经取得商品房预售许可证且已经竣工完成，通常房屋对外出售的情形下，在《民法典》实施前，均需要在建工程抵押权人出具同意出售的确认书，房屋所有权人自行办理房产抵押，办理了在建工程抵押的范围并不包含在建工程抵押权人同意出售的房屋所有权人可以办理房产抵押的房屋。对于在建工程抵押在后续竣工后，能够办理房产抵押的情形下，在建工程抵押的效力，根据《城市房地产抵押管理办法》第三十四条第二款规定"以预售商品房或者在建工程抵押的，登记机关应当在抵押合同上作记载。抵押的房地产在抵押期间竣工的，当事人应当在抵押人领取房地产权属证书后，重新办理房地产抵押登记"及最高院司法判例"抵押权仅因抵押权的实现、抵押关系的解除和抵押物灭失等法定事由而消灭，因此工程竣工后未重新办理抵押登记，并不导致在建工程抵押权消灭，抵押延续，且具有对抗第三人的效力（《中国农业银行乌鲁木齐市河南路支行与新疆龙岭实业有限公司确认抵押权纠纷案》【（2007）民二终字第61号】）"，实务中存在一定的争议，而《民法典》实施后，根据《民法典》第四百零六条，抵押期间抵押人可以转让抵押财产，后期抵押人办理房产抵押的，在建工程抵押权依旧有效，则会存在冲突，主要以在建工程抵押人与抵押权人之间的约定为准。

10. 在建工程抵押保险办理过程中的问题

根据《城市房地产抵押管理办法》第二十三条"抵押当事人约定对抵押房地产保险的,由抵押人为抵押的房地产投保,保险费由抵押人负担。抵押房地产投保的,抵押人应当将保险单移送抵押权人保管。在抵押期间,抵押权人为保险赔偿的第一受益人"可知,抵押人与抵押权人可以约定对在建工程进行办理保险,且可以将抵押权人设定为第一受益人,以确保在在建工程抵押过程中发生保险理赔事项时,抵押权人可以受偿保险赔付金。

同时根据《中华人民共和国保险法》第十五条"除本法另有规定或者保险合同另有约定外,保险合同成立后,投保人可以解除合同,保险人不得解除合同"及第五十二条"在合同有效期内,保险标的的危险程度显著增加的,被保险人应当按照合同约定及时通知保险人,保险人可以按照合同约定增加保险费或者解除合同。保险人解除合同的,应当将已收取的保险费,按照合同约定扣除自保险责任开始之日起至合同解除之日止应收的部分后,退还投保人。被保险人未履行前款规定的通知义务的,因保险标的的危险程度显著增加而发生的保险事故,保险人不承担赔偿保险金的责任"可知,保险合同成立后单方的解除权利在投保人(即抵押人),抵押人可能出现退保的情形;或者未及时告知保险人危险程度显著增加的情形或者其他可能导致保险合同解除的事项发生,从而导致抵押权人保险权利收益的受损。

三、在建工程抵押流程和相关资料

各地办理在建工程抵押的要求不一,具体登记过程中需要落实不同地区的抵押资料要求,《不动产登记暂行条例实施细则》第七十六条"申请在建建筑物抵押权首次登记的,当事人应当提交下列材料:(一)抵押合同与主债权合同;(二)享有建设用地使用权的不动产权属证书;(三)建设工程规划许可证;(四)其他必要材料"可知,能够办理在建工程抵押主要的证件资料为建设用地使用权的不动产权属证书和建设工程规划许可证。而按照《城市商品房预售管理办法》第五条"商品房预售应当符合下列条件:(一)已交付全部土地使用权出让金,取得土地使用权证书;(二)持有建设工程规划许可证和施工许可证;(三)按提供预售的商品房计算,投入开发建设的资金达到工程建设总投资的25%以上,并已经确定施工进度和竣工交付日期"可知,办理在建工程抵押并不要求一定达到预售条件,但实务中各地在具体实施中要求均不一致,有部分地区要求办理在建工程抵押需要能够满足达到预售条件才予以办理，故应在实际办理业务中落实当地业务办理要求。

1. 办理土地抵押流程

该类业务需要由在建工程所有权人（抵押人，通常和土地使用权人一致）、类金融机构（抵押权人）共同签订《在建工程抵押合同》，并在相关不动产登记中心办理抵押登记，具体流程如下：

（1）融资主体、抵押人、类金融机构（抵押权人）达成融资、担保的意向。

（2）抵押人对抵押的在建工程的价值委托第三方机构进行评估。

（3）融资主体与类金融机构签订融资主合同；抵押人与类金融机构（抵押权人）签订抵押合同及相关表格。

（4）融资主体与类金融机构各自委托相关工作人员携带相关办理抵押登记的全部资料，前往不动产登记中心办理在建工程抵押登记，登记后取得受理单。

（5）类金融机构工作人员依据受理单取得已办理完抵押登记的不动产登记证，抵押办理完成。

（6）类金融机构依据融资主合同完成主合同项下义务。

2. 相关资料

办理房产抵押时，需要提供的资料主要包括：

（1）登记申请书；一般可以从办理登记的不动产登记中心下载或者窗口领取纸质文件。

（2）申请人的身份证明；抵押人若为法人/非法人组织的，提供基础证照，比如营业执照以保证其主体合法性、另提供股东会决议或者董事会决议等；抵押人若为自然人的，提供身份证、户口本、结婚证（离婚证），另提供配偶同意处置房产的声明（婚姻关系存续期间的）；类金融机构提供基础证照，比如营业执照等。

若授权第三人办理的，通常抵押人为法人/非法人组织的，可以授权其工作人员办理，提供授权委托书；类金融机构可以授权其工作人员办理。

（3）土地使用权证书、建设工程规划许可证、建设工程施工许可证，需提供原件。

（4）抵押合同；抵押人与类金融机构（抵押权人）双方签订的抵押合同。

（5）主债权合同；融资主体与类金融机构签订的融资主合同。

（6）其他必要材料。

3. 办理土地抵押权注销流程

抵押人与抵押权人共同前往不动产登记中心办理他项权利证书注销手续，递交相关资料后，不动产登记中心根据申请办理注销手续，注销手续完成后，将土地使用权证书返还给抵押人。

办理注销手续，需携带以下资料：

（1）双方同意注销的申请书。

（2）双方的主体身份资料。

（3）他项权利证书（原件）。

四、在建工程抵押其他需要说明

《房屋登记办法》与《不动产登记暂行条例》的适用

《房屋登记办法》由中华人民共和国建设部颁布，通过时间为2008年1月22日，实施时间为2008年7月1日，废止时间为2019年8月22日；《不动产登记暂行条例》由中华人民共和国国务院于2014年11月24日发布，自2015年3月1日起施行。《房屋登记办法》与《不动产登记暂行条例》均属于部门规章，《房屋登记办法》已废止，不再适用，而《不动产登记条例》正在实施且有效，自2015年3月1日起，不动产登记应当以《不动产登记暂行条例》及《不动产登记暂行条例实施细则》为准。

五、相关案例

《贵州省高级人民法院民事判决书》（2019）黔民终610号

1. 案情介绍

2010年4月26日，金某实业（甲方）与某定农商行、某信用联社、某宁信用联社、某云农商行（乙方）签订《固定资产借款合同》《抵押合同》，约定甲方向乙方借款人民币2000万元。金某实业以其位于某县城某村的11处房产、55项机器设备（第55项为钢结构活动厂房）和国有土地使用权［安普土国用（2004）第0×号］提供抵押担保。4月28日，各方就案涉机器设备办理《动产抵押登记书》。

2012年5月30日、31日某商业银行与金某实业签订《流动资金借款合同》《抵押合同》约定，由某商业银行向金某实业提供贷款2000万元，金某实业以其所有的位于某县城某村（黄土坡）的国有土地使用权［普国用

（2010）第×号］和厂房（房权证第××、××7号）抵押担保1420万元，第三人荆某、杨某为该笔贷款提供连带责任保证。2012年5月30日，某商业银行、金某实业就涉案厂房办理了普房他证城关镇字第××号他项权证。

2. 裁定内容

本院认为，金某实业抵押给某定农商行、某信用联社、某宁信用联社、某云农商行的动产55项机器设备中的第55项钢结构活动厂房当时为正在修建的厂房，即正在建造的建筑物。虽然双方约定将其作为动产抵押，但是根据《物权法》第一百八十七条"以本法第一百八十条第一款第一项至第三项规定的财产或者第五项规定的正在建造的建筑物抵押的，应当办理抵押登记。抵押权自登记时设立"之规定，以正在建造的建筑物抵押的，应当办理不动产抵押登记手续，抵押权自登记时设立。金某实业与某定农商行、某信用联社、某宁信用联社、某云农商行之间的合同约定不能对抗法律规定，在该厂房修建完毕办理房产证后，双方亦未变更抵押方式，某定农商行、某信用联社、某宁信用联社、某云农商行的抵押权并未设立。而该厂房修建好后，金某实业将厂房作为不动产（房权证第××、××7号）抵押给某商业银行，办理了他项权证。某定农商行、某信用联社、某宁信用联社、某云农商行以《动产抵押申请书》主张其对涉案厂房享有抵押权缺乏依据，其起诉要求撤销一审法院（2015）安市民初字第6某号民事判决第三项即"金某实业未在本判决指定的期限履行本判决第一项确定的给付金钱义务，某银行可就金某实业享有的位于某县城某村（黄土坡）的国有土地使用权［普国用（2010）第0×号］及厂房（普房权证第××、××7号）在1420万元的抵押担保金额内优先受偿"的理由不能成立，一审判决对该诉请不予支持正确。对某定农商行、某信用联社、某宁信用联社、某云农商行的上诉理由，本院不予采纳。

第四节　房产网签

一、房产网签内容及简述

房产网签是一种无名的担保措施，属于较强的风险控制手段，是一种让与担保。其在具体办理后，一方面控制了房产的处置权，另一方面可以在出现风险时快速地与融资主体协商变现，可以请求拍卖、变卖财产，所得价款用以优先受偿或者清偿债务。其适用条件是融资方为开发商或者能够协调开发商愿意以网签未出售的房产为融资主合同提供担保的行为，网签房产需满足已经取得了房产证预售许可证，可网签房产未对外售出的条件。

二、房产网签常见的法律风险和处理方法

1. 司法解释对房产网签的规定

目前法律法规并未对房产网签有明确的规定，相关司法解释和《九民纪要》中有列明，其中《民法典担保制度解释》第六十八条第一款"债务人或者第三人与债权人约定将财产形式上转移至债权人名下，债务人不履行到期债务，债权人有权对财产折价或者以拍卖、变卖该财产所得价款偿还债务的，人民法院应当认定该约定有效。当事人已经完成财产权利变动的公示，债务人不履行到期债务，债权人请求参照民法典关于担保物权的有关规定就该财产优先受偿的，人民法院应予支持"及《九民纪要》第七十一条"【让与担保】债务人或者第三人与债权人订立合同，约定将财产形式上转让至债权人名下，债务人到期清偿债务，债权人将该财产返还给债务人或第三人，债务人到期没有清偿债务，债权人可以对财产拍卖、变卖、折价偿还债权的，人民法院应当认定合同有效。合同如果约定债务人到期没有清偿债务，财产归债权人所有的，人民法院应当认定该部分约定无效，但不影响合同其他部分的效力。当事人根据上述合同约定，已经完成财产权利变动的公示方式转让至债权人名下，债务人到期没有清偿债务，债权人请求确认财产归其所有的，人民法院不予支持，但债权人请求参照法律关于担保物权的规定对财产拍卖、变卖、折价优先偿还其债权的，人民法院依法予以支持。债务人因到期没有清偿债务，请求对该财产拍卖、变卖、折价偿还所欠债权人合同项下债务的，人民法院亦应依法予以支持"。

2. 实操中，受房产政策影响较大

因房产网签涉及买卖房产，而在房产进行买卖交易时，需要关注现行有效的各地限售限购政策，以西安为例，2017年6月28日出台的限购政策"在城六区及长安、高新、经开、曲江新区、浐灞生态区、航天基地、国际港务区、沣东新城等区域购买的商品住房，自购房之日（以合同网签备案时间为准）起满5年方可上市交易；购买的二手住房，房屋产权人取得《不动产权证书》后满2年方可上市交易"。另，2017年9月13日限购政策，"限购对象：本地户口拥有2套及以上住房（含新建商品住房和二手住房）的本地户口居民家庭（包含夫妻双方及未成年子女）；外地户口拥有1套及以上住房（含新建商品住房和二手住房）的非本市户籍居民家庭（包含夫妻双方及未成

年子女）"可知，按照西安地区目前限购政策，房产通过解除网签的购房合同过户至实际购买人的时间周期需要为合同网签备案满 5 年，购买的对象需要满足限购人群的要求。限购政策依据市场情形在进一步变化，适用该担保措施，需要密切关注。

3. 债权实现的主张问题

对于签订买卖合同，包括但不限于房产买卖等各类买卖合同作为融资的担保的，因涉及两层法律关系，其一为借贷法律关系，其二为买卖关系，而在债权人主张债权时，需要依据真实的融资关系进行主张权利。根据《民法典担保制度解释》第六十八条及《九民纪要》第七十一条可知，类金融机构在融资主体约定合同中若出现"不履行到期债务，财产归债权人所有的"，该约定无效，已完成变更产权的公示，请求确认该财产归类金融机构所有的，不予以支持，但是以融资关系作为权利主张的基础，要求对网签房产进行"拍卖、变卖财产，所得的价款用以优先受偿或者清偿债务的，人民法院应予支持"。即对此种担保措施的权利主张方式为：选择主张融资债权，并对网签房产拍卖或变卖后优先受偿。理由：①融资关系真实有效存在。②房产网签作为融资债权主张的一种让与担保。③类金融机构对于网签房产担保处置后有优先受偿权。

4. 债权人的撤销权及管理人的撤销权

根据《民法典》第五百三十八条"债务人以放弃其债权、放弃债权担保、无偿转让财产等方式无偿处分财产权益，或者恶意延长其到期债权的履行期限，影响债权人的债权实现的，债权人可以请求人民法院撤销债务人的行为"及第五百三十九条"债务人以明显不合理的低价转让财产、以明显不合理的高价受让他人财产或者为他人的债务提供担保，影响债权人的债权实现，债务人的相对人知道或者应当知道该情形的，债权人可以请求人民法院撤销债务人的行为"及《企业破产法》第三十一条"人民法院受理破产申请前一年内，涉及债务人财产的下列行为，管理人有权请求人民法院予以撤销：（一）无偿转让财产的；（二）以明显不合理的价格进行交易的；（三）对没有财产担保的债务提供财产担保的；（四）对未到期的债务提前清偿的；（五）放弃债权的"可知，民法典对于债权人的撤销权进行了增加，包括但不限于放弃债权担保、恶意延长到期债权、明显不合理高价收让他人财产、为他人提供担保等。《民法典担保制度解释》未出台前，其他债权人通常以网签房产价格过低，损害其他债权人利益的理由提起诉讼，从而撤销类金融机构和房地产开发商的《商品房买卖合同》，从而影响到融资法律关系项下债权实现的稳定性，而《民法典担保制度解释》及《九民纪要》对让与担保进行了确认，提供了重要的法律依据，结合后期实务中，类金融机构可以与房地产开发商以协议的方式，明确房产网签即属于让与担保，是为了主债权的担保增信，从而会对债权人及管理人的撤销提供了法律上的排除依据，使得类金融机构使用该类型担保措施更具有操作性。

5. 银行转账流水和意思表示的问题

根据《民法典》第一百四十三条"具备下列条件的民事法律行为有效：（一）行为人具有相应的民事行为能力；（二）意思表示真实；（三）不违反法律、行政法规的强制性规定，不违背公序良俗"及结合实务可知，融资主体与类金融机构在房产网签此种担保措施的办理过程中，双方明确可知其真实的意思表示并非是买卖房屋，而是一种以买卖房屋的形式作为主债权履行的担保，故其意思表示有一定的瑕疵。

且在实务业务办理过程中，类金融机构或其指定的第三人作为《商品房买卖合同》其中的一方，其签订合同后，拥有买受人的一切权利，属于房屋的所有权人。在具体的办理中需要签订：《商品房买卖合同》+收据。此处的《商品房买卖合同》为房地局制式合同或者房地局可以备案的合同。而对于出具"收据"行为，经常作为融资主体或担保主体的开发商会有异议，主要为两点：一是借款人已经在《借款合同》项下出具了"借据"，若再在《商品房买卖合同》出具"收据"，两者金额一致，但开发商或者融资主体仅仅收到一笔款项；二是类金融机构或其指定的第三人并未真实支付购房款，双方书面或者口头的约定仅仅是以买卖合同作为债权的一种担保，而且类金融机构并未真实购买该房产，故不能出具收据。

对于以上异议，实务中类金融机构应对主要为：

（1）明确网签行为只是对借款行为的担保措施，但形式上必须将二者分开，融资行为需要出具借据和签订相关合同，而买卖行为需要签订购房合同和出具收据，出具"收据"行为仅仅是从形式上对该类型担保措施的满足，其后期的实质处理，需要结合双方约定及法律规定进行处理。

（2）为了打消开发商的顾忌，可以从实务角度出发，由类金融机构向开发商出具承诺，承诺到期还款后或者未发生类金融机构需要实现债权的条件下，由类金融机构或者指定的第三人退还该网签房产。

列示 1：

承　诺　书

_____有限公司：

贵公司于____年____月____日退还购房款人民币_____元。

1._____小额贷款公司退还以下全部房产（详细信息如下）：

房号：_____，面积：_____，合同备案号：_____。

2._____小额贷款公司于_____有限公司退还 人民币_____万元整购房款 5 日内提供相关资料及签署文件办理上述房屋《商品房买卖合同》注销手续，否则本公司按每日万分之五向贵公司支付违约金。支付后不免除本公司配合办理上述房屋注销手续的义务。

承诺人：_____小额贷款公司
年　　月　　日

（3）同样，可以从实务角度出发，由类金融机构与开发商双方协议，协议内容主要为对网签房产是对债权的提供让与担保的一种明确，及解除《商品房买卖合同》的条件或者优先受偿的一系列处理方式，以担保业务中常用的担保公司与开发商之间的协议为例，如下：

列示 2：

房屋网签补充协议

甲方：

乙方：

根据借款人_____（以下称借款人）与_____（以下简称银行）签订的_____号借款合同，借款人向银行借款本金____万元（人民币），还款到期日为_____。甲方受借款人委托与银行签订了_____号《保证合同》，为借款人向银行提供保证担保。

甲乙双方于____年____月____日签订了_____号《商品房买卖合同》，对价款、面积以及支付方式做了约定。

为保证甲方与借款人签订的____号《担保协议书》以及上述合同的顺利履行，现甲乙双方协商一致达成以下协议，以坐落于_____面积____平方米____共____套房产为甲方的担保债权提供让与担保：

一、借款人按期归还银行借款本息并如期支付担保费，甲方解除担保责任的，双方解除该《商品房买卖合同》，并配合乙方办理相关解除手续。在甲方解除担保责任前，或者甲方债权未得到有效足额清偿前，乙方不得将该房屋以任何形式售予第三人，经甲方同意的除外。

二、借款人未按期如数归还银行借款本息的，所产生的各项费用（包括但不限于代偿款项、利息、罚息、违约金、律师费、诉讼费、拍卖费、执行费、公告费、保险费、审计评估费、为实现债权和追偿权所支出的所有费用等，下称前述费用）均由乙方承担，同时乙方同意甲方选择下列方式中的一项或者多项以维护甲方的权利：

1. 顺延付款时间，直至前述费用得到足额清偿，届时，双方解除《商品房买卖合同》。

2. 解除《商品房买卖合同》，向乙方追偿前述费用。

3. 解除《商品房买卖合同》，乙方无条件将该房屋按照合同约定的价格出售给甲方指定的第三人或对该网签房产进行评估、拍卖，所得房款优先清偿前述债权及费用。

三、乙方违反本协议约定的，向甲方支付前述费用总额 10% 的违约金。

四、履行《商品房买卖合同》及本补充协议所产生的各项税、费，均由乙方承担。

五、本协议未作约定的，仍以《商品房买卖合同》约定为准，《商品房买卖合同》与本协议有冲突或者不一致的，以本补充协议为准。

六、甲方名称变更不影响合同效力。

七、本协议经双方盖章后生效。本协议一式二份，均具有同等法律效力。

甲方：   乙方：

签约时间：   年   月   日

6. 房地产开发商可以继续进行房屋买卖，可以置换网签房产

实务中，网签房产作为融资主合同的担保措施，虽然形式上进行了一次房产的买卖销售，但为了风险控制的需要和融资主体或担保主体开发商业务的连续性，对已网签的房产若拟对外进行了出售，通常可以采取新签同等价值的房产，并解除已网签的房产的形式对网签房产进行一定程度的置换。具体置换流程为：（1）由开发商以同等价值或高于已网签房产价值的未出售房

产与类金融机构或者类金融机构指定的第三人签订新的《商品房买卖合同》，并出具收据；（2）由开发商与类金融将拟置换的旧房产办理《商品房买卖合同》解除手续；（3）由开发商在房管局办理旧房产网签解除手续，并进行公告。（4）公告结束，办理解除网签的后续手续。完毕后，置换手续完成。

7. 不能交付的风险

该类担保措施中，若房地产开发商因为自身经营风险原因，在与类金融机构签订完《商品房买卖合同》后，发生烂尾楼或其他原因导致无法交房的，类金融机构作为《商品房买卖合同》项下的买受人无法按期收房，将面临《商品房买卖合同》的履约风险以及根据《民法典担保制度解释》对网签房产拍卖、变卖、折价优先受偿的实现。房产作为商品未能交付的，则类金融机构作为买受人无法对该房产进行实际控制，也很难按照《商品房买卖合同》之约定的买受人的主体向开发商主张履行买卖合同，从而导致无法通过对网签房产拍卖、变卖、折价等方式进行债权实现，故导致实务中该类担保措施项下，面临开发商违反《商品房买卖合同》，但无法以买受人名义主张权利的尴尬处境。故在实务中，业务的开展需要结合网签房产的现状进行，若属于期房，无法交付的，可以根据开发商的具体履约能力采取其他担保措施，补足此类担保措施的缺点，若属于现房，且达到交付条件，类金融机构可以考虑在办理网签手续的同时，要求办理交付房屋的收房手续等，以达到降低风险的目的。

8. 买卖不破租赁

"买卖不破租赁"属于老生常谈的问题，但在实务中一手房特别是商铺存在开发商已经将拟网签房产出租的情况，或者在办理本次网签房产担保之前也曾办过同样的网签房产担保措施手续，而前一次房产网签中买受人将房产已租赁给第三人使用的情况，故在办理该类担保措施时，需要明确和实地查看该房产的真实租赁情况，以确定该房产是否对外出租，若出租，签订承租人承诺或者要求网签其他房产，以降低风险；若未出租，可以要求开发商签订未出租承诺或者在买卖合同中明确该房屋未对外出售，也未对外出租等承诺。

9. 网签备案和不备案的效力

根据《城市房地产开发经营管理条例》第二十六条规定"房地产开发企业应当自商品房预售合同签订之日起 30 日内，到商品房所在地的县级以上人民政府房地产开发主管部门和负责土地管理工作的部门备案"及《城市商品房预售管理办法》第十条"商品房预售，开发企业应当与承购人签订商品房预售合同。开发企业应当自签约之日起 30 日内，向房地产管理部门和市、县人民政府土地管理部门办理商品房预售合同登记备案手续"及结合实务操作，可知，目前商品房买卖后均需要对该买卖合同进行网签备案，但网签备案属于为了防止"一房二卖"等的管理型措施，并不会对《商品房买卖合同》的效力性产生影响，但结合该类型担保措施的风险控制需要，在办理以该类型担保措施时，需要明确办理网签和备案，并能够通过不动产登记中心官网进行对网签备案结果的查询，从而保证开发商作为融资主体或者担保主体时，不对该网签房产进行二次出售，降低业务风险。

10. 资金监管的问题

根据《城市商品房预售管理办法》第十一条"开发企业预售商品房所得款项应当用于有关的工程建设。商品房预售款监管的具体办法，由房地产管理部门制定"及结合实务，以陕西为例，依据陕西省住房和城乡建设厅《关于加强商品房预售资金、二手房交易资金监管的通知》（陕建发〔2016〕107号）、西安市住房保障和房屋管理局《关于进一步加强商品房预售资金监管有关问题的通知》（市房发〔2011〕252号）和《关于加强商品房预售资金监督管理有关问题的通知》（市房发〔2014〕138号）文件精神及要求，可知，开发商在商品房预售中，需要与银行签订《商品房预售资金监管协议》，该网签房产需要通过资金监管，即网签备案的购房款通过监管账号进入开发商企业账户，且该监管资金仅能用于开发企业的有关的工程建设，而融资用途与监管资金用途有时会有一定的冲突。

三、房产网签流程和相关资料

1. 网签流程

要签订：《商品房买卖合同》+收据。此处的《商品房买卖合同》为房地局制式合同或者房地局可以备案的合同。买受人若为法人/非法人组织的，提供基础证照，比如《营业执照》等，买受人若为自然人的，提供身份证、户口本。

2. 解除流程

撤销合同的表格+公示。融资主体到期还款后，买受人与开发商在房地局申领的房屋买卖合同撤销的表格上签字确认，并退还所签订的所有购房合同原件，并在指定报纸上公示 N 天（各地日期不一致）之后，则该次买卖合同撤销，开发商可以将该套房屋进行再一次出售，属于一手房交易。即解除买卖合同，需要一双方撤销，二退还签订的合同，三公示即完成。

四、房产网签其他需要说明

1. 单价的确定

确定单价：网签单价＝金额÷网签面积。目前的网签房产基本上都是以 5 折的市场价格甚至更低的价格进行网签的。但需明确网签价格并不一定越低越好。一方面价格过低很有可能办理不了网签，实务中开发商均在不动产登记中心系统上设置着最低出售价格，低于最低价格往往无法办理网签手续，当然备案的最低价格也可以改掉，但需要开发商同意和其他满足房产买卖的政策需要，方能进行变更。另一方面，网签单价过低的话，《民法典担保制度解释》实施前可能涉及买卖过程中的显失公平，开发商作为出售人可以显失公平的理由向法院撤销该买卖合同，具有一定的瑕疵。《民法典担保制度解释》实施后，单价约定过低或过高均没有实际意义，后期主债权实现仍依据拍卖、变卖后价款优先受偿进行实现。

2. 付款方式的确定

房产网签的实务中，在《商品房买卖合同》中的重要条款为对付款方式的选择，通常有以下选择方式：

付款方式：（1）选择一次性付款。（2）选择分期付款。（3）选择银行贷款。

结合目前实际通常不选择银行贷款。故在一次性和分期付款中进行选择，两者在签订合同效力上无区别，差异在实务操作中，若选择一次性，则需要在放款时或者进行网签流水的过户时，需要一次性将网签金额全额支付至开发商监管账户；而选择分期付款时，可以先进行网签，即选择部分支付购房流水即可以网签成功，后续根据风险控制需要，再进行支付后期款项，相对于一次性支付款项的情况，操作起来更方便。

3. 网签成功的确定

网签备案的手续办理完毕后，通常可以通过官方网站进行查询，比如以西安为例，网签手续核实查询，可登陆"西安市房屋管理局网站"，有相关查询链接窗口，输入"买受人身份证号和网签合同号"进行具体查询，若网签成功，即会显示网签合同号、房号、买受人身份信息等信息。由于各地操作的不一致，有些地方不动产登记中心需要通过现场窗口进行查询，买受人携带身份相关证件即可以查询相关信息，作为买受人有权利查询到相关详细信息，但后续网签成功的网签确认是有必要的。

第五节　二手房买卖

一、二手房买卖内容及简述

该类型担保措施作为无名担保措施的一种，由于其可操作性较强，在实务中普遍存在，其适用情形是，融资主体已交纳了全部或部分购房款，取得了房产的购房合同、收据或发票，但尚未办理房产证相关手续，暂未取得房产证的情形，以该房产作为物的担保的一种控制担保措施类型。

具体以担保业务中常用的内容列示：

列示1：

二手房买卖协议书

卖方（甲方，共计＿＿＿人）：＿＿＿＿＿＿

卖方（共有人）：＿＿＿＿＿＿＿＿

买方（乙方）：＿＿＿＿＿担保公司

第一条　房屋的基本情况

甲方房屋（以下简称该房屋）坐落于＿＿＿＿＿＿＿＿＿＿＿＿，共＿＿＿＿＿套（房号为＿＿＿＿＿＿＿＿），房屋结构为＿＿＿＿＿＿，建筑面积＿＿＿＿平方米（其中实际建筑面积＿＿＿＿平方米，公共部位与公用房屋分摊建筑面积＿＿＿＿平方米），房屋用途为＿＿＿＿＿＿；该房屋平面图见本合同附件一。该房屋所有权证编号为：＿＿＿＿＿＿＿＿。

第二条　房屋面积的特殊约定

本合同第一条所约定的面积为以下第＿＿＿种方式

1. 甲方暂测；2. 原产权证上标明；3. 房地产权登记机关实际测定。

如暂测面积或原产权证上标明的面积（以下简称暂测面积）与房地产权登记机关实际测定的面积有差异的，以房地产权登记机关实际测定面积（以下简称实际面积）为准。

第三条　土地使用权性质

该房屋相应的土地使用权取得方式为＿＿＿＿；土地使用权年限自＿＿＿＿年＿＿＿月＿＿＿日至＿＿＿年＿＿＿月＿＿＿日止。以划拨方式取得土地使用权的房地产转让批准文件号为＿＿＿＿＿＿＿＿＿＿＿＿＿；该房屋买卖后，按照有关规定，乙方（必须）（无须√）补办土地使用权出让手续。

第四条　价格

按（总建筑面积√）（实际建筑面积）计算，该＿＿＿＿套房屋售价为（人民币）每平方米＿＿＿＿＿元，总金额为（人民币，大写）＿＿＿＿＿＿＿＿＿＿。

房屋具体情况见下表：

序号	房号	建筑面积 （平方米）	实际面积 （平方米）	单价（元）	总价（元）
1					
2					
合计					

第五条　付款方式

乙方于＿＿＿年＿＿＿月＿＿＿日为＿＿＿＿＿＿＿＿＿（以下简称债务）在＿＿＿＿＿＿＿＿＿＿＿＿（以下简称债权人）的人民币＿＿＿＿＿元贷款（借款合同编号为：＿＿＿＿＿＿＿＿＿＿＿＿＿，保证合同编号为：＿＿＿＿＿＿＿＿＿）提供担保，现因债务人无力偿还贷款而导致乙方即将承担代偿的担保责任，现甲乙双方经协商，以债权人向乙方发出的代偿通知书上的数额（或债权人起诉状中要求乙方承担的担保责任数额）作为乙方已经向甲方支付的房款。乙方收到银行起诉书或代偿通知书的时间，视作乙方向甲方支付房款的时间。

第六条　按揭手续的处理

因甲方房屋属于在＿＿＿＿＿＿＿＿贷款的按揭房，因此乙方在第五条约定的基础上代甲方向贷款行支付按揭余款，解除按揭房的抵押手续后，甲方无条件配合乙方办理过户手续。

第七条　交付期限

甲方应于本合同生效之日，将该房屋的购房合同原件、购房发票原件、收据原件交给乙方；甲方应于本合同第五条约定的视同房款支付行为发生时，配合乙方办理本合同约定交易房产的过户手续，并将该房屋交付给乙方，过户费用由甲方承担。

第八条　甲方逾期交付房屋的违约责任

甲方如未按本合同第七条规定的期限将该房屋交给乙方使用，乙方有权向甲方追究违约利息。

第九条　甲方保证

甲方保证在交易时该房屋没有产权纠纷，有关按揭、抵押、债务、税项及租金等，甲方均提前办妥。交易后如有上述未清事项，由甲方承担全部责任。

第十条　甲方委托

甲方委托 _____ （身份证号： _____ ）代为办理房产的还款、解押、过户等一切相关手续。如发生代偿，即由受托人_____持委托书办理相关手续，甲方不得撤销委托。

第十一条　其他约定

本合同未尽事项，由甲、乙双方另行议定，并签订补充协议。

第十二条　说明

本合同之附件均为本合同不可分割之一部分。本合同及其附件内空格部分填写的文字与印刷文字具有同等效力。本合同及其附件和补充协议中未规定的事项，均遵照中华人民共和国有关法律、法规和政策执行。

第十三条　争议解决

本合同在履行中发生争议，由甲、乙双方协商解决。协商不成时，甲、乙双方同意由_____仲裁委员会仲裁。

第十四条　附则本合同一式二份，甲乙双方各执一份，具有同等法律效力。本合同经甲、乙双方签字之日起生效。

甲方：_____　　　　乙方：_____担保公司

　　　　　　　　　　　　合同签订日期：　　年　　月　　日

列示 2：

委托书

委托人：_____

受托人：_____

委托人于____年____月____日与____签订了《二手房买卖合同》，以____的名义购买了位于_____，建筑面积：_____平方米的房产。现委托人欲出售该房产，因不便亲自前往办理相关手续，特委托受托人_____作为代理人代为办理如下事项：代为办理提前还款、代为签订房地产买卖契约、代收房款，办理上述房屋的交付手续、所有权转移登记手续，缴纳相关费用及与上述房产出售过户相关的一切手续。

对受托人办理上述委托事项所签署的所有相关文件委托人均予认可。

受托人有转委托权，本委托书未经委托人及受托人协商一致不撤销。

委托期限：＿＿＿年＿＿＿月＿＿＿日至＿＿＿年＿＿＿月＿＿＿日。

委托人：

年　月　日

二、二手房买卖常见的法律风险和处理方法

1. 一房二卖，甚至一房多卖的问题

二手房买卖作为一种担保控制性措施，属于融资主体与类金融签订的附条件的买卖协议，其在满足双方设定的条件时，也必须同时满足进行正常的二手房买卖交易与过户才是其最终能够实现的结果。故日常二手房买卖过程中存在的固有风险，也必然产生于该担保措施中。

由于该类协议是在融资主体与类金融机构之间签订的，签订后为了操作的便利性和可能性，通常进行二手房实质的交易过户，所以导致签订该协议后，由于该协议未能在房地局备案，其他人无法核查到该房产已经与类金融机构签订了二手房买卖协议，在融资主体恶意的情况下，可能会导致融资主体与多家类金融机构或者债权人签订多份相同的二手房买卖合同，从而在真正履行该协议时，出现一房二卖，甚至一房多卖的问题。

出现一房二卖或者一房多卖的情形，作为合同一房当事人，降低和控制风险的办法有二：其一，与融资主体协商履行该合同，在多份买卖合同存在的情况下，即使合同签订的先后顺序不同，但均属于平等债权，融资主体选择履行的相对人就比较重要，需要融资主体的配合。其二，该类型担保措施仅是控制风险的其中之一种，类金融机构应当尽快主张债权，并可以同时要求融资主体承担本协议的违约责任，但承担责任的范围不超过主债权范围。

2. 控制效果较强于担保效果

该类型的担保措施的实际效果，是控制了房屋所有人对该房屋的权利凭证，影响到房屋所有人对房屋的处置，房屋所有权相关证明在合同签订的时候就要求存放于类金融机构，其控制效果较强于担保效果，作为二手房买卖协议中的合同相对方之一，由于对该合同的履行需要双方共同进行，通常在

后期处置阶段，融资主体作为债务人已经不积极履行或者完全不配合履行，此种情形该房产作为买卖标的物的实现较困难，但该房产作为主合同项下债的履行的担保物则执行会较容易，类金融机构通常会选择主张债权，从而签订的二手房买卖协议作为提供财产线索和控制财产实体的一种，更能顺利实现债权。

3. 公证规则——不允许办理全项委托的公证

2017 年 8 月 14 日司法部发布了《司法部关于公证执业"五不准"的通知》（司发通〔2017〕83 号），其中"三、不准办理涉及不动产处分的全项委托公证。公证机构、公证员办理涉及不动产处分的委托公证，应当按照'重大事项一次一委托'的原则，告知当事人委托抵押、解押、出售、代收房款等的法律意义和法律后果，不得办理一次性授权全部重要事项的委托公证，不得在公证书中设定委托不可撤销、受托人代为收取售房款等内容"可知，在 2017 年之前通过公证授权，从而在后期融资主体发生债务到期无法及时足额偿还时，通过处置融资主体的相关房产，实现债权的方式，由于该通知的发行，仅限于融资主体配合，双方达成"以物抵债"的方式进行，而不能通过 2017 年之前市场出现的全权公证授权，由类金融机构单方受委托进行处置买卖房产，从而实现债权的方式进行，列明此种方式是因为笔者认为虽然不能继续办理，但提供了一种思路。

4. 各地政策对该担保措施的影响

除《司法部关于公证执业"五不准"的通知》之外，由于各地房产过户过程中的各地政策不一致，导致该类型担保措施，在后期与融资主体协商以房产过户实现债权的方式中各地具体操作程序不一致，具体以房屋所在地二手房交易流程为准。

5. 二手房买卖中的资料核实问题

二手房买卖担保措施中很重要的一点是资料和房产的真实性问题，对于身份的核实自然人通常通过身份证、户口本、结婚证予以核实，企业法人或非法人组织通过营业执照、组织机构代码证、公章等进行确认；而对于房产信息的核实，一方面需要实地查看，并结合不动产证所附的房屋位置图来确定房屋的实体真实情况，另一方面需结合不动产证，并通过不动产登记中心查档，调取《房屋登记簿》的方式进行核查。通过房屋登记簿可以了解到涉及房产的位置、房号、面积、产权人、有无被查封及各查封的基本情况、有无抵押及抵押权存在情况下的抵押期限、债权担保金额等，是房屋权利权属较全面和真实的情况反应。

6. 单方授权和授权协议的异同

单方授权指委托人单方面出具相关委托书，委托受托人代为办理某项事宜，属于单方的。授权协议指委托人与受托人就委托人委托受托人办理相关事宜达成的协议，属于双方协商一致达成的。

相同点：单方授权和授权协议，从协议内容来看，都是委托受托人具体代委托人办理某事项，并由委托人承担相应法律后果的事宜。

区别点：

（1）单方授权主要用来对外向第三方出具的，其属于委托人的一种权利授权；授权协议是委托人和受托人之间达成的，由双方对授权范围、期限、方式、违约责任等做的具体约定的协议。

（2）单方授权可以单方面撤销，其主要由于单方委托属于委托人对其权利的单方处分，故其可以再次通过处分的方式（撤回授权），而结束单方授权的权利状态，无需受托人同意；授权协议属于双方达成的，其解除需要委托人与受托人达成一致意见，委托人单方不能撤销，需要双方协商解除。

另外，对公证单方委托的撤销，需要委托人办理该公证委托的撤销，即公证委托的需要通过公证的方式，对前项委托事宜进行撤销，但并不要求一定在同一公证处进行前项公证委托撤销的办理。

7. 签订二手房买卖合同，能否被其他债权人查封的问题。

该类担保措施项下，类金融机构与融资主体签订了《二手房买卖协议》，根据《民法典》第二百零九条"不动产物权的设立、变更、转让和消灭，经依法登记，发生效力；未经登记，不发生效力，但是法律另有规定的除外"及《不动产登记暂行条例》第二条"本条例所称不动产登记，是指不动产登记机构依法将不动产权利归属和其他法定事项记载于不动产登记簿的行为。本条例所称不动产，是指土地、海域以及房屋、林木等定着物"可知，不动产权属变更需要经过变更登记，而该项担保措施仅签订相关合同，未对不动产变更进行登记，该房屋的权属仍属于房屋所有权人名下，当该房屋所有权人涉及其他债权到期未清偿时，其他债权人可以对该房产进行查封、评估拍卖。

8. 二手房买卖与以物抵债的问题

该类型的担保措施后期的处置方式为房屋所有权人与类金融机构达成合意，按照《二手房买卖协议》的约定价格，将房产由房屋所有权人过户至类金融机构后，其实质属于一种以物抵债，即将房屋所有权人的房产以一定的价格抵偿给类金融机构，故其应当以不损害其他债权人和社会公共利益为前提，属于双方合意的债务抵偿，只要双方协商一致，又不损害第三方利益，在后期债务人到期无法及时足额清偿债务时，房屋所有权人应当能够与类金融机构达成合意，以房产折抵债务，若房屋所有权人与债务人不一致，则可以按照房屋所有权人属于第三人代为偿还债务的相关法律处理。

9. 时间节点的问题

与类金融机构签订《二手房买卖协议》时，通常房屋所有权人尚未取得房产证，根据该房屋不动产证的取得时间的节点，后续可以双方协商变更其他担保措施：

（1）该房屋在融资过程中取得房产证的，双方可以协商将该房产与类金融机构另行签订房地产抵押合同，将该房产抵押至类金融机构，以保障该笔债权实现。

（2）该房屋融资过程中直至债务到期均未取得房产证，由于未取得房产证无法进行二手房买卖交易，故类金融机构作为债权人可以通过主张债权，以一般债权人的角色主张债权，按照相关程序，查封评估拍卖该房屋。

（3）该房屋融资过程中未取得房产证，到期后取得房产证，一方面可以协商双方履行《二手房买卖协议》，以房产买卖给类金融机构或者其指定的第三人，以以物抵债的方式实现债权，另一方面可以考虑为融资主体对接其他机构，以房产抵押的方式进行二次融资后，将二次融资款归还类金融机构。

三、二手房买卖流程和相关资料

1. 签订二手房买卖协议流程

该类《二手房买卖协议》由房屋所有权人、类金融机构共同签订，无具体特殊流程要求。

2. 证件保管

房屋所有权人将该房屋相关的原件交付给类金融机构保管。或者双方另行约定对该原件进行共同封存之后，由类金融机构进行保管。

3. 债务折抵

发生债务人到期无法及时足额归还时，房屋所有权人与类金融机构达成合意，愿意履行《二手房买卖协议》，以该房产折抵相关债务。之后房屋所有权人与类金融机构或者类金融机构指定的第三方另行签订《二手房买卖契约》

《资金监管协议》等办理过户必要的法律文件。

4. 按照二手房买卖交易流程，完成二手房买卖交易

签订二手房买卖协议时，需要提供的资料主要包括：

（1）融资主体若为法人/非法人组织的，提供基础证照，其中公司法人或合伙企业为营业执照、章程等以保证其主体合法性。

（2）融资主体为自然人的，提供身份证、户口本、结婚证，并提供配偶同意处置房产的声明（婚姻关系存续期间的），实务中，在具体的二手房买卖交易中，根据房屋所有权人的婚姻状况，可要求具有处分权人的人共同签字进行处分。

四、二手房买卖其他需要说明

结合目前实务情况，该类担保措施在后期处置阶段，需要房屋所有权人积极配合，否则很难落地实施，在房屋所有权人后期不配合的情况下，该类担保措施的意义：一方面，提供了一种担保方式的思路；另一方面，提供了一定的财产线索，较利于后期类金融机构采取保全程序等；再一方面，签订二手房买卖协议给房屋所有权人增加违约成本，从而有利于合同的履行。

第六节　农村土地承包经营权融资探析

一、概述

农村土地承包经营权，指公民或者集体对集体所有或者国家所有的农村土地进行承包经营的权利。而其中所指的农村土地，指根据《农村土地承包法》第二条"本法所称农村土地，是指农民集体所有和国家所有依法由农民集体使用的耕地、林地、草地以及其他依法用于农业的土地"。

承包方式包括农村集体经济组织内部的家庭承包，和以招标、拍卖、公开方式协商承包取得的。

根据《农村土地承包法》第九条"承包方承包土地后，享有土地承包经营权，可以自己经营，也可以保留土地承包权，流转其承包地的土地经营权，由他人经营"可知，农村土地承包后，该土地上的土地所有权、土地承包权和土地经营权三种权利，相互独立，可以分开。

农村土地承包经营权融资，是融资主体以农村土地承包经营权进行对外融资，融资方式通常为债权融资，比如抵押、流转、协议等方式，也可以股

权方式融资，比如入股的方式。

二、涉及的相关法律问题

1. 土地承包经营权抵押的问题

根据《民法典》第三百九十九条"下列财产不得抵押：（一）土地所有权；（二）宅基地、自留地、自留山等集体所有土地的使用权，但是法律规定可以抵押的除外；（三）学校、幼儿园、医疗机构等为公益目的成立的非营利法人的教育设施、医疗卫生设施和其他公益设施；（四）所有权、使用权不明或者有争议的财产；（五）依法被查封、扣押、监管的财产；（六）法律、行政法规规定不得抵押的其他财产"、《民法典》第三百三十九条"土地承包经营权人可以自主决定依法采取出租、入股或者其他方式向他人流转土地经营权"及第三百四十二条"通过招标、拍卖、公开协商等方式承包农村土地，经依法登记取得权属证书的，可以依法采取出租、入股、抵押或者其他方式流转土地经营权"可知，法律层面上，通过招标、拍卖、公开协商等方式承包农村土地有明确的可以抵押的表述，而家庭承包获取的土地承包经营权抵押登记无相关依据。

但根据《国务院关于开展农村承包土地的经营权和农民住房财产权抵押贷款试点的指导意见》（国发〔2015〕45号）、《全国人大常委会关于授权国务院在北京市大兴区等232个试点县（市、区）、天津市蓟县等59个试点县（市、区）行政区域分别暂时调整实施有关法律规定的决定》、《农村承包土地的经营权抵押贷款试点暂行办法》（2016年3月15日，中国人民银行、中国银监会、中国保监会、财政部、农业部）可知，法规及政策层面正在进行农村承包土地经营权抵押的试点和探索。

2. 土地承包经营权确权

根据《民法典》第三百三十三条"土地承包经营权自土地承包经营权合同生效时设立。登记机构应当向土地承包经营权人发放土地承包经营权证、林权证等证书，并登记造册，确认土地承包经营权"及《农村土地承包法》第二十二条"发包方应当与承包方签订书面承包合同。……"、第二十三条"承包合同自成立之日起生效。承包方自承包合同生效时取得土地承包经营权"可知，土地承包经营权以承包合同生效为准，签订的承包合同生效后，承包人即为土地承包经营权人，承包期限以承包合同为准。

根据《农村土地承包经营权证管理办法》第二条"农村土地承包经营权

证是农村土地承包合同生效后，国家依法确认承包方享有土地承包经营权的法律凭证"及第四条"实行家庭承包经营的承包方，由县级以上地方人民政府颁发农村土地承包经营权证。实行其它方式承包经营的承包方，经依法登记，由县级以上地方人民政府颁发农村土地承包经营权证。县级以上地方人民政府农业行政主管部门负责农村土地承包经营权证的备案、登记、发放等具体工作"可知，农村土地承包经营权证的颁发和确认，是对承包合同内容的确认，是对承包方享有土地承包经营权的确认。

3. 土地承包经营权的抵押设立

根据《农村土地承包法》第四十七条"承包方可以用承包地的土地经营权向金融机构融资担保，并向发包方备案。受让方通过流转取得的土地经营权，经承包方书面同意并向发包方备案，可以向金融机构融资担保。担保物权自融资担保合同生效时设立。当事人可以向登记机构申请登记；未经登记，不得对抗善意第三人。实现担保物权时，担保物权人有权就土地经营权优先受偿。土地经营权融资担保办法由国务院有关部门规定"可知，无论以家庭承包方式取得的土地承包经营权，还是以其他方式取得的土地承包经营权，均可以向金融机构融资担保，担保物权，抵押权自抵押合同生效时设立，不登记不对抗第三人，但该条并未明确担保物权的种类，实务中争议较大。结合《民法典》第三百四十二条"通过招标、拍卖、公开协商等方式承包农村土地，经依法登记取得权属证书的，可以依法采取出租、入股、抵押或者其他方式流转土地经营权"可知，在土地流转上，存在以家庭承包方式取得的土地承包经营权流转和以其他方式取得的土地经营权流转，家庭承包方式取得的，可以采取出租、入股或者其他方式，但不包括抵押融资，而以其他方式取得的土地经营权流转，可以依法采取出租、入股、抵押或者其他方式。

实务中，各地存在登记不统一，登记细则不一致的情况，具体需要按照当地实务操作流程和要求进行办理。

4. 土地承包经营权处置的限制

根据《民法典》第四百一十条"债务人不履行到期债务或者发生当事人约定的实现抵押权的情形，抵押权人可以与抵押人协议以抵押财产折价或者以拍卖、变卖该抵押财产所得的价款优先受偿……，抵押权人与抵押人未就抵押权实现方式达成协议的，抵押权人可以请求人民法院拍卖、变卖抵押财产。抵押财产折价或者变卖的，应当参照市场价格"可知，实现抵押权时可以通过协议折价、拍卖、变卖的方式实现抵押权，因为土地承包经营权的特殊性，实务中，常用的方式为：转让（双方协议在土地满足流转的条件下，进行土地流转后，以所得价款清偿债务）、变更（双方协议通过变更方式，在不改变土地用途的情况下，变更土地经营人，由新的土地经营人履行还款义务）、变现（双方协议以抵押财产折价或者拍卖、变卖该抵押财产所得的价款进行清偿）、诉讼、其它合法形式，无论采取哪种方式处置，均应对以家庭承包方式取得的土地承包经营权和以其他方式取得的土地经营权区别对待，家庭承包方式取得的基于集体经济组织成员的身份，具有生产经营性质和社会保障性质，而其他方式取得的实行市场化原则，理念不同，处置方式不同。

5. 土地承包经营权流转的限制

土地承包经营权因取得方式的不同（包括农村集体经济组织内部的家庭承包和以招标、拍卖、公开方式协商承包取得的），而在流转过程中有较大的区别。其中对于农村集体经济组织内部的家庭承包土地经营权以流转方式进行处置的，涉及土地承包经营权流转的相关内容的约束，需根据《农村土地经营权流转管理办法》第九条"土地经营权流转的受让方应当为具有农业经营能力或者资质的组织和个人。在同等条件下，本集体经济组织成员享有优先权"，第十条"土地经营权流转的方式、期限、价款和具体条件，由流转双方平等协商确定。流转期限届满后，受让方享有以同等条件优先续约的权利"，第十一条"受让方应当依照有关法律法规保护土地，禁止改变土地的农业用途。禁止闲置、荒芜耕地，禁止占用耕地建窑、建坟或者擅自在耕地上建房、挖砂、采石、采矿、取土等。禁止占用永久基本农田发展林果业和挖塘养鱼"，第十二条"受让方将流转取得的土地经营权再流转以及向金融机构融资担保的，应当事先取得承包方书面同意，并向发包方备案"。

对于以招标、拍卖、公开方式协商取得的土地承包经营权，可以根据市场情况进行自由流转，同时办理相关手续。

三、融资模式的探索

实务中，操作模式有宁夏模式（农户共同设立土地抵押协会，以承包土地的一定比例入会，由该协会主导，处置时协会将土地流转给有意愿还款的其他村民）、吉林模式（借款人先把土地承包经营权转给县级物权融资公司，再由物权融资公司向金融机构提供担保）、江西模式（龙头企业+土地流转+土地托管服务+增信担保+银行信贷+农业保险+风险缓释+市场退出的贷款组合模式)、北京模式（经营权抵押登记），主要从抵押权的设置和组合担保措施设置而达到风险控制目的。

　　还有一种模式是以农村土地承包经营权收益担保融资模式，具体表现为直补资金担保贷款（由财政部门提供直补资金渠道和金额信息等，搭建融资平台，由融资主体以其未来应得的直补资金作担保，融资机构依托财政直补资金数量，在尽职调查和风控方案设置的条件下发放贷款，若到期不还，用融资主体以后年度直补资金偿还贷款本息）和土地收益保证贷款（农户和其他主体将一部分土地承包经营权流转给具有农业经营能力的农业公司，以该部分土地承包经营权的预期收益作为还款保证，由农业公司向融资机构提供保证，由融资主体向融资机构进行借款）。

　　目前，关于农村土地承包经营权，仍存在一些包括抵押登记、后期处置等问题，还需要进一步完善，其实践意义在于扩大农村土地融资方式、增加农民融资渠道，需要继续关注。

第五章
动产类担保措施的法律风险

第一节　动产抵押

一、动产抵押内容及简述

动产抵押是指债权人对于债务人或第三人不转移占有而用作债务履行担保的动产，在债务人不履行债务或发生当事人约定的实现抵押权的情形时，由债权人予以折价、拍卖、变价出售并就其价款优先受偿的权利。

实务中，办理动产抵押的设备主要为现有的及将有的生产设备、原材料、半成品、产品。

1. 担保类业务

《反担保动产抵押合同》：提供动产抵押的人为反担保抵押人，担保公司通常为反担保抵押权人，该类合同主要内容为抵押人（动产的所有权人）与抵押权人（即担保公司）签订的，约定由反担保抵押人向抵押权人以其合法取得的动产所有权以不转移占有的方式提供的抵押担保，若主合同到期或者提前偿还时，或发生当事人约定的实现抵押权的情形，债务人未及时足额归还，导致担保公司发生代偿时，担保公司可以该抵押的动产折价、拍卖、变卖所得的价款优先受偿。

2. 小贷类业务

《动产抵押合同》：由抵押人与小额贷款公司达成的，主要约定由抵押人以其合法取得的动产所有权以不转移占有的方式提供抵押担保，当债务人不履行债务时，或发生当事人约定的实现抵押权的情形，债权人可以通过折价、拍卖、变卖动产所有权所得价款优先受偿的方式实现债权的合同。

3. 典当类业务

根据《典当管理办法》第二十五条"经批准，典当行可以经营下列业务：（一）动产质押典当业务；（二）财产权利质押典当业务；（三）房地产（外省、自治区、直辖市的房地产或者未取得商品房预售许可证的在建工程除外）抵押典当业务；（四）限额内绝当物品的变卖；（五）鉴定评估及咨询服务；（六）商务部依法批准的其他典当业务"可知，典当行业不能开展以动产进行抵押的典当业务，可以开展动产质押业务和房地产抵押典当业务。

4. 融资租赁类业务

《动产抵押合同》：承租人与融资租赁主合同中的出租人签订的，约定以登记在承租人名下的动产所有权为出租人提供抵押担保，并办理抵押登记，承租人（即债务人）到期未足额及时支付租金，出租人有权以抵押动产折价、拍卖、变卖后所得价款优先受偿。该类型业务中，无论是直租业务或者回租业务，出租人办理的抵押物属于出租人所有，承租人仅享有承租权，能够办理动产抵押登记。

5. 保理类业务

《动产抵押合同》：抵押人（动产所有权人）与保理公司签订的，约定若主合同到期，融资主体未及时足额归还保理资金、回购融资主体应收账款的，则抵押人自愿以抵押动产所有权折价、拍卖变卖后所得价款优先偿还该资金。该合同担保的主合同为保理公司与融资主体签订的保理合同。实务中，保理公司办理以动产抵押作为担保措施的担保措施相关合同并不多，一方面是对于保理公司作为抵押权人能否办理抵押登记，各地实务操作略有不同，另一方面对于保理公司在实务中以动产作为抵押担保，各企业的接受程度均不一样。

6. 其他类业务

实务中常见的为：民间借贷中，个人与公司之间的动产所有权抵押（公司作为抵押人将动产所有权抵押至抵押权人，约定到期未及时清偿时，由抵押权人优先受偿）；委托贷款业务中，银行或具有委托贷款资质的小额贷款公司作为受托人与抵押人之间的抵押贷款（抵押人与银行约定的，债务人到期未及时足额清偿债权，抵押权人以该动产所有权折价、拍卖、变卖后所得价款优先受偿）等均可以办理。

二、动产抵押常见的法律风险和处理方法

1. 企业、个体工商户、农业生产经营者均可以作为抵押人

根据《民法典》第三百九十六条"企业、个体工商户、农业生产经营者可以将现有的以及将有的生产设备、原材料、半成品、产品抵押，债务人不

履行到期债务或者发生当事人约定的实现抵押权的情形，债权人有权就抵押财产确定时的动产优先受偿"可知，办理动产抵押的主体可以是企业、个体工商户、农业生产经营者，实务中，对于生产型企业及固定资产中机器设备价值较大的企业而言，因其有部分生产设备无法移动或者移动后价值损害较大，动产抵押是一种比较不错的担保方式。

2. 动产抵押属于登记对抗还是登记生效主义的问题

根据《民法典》第四百零三条"以动产抵押的，抵押权自抵押合同生效时设立；未经登记，不得对抗善意第三人"可知，不登记不对抗善意第三人，即抵押人和抵押权人签订抵押相关合同后，抵押权人即享有抵押权，若该抵押合同未进行登记，仅不得对抗其他任何善意第三人。

3. 抵押的设备价值在折损，估值时应当予以考虑

动产抵押中动产作为抵押物时，需要考虑其折旧问题。特别是机器设备作为动产时，其逐年折旧比例较大，随着时间的推移及设备的使用情况，价值越来越小，当实现抵押权时其价值还有多少，就需要在设立抵押时将其估值考虑在内。对于原材料、半成品、产品等其他抵押物的估值还要考虑其市场的价格变动，结合其保存程度，折损情况等因素综合考虑其估值。

4. 付款不同时的抵押设备的权属问题

（1）融资租赁所取得的设备。根据《民法典担保制度解释》第五十七条"担保人在设立动产浮动抵押并办理抵押登记后又购入或者以融资租赁方式承租新的动产，下列权利人为担保价款债权或者租金的实现而订立担保合同，并在该动产交付后十日内办理登记，主张其权利优先于在先设立的浮动抵押权的，人民法院应予支持：（一）在该动产上设立抵押权或者保留所有权的出卖人；（二）为价款支付提供融资而在该动产上设立抵押权的债权人；（三）以融资租赁方式出租该动产的出租人。买受人取得动产但未付清价款或者承租人以融资租赁方式占有租赁物但是未付清全部租金，又以标的物为他人设立担保物权，前款所列权利人为担保价款债权或者租金的实现而订立担保合同，并在该动产交付后十日内办理登记，主张其权利优先于买受人为他人设立的担保物权的，人民法院应予支持。同一动产上存在多个价款优先权的，人民法院应当按照登记的时间先后确定清偿顺序"可知：一是融资租赁在本次《民法典》中限制了出租人所有权的性质和行使范围，其核心在于打击厂商系、以车辆租赁为主营业务的"拖车"的风气，将所有权取回权利限定在担保物权实现程序范围内。二是以融资租赁、所有权保留等为代表的"价款优

先权"得到法律保护。当其与担保权利发生冲突时，优先保护价款优先权，该地位类似于工程优先权，但也有相应的限制，即除特殊动产已经有专门的登记管理部门外，交付 10 日内应当在人民银行主办的"中登网"办理相关登记。承租人以融资租赁方式取得的物可以再设置抵押，只要市场上有愿意接受的主体即可，这里常见于高精尖机械设备（环保加工设备、医疗设备）、工程机械（挖掘机、转载机、吊车、盾构机、旋挖钻）等，基于此，融资租赁取得的物可以列入其余机构抵押财产范围（其实是后续顺位抵押），但出租人就租赁物已经办理了登记的，具有对抗在先登记的浮动抵押（价款优先权）和在后登记的其他权利人及善意第三人权利（登记对抗效力）的优先效力。

（2）未付完全款，但未设定所有权保留的设备。核查抵押物物权时，需要结合合同、付款凭证等综合判断，若该抵押已付完全款，且没有设定所有权保留的情况下，权属上属于抵押人财产，可以列入抵押物清单。

（3）未付完全款，且设定所有权保留的设备。核查抵押时，若通过合同及付款凭证等相关资料获知，该抵押未付完全款，且存在所有权保留的买卖合同约定（通常合同约定未付完全款，该设备所有权属于出卖人），则该抵押不应当列入抵押物清单，其权属暂属于出卖人，待抵押人支付完全后才进行所有权转移。

（4）付完全款、继受取得的享有全部所有权设备。通过核查相关取得时的票据和文件，包括但不限于合同、发票、收据、送货单、验收单等综合判断，若权属清晰，款项已经付清，均可列入抵押物财产清单。

基于上述（2）~（4），涉及所有权保留的买卖合同保全方式，需要补充最新《民法典》及其司法解释的相关内容，根据《民法典》规定，所有权保留的买卖合同中，所有权虽然属于有条件保留在出卖人名下，但是出卖人实现所有权的方式除了和买受人协商取回之外，需要按照担保物权实现的程序实现其权利，也就是说以前存在的出卖人直接以所有权人身份起诉客户返还标的物的方式将不被法院认可。如抵押物取得方式来源于所有权保留合同的，仍应当按照上述（2）~（4）进行审查，在对包括合同内容、付款进度、登记信息等方面进行充分核实后决定。具体法律规定如下：

《民法典》第六百四十二条"当事人约定出卖人保留合同标的物的所有权，在标的物所有权转移前，买受人有下列情形之一，造成出卖人损害的，除当事人另有约定外，出卖人有权取回标的物：（一）未按照约定支付价款，经催告后在合理期限内仍未支付；（二）未按照约定完成特定条件；（三）将标的物出卖、出质或者作出其他不当处分。出卖人可以与买受人协商取回标的物；协商不成的，可以参照适用担保物权的实现程序"，《民法典担保制度解释》第六十四条"在所有权保留买卖中，出卖人依法有权取回标的物，但是与买受人协商不成，当事人请求参照民事诉讼法'实现担保物权案件'的有关规定，拍卖、变卖标的物的，人民法院应予准许。出卖人请求取回标的物，符合民法典第六百四十二条规定的，人民法院应予支持；买受人以抗辩或者反诉的方式主张拍卖、变卖标的物，并在扣除买受人未支付的价款以及必要费用后返还剩余款项的，人民法院应当一并处理"，《民法典担保制度解释》第五十七条"担保人在设立动产浮动抵押并办理抵押登记后又购入或者以融资租赁方式承租新的动产，下列权利人为担保价款债权或者租金的实现而订立担保合同，并在该动产交付后十日内办理登记，主张其权利优先于在先设立的浮动抵押权的，人民法院应予支持：（一）在该动产上设立抵押权或者保留所有权的出卖人；（二）为价款支付提供融资而在该动产上设立抵押权的债权人；（三）以融资租赁方式出租该动产的出租人"，及《民法典担保制度解释》第六十七条"在所有权保留买卖、融资租赁等合同中，出卖人、出租人的所有权未经登记不得对抗的'善意第三人'的范围及其效力，参照本解释第五十四条的规定处理"。

5. 种类物作为抵押物时的权属问题

原材料、半成品、产品作为抵押物时的权属核实更为重要，该类抵押物由于无明显标识，且原材料、半成品、产品多为种类物，办理抵押时需要将抵押物进行特定化，即虽然其属于种类物，但哪一部分属于作为抵押物进行办理抵押的，应当将其特定化，予以特定保留或者封存，以保障抵押项下存在可以特定化的特定物。

6. 抵押物专属于特定行业的问题

通常来说，抵押物不属于某一行业的特定物品时，在后期发生不良后，处置渠道会较多元化，也容易变现，而在抵押物品专属于某一行业或者某一类型时，则需要考虑后期处置过程中的专属性和专业化的问题，处置时可能遇到只能转让给同行或者某一特定企业的尴尬局面，从而导致处置渠道不通畅，处置价格不会太高的情形。故在前期选择抵押物时，应当考虑专业设备的市场情况，综合考虑给予价格估值。

7. 不办理抵押登记可能发生的法律风险

不办理抵押登记存在以下三种情形：

（1）抵押给类金融机构时，未抵押给其他人，类金融机构属于第一位且唯一的抵押权人。此种情形类金融机构即使未进行登记，因为类金融机构为唯一的抵押权人，其享有抵押权，且后期发生处置时，相对于其他普通债权人优先受偿。

（2）抵押给类金融机构时，也抵押给其他人，类金融机构未办理抵押登记，其他人办理了抵押登记。此种情形下，其他人比类金融机构具有优先受偿权，未登记，不得对抗第三人。

（3）抵押物未办理抵押登记，虽然抵押人享有抵押权，但因为未对外公示，抵押人可能将抵押物转让给第三人，若办理抵押登记，则可以排除第三人的善意取得，若未办理抵押登记，则无法排除第三人的善意取得，第三人可以享有抵押物的所有权。

8. 浮动抵押的问题

根据《民法典》第三百九十六条"企业、个体工商户、农业生产经营者可以将现有的以及将有的生产设备、原材料、半成品、产品抵押，债务人不履行到期债务或者发生当事人约定的实现抵押权的情形，债权人有权就抵押财产确定时的动产优先受偿"及第四百一十一条"依据本法第三百九十六条规定设定抵押的，抵押财产自下列情形之一发生时确定：（一）债务履行期限届满，债权未实现；（二）抵押人被宣告破产或者解散；（三）当事人约定的实现抵押权的情形；（四）严重影响债权实现的其他情形"可知，在办理动产抵押时，抵押人与抵押权人可以约定进行浮动抵押，而不是固定以某一特定的抵押物作为抵押，当抵押人实现抵押时，以"抵押财产确定时"的抵押物为限承担抵押担保责任。本次《民法典》关于浮动抵押删除了"经当事人书面协议"表述，是否代表浮动抵押可以采用口头方式订立呢？答案是否定的，根据《民法典》第四百条"设立抵押权，当事人应当采用书面形式订立抵押合同"，浮动抵押虽然删除了"经当事人书面协议"的表述，但是从《民法典》上下文看，抵押权设立仍应当采用书面方式订立抵押合同。浮动抵押只是抵押权的一种类型，应当同样订立书面抵押合同，抵押合同属于要式合同。

9. 留置权优先于登记的抵押权的问题

根据《民法典》第四百四十七条"债务人不履行到期债务，债权人可以留置已经合法占有的债务人的动产，并有权就该动产优先受偿。前款规定的债权人为留置权人，占有的动产为留置财产"及第四百五十六条"同一动产上已设立抵押权或者质权，该动产又被留置的，留置权人优先受偿"可知，留置权优先于抵押权，而无论抵押权先于留置权登记或者后于留置权登记。实务中，因为办理抵押登记的抵押物（特别是机器设备），仍由抵押人继续持有使用，可能会存在抵押人将抵押物送去第三人修理而导致第三人享有留置权的情形，故应当予以了解。

10. 抵押期间，动产毁损灭失的问题

根据《民法典》第三百九十条"担保期间，担保财产毁损、灭失或者被征收等，担保物权人可以就获得的保险金、赔偿金或者补偿金等优先受偿。被担保债权的履行期限未届满的，也可以提存该保险金、赔偿金或者补偿金等"可知，在抵押担保期间，若抵押物毁损灭失时，抵押权人可以获得保险金、赔偿金或者补偿金的优先受偿，实务中一方面可以要求抵押人为抵押财产办理商业保险，受益人为抵押人，根据上述法律规定，抵押权人享有优先受偿权；另一方面抵押权人可以直接要求抵押人办理保险时，将保险的受益人指定为抵押权人。

11. 动产抵押权的存续期间

根据《民法典》第四百一十九条"抵押权人应当在主债权诉讼时效期间行使抵押权；未行使的，人民法院不予保护"及《民法典担保制度解释》第四十四条"主债权诉讼时效期间届满后，抵押权人主张行使抵押权的，人民法院不予支持；抵押人以主债权诉讼时效期间届满为由，主张不承担担保责任的，人民法院应予支持。主债权诉讼时效期间届满前，债权人仅对债务人提起诉讼，经人民法院判决或者调解后未在民事诉讼法规定的申请执行时效期间内对债务人申请强制执行，其向抵押人主张行使抵押权的，人民法院不予支持"可知，得不到法院支持就是程序上丧失了担保物权请求权，其中包括主债权诉讼时效的经过，及因未起诉抵押人且执行时效超过的两种情况。

三、动产抵押流程和相关资料

1. 动产抵押流程细则

根据《国务院关于实施动产和权利担保统一登记的决定》（国发〔2020〕18号）内容"一、自2021年1月1日起，在全国范围内实施动产和权利担保统一登记。二、纳入动产和权利担保统一登记范围的担保类型包括：（一）生产设备、原材料、半成品、产品抵押；（二）应收账款质押；（三）存款单、仓单、提单质押；（四）融资租赁；（五）保理；（六）所有权保留；（七）其他可以登记的动产和权利担保，但机动车抵押、船舶抵押、航空器抵押、债券质押、基金份额质押、股权质押、知识产权中的财产权质押除外。三、纳入统一登记范围的动产和权利担保，由当事人通过中国人民银行征信中心（以下简称征信中心）动产融资统一登记公示系统自主办理登记，并对登记内容的真实性、完整性和合法性负责。登记机构不对登记内容进行实质审查。四、中国人民银行要加强对征信中心的督促指导。征信中心具体承担服务性登记工作，不得开展事前审批性登记。征信中心要做好系统建设和维护工作，保障系统安全、稳定运行，建立高效运转的服务体系，不断提高服务效率和质量。五、国家市场监督管理总局不再承担'管理动产抵押物登记'职责。中国人民银行负责制定生产设备、原材料、半成品、产品抵押和应收账款质押统一登记制度，推进登记服务便利化。中国人民银行、国家市场监督管理总局应当明确生产设备、原材料、半成品、产品抵押登记的过渡安排，妥善做好存量信息的查询、变更、注销服务和数据移交工作，确保有关工作的连续性、稳定性、有效性"，及中国人民银行征信中心发布的《动产融资统一登记公示系统操作规则》，办理动产抵押的当事人可以登陆统一登记系统，网址为"中登网"（https://www.zhongdengwang.org.cn），并按照操作指引，进行动产登记。

2. 办理动产抵押的内容

对于动产抵押登记，当事人可以选择填表式登记，具体如下：

（1）填表人就动产和权利担保初次进行登记的，应选择初始登记，登记内容包括担保合同当事人信息、担保物信息、登记期限等。

（2）填表人可根据担保合同约定，同时填写多个担保合同当事人信息。

（3）填表人可以按照担保合同内容对担保物信息进行具体描述或概括描述，但应达到可以识别担保物的程度。

（4）填表人可以根据权利公示需要自行选择登记期限。

四、动产抵押其他需要说明

1. 不同的抵押物在不同的部门办理抵押登记

《民法典》实施之前，根据《担保法》第四十二条"办理抵押物登记的部门如下：（一）以无地上定着物的土地使用权抵押的，为核发土地使用权证书的土地管理部门；（二）以城市房地产或者乡（镇）、村企业的厂房等建筑物抵押的，为县级以上地方人民政府规定的部门；（三）以林木抵押的，为县级以上林木主管部门；（四）以航空器、船舶、车辆抵押的，为运输工具的登记部门；（五）以企业的设备和其他动产抵押的，为财产所在地的工商行政管理部门"及第四十三条"当事人以其他财产抵押的，可以自愿办理抵押物登记，抵押合同自签订之日起生效。当事人未办理抵押物登记的，不得对抗第三人。当事人办理抵押物登记的，登记部门为抵押人所在地的公证部门"可知，《民法典》实施之前不同的抵押物在不同的部门办理抵押登记，登记部门包括土地管理部门、县级以上林木主管部门、运输工具的登记部门、市场监督管理部门等。目前，对于上述不动产，已统一由不动产登记中心进行统一登记和办理相关初始登记、抵押登记、注销登记等，而对于上述动产和权利部分需要登记的，相关法律法规正在逐一完善和统一登记制度，如下图所示：

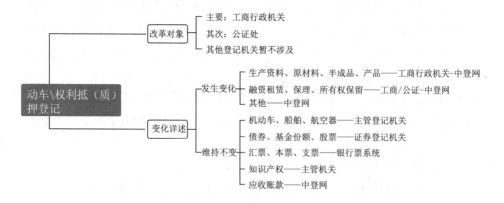

可知，《民法典》实施之后，相关制度正处于变化调整中，需要持续关注。

特别说明，公证处作为登记机构，主要根据《公证机构办理抵押登记办法》第三条"《中华人民共和国担保法》第四十三条规定的'其他财产'包括下列内容：（一）个人、事业单位、社会团体和其他非企业组织所有的机械设备、牲畜等生产资料；（二）位于农村的个人私有房产；（三）个人所有的家具、家用电器、金银珠宝及其制品等生活资料；（四）其他除《中华人民共和国担保法》第三十七条和第四十二条规定之外的财产"办理上述抵押物的抵押登记，办理完成后，出具抵押登记证书。

2. 车辆抵押

（1）车辆属于动产的一种，登记对抗主义

根据《民法典》第四百零三条"以动产抵押的，抵押权自抵押合同生效时设立；未经登记，不得对抗善意第三人"可知，车辆作为动产的一种，其自抵押合同生效时即设立了抵押权，未经登记不得对抗第三人。

（2）办理车辆抵押的主体条件

①抵押人若为自然人则需年满18周岁，具有完全民事行为能力和权利能力，并对车辆有处分权。夫妻共同财产，可以一人办理抵押，也可以授权办理。

②抵押人若为企业，按照其章程或相关法律约定，作为抵押人的企业享有处分权利。

③性质定义：属于为了保证抵押权人的利益，为车辆设立抵押权的一种向抵押权人的担保行为。

④资料要求：《抵押合同》、授权书、《车辆抵押申请表》。同时为了核查车辆的所有权属和核定抵押价值，需要核查以下资料：身份证复印件/营业执照复印件/其他能够证明其主体资格的相关文件、车辆产权证、车辆行驶证、保险单、完税凭证、车辆取得的相关资料（包括原始取得或者继受取得过程中的相关资料）。

（3）办理抵押登记的客观条件

各地办理车辆抵押的情形略有不同。以西安为例，目前无法办理抵押权人是自然人、担保公司、保理公司；可以办理抵押权人是银行机构、小额贷款公司、融资租赁公司。同时，以西安为例，若要办理车辆抵押登记，抵押权人需要在车管所先行进行备案登记，备案的资料包括但不限于《备案申请表》、相关抵押权人基础资料、授权书等。若最终办理完成车辆抵押登记，相关部门会在车辆产权证登记打印相关抵押信息，登记办理周期为3个工作日。

（4）车辆抵押常见的法律风险和处理方法

①后期处置时，找不到车辆。车辆属于一种特殊的动产，其时时刻刻都在变动中，包括使用状况、车辆位置等。在后期处置过程中存在较大的问题是在抵押权人实现抵押权时，通常找不到相关车辆，即办理了抵押登记，但找不到抵押物，造成抵押权人抵押权落空的现实问题。这也是实务中有很多典当行以车辆抵押为主要担保措施的融资业务，后期发展成为强行拖车，演变为暴力催收的一个主要原因。目前较好的解决方式为，在车辆办理抵押登记时，为该车辆安装GPS，以保证在后期实现抵押权时，能够及时找到抵押物。

②抵押期间被法院查封。车辆办理抵押登记后，并不影响车辆抵押人因为其他原因产生纠纷而导致车辆被法院查封，此种情形中，因为车辆办理了抵押登记，则对抗第三人，抵押权人享有优先权，若需要实现抵押权时，抵

押权人需要按法律程序主张权利申报抵押权优先分配，但往往这种情况会导致车辆处置周期较长，无形中增大了抵押权人的处置成本，实务中，较优的方法是可以和查封的债权人进行协商解决。

③抵押权和质押权冲突。实务中，车辆有可能在办理抵押登记之前，已经和其他人签订了抵押合同（未登记的抵押权），之后车辆又抵押给类金融机构，办理完抵押登记（登记的抵押权），抵押人还有可能将车辆再一次进行二次融资，再质押给后面的第三人，此种情形下则存在登记抵押权、质押权、未登记抵押权竞合的问题。根据《民法典》第四百一十五条"同一财产既设立抵押权又设立质权的，拍卖、变卖该财产所得的价款按照登记、交付的时间先后确定清偿顺序"可知，本次《民法典》改变了之前《担保法》的相关规定，明确了同一财产设定抵押权和质权竞合时，按照登记、交付的时间确定清偿顺序。《中华人民共和国民法典物权编理解与适用》中对该部分表述较明确："一是质权有效设立、抵押权也办理了登记的，应当根据公示先后顺序确定清偿顺序：质权设立在先的，质权人优先受偿；抵押权登记在先的，抵押权优先受偿；抵押权和质权同一天设立的，视为顺序相同，按照债权比例清偿。二是质权有效设立，抵押权未办理抵押登记的情况下，有效设立的质权优先于抵押权。三是质权未有效设立，抵押权未办理抵押登记的，因此时抵押权已经有效设立，故抵押权优先受偿"。

④先抵押，后进行了买卖。根据《民法典》第四百零六条"抵押期间，抵押人可以转让抵押财产。当事人另有约定的，按照其约定。抵押财产转让的，抵押权不受影响。抵押人转让抵押财产的，应当及时通知抵押权人。抵押权人能够证明抵押财产转让可能损害抵押权的，可以请求抵押人将转让所得的价款向抵押权人提前清偿债务或者提存。转让的价款超过债权数额的部分归抵押人所有，不足部分由债务人清偿"可知，在抵押期间，《民法典》实施前，未经抵押权人同意转让该抵押财产的，抵押人不得对该抵押财产进行转让。而《民法典》实施之后，抵押期间转让抵押财产由"经抵押人同意"变更为"通知抵押人"，但抵押财产转让的，抵押权不受影响，更大地便利了抵押物的流通。

五、相关案例

咸阳市中级人民法院（2016）陕04民终689号

本院认为，上诉人认为本案争议标的物陕D××××思域车车主张某一车二抵属诈骗行为，本案应先刑后民，因公安机关对此并未立案，故本案不涉及先刑后民问题。《最高人民法院关于适用〈中华人民共和国担保法〉若干问题的解释》第七十九条规定，"同一财产法定登记的抵押权与质权并存时，抵押权人优先于质权人受偿"，本案上诉人虽对争议车辆享有抵押权，但其抵押权未经登记，被上诉人与张某以书面形式签订质押协议并将车辆交付，质押期限届满后，张某未偿还借款，被上诉人继续留置质物，符合法律规定，故上诉人的抵押权不能对抗被上诉人对争议车辆享有的质押权。

六、附录　《中国人民银行国家市场监督管理总局公告（〔2020〕第23号）》

为进一步提高动产和权利担保融资效率，优化营商环境，根据《优化营商环境条例》《国务院关于实施动产和权利担保统一登记的决定》（国发〔2020〕18号）要求，自2021年1月1日起，在全国范围内实施动产和权利担保统一登记。现就生产设备、原材料、半成品、产品等四类动产抵押（以下简称四类动产抵押）登记的有关过渡安排公告如下：

一、总体安排

（一）登记机构。自2021年1月1日起，中国人民银行征信中心（以下简称征信中心）承担四类动产抵押的登记工作。

（二）过渡期。为保证当事人涉及四类动产抵押的登记和查询业务顺利开展，过渡期暂定2年，自2021年1月1日起至2022年12月31日止。过渡期内四类动产抵押登记和查询事宜适用本公告的相关规定。

（三）登记系统。征信中心动产融资统一登记公示系统（以下简称统一登记系统）为社会公众提供动产抵押登记和查询服务。统一登记系统的网址为https：//www.zhongdengwang.org.cn。

（四）登记规则。当事人应当按照《应收账款质押登记办法》（中国人民银行令〔2019〕第4号发布）、《中国人民银行征信中心动产融资统一登记公示系统操作规则》的规定自主办理涉及四类动产抵押的登记和查询，并对登记内容的真实性、完整性合法性负责。过渡期内如遇制度调整的，按照新规定办理。

二、登记

（一）新增登记办理。自2021年1月1日起，当事人在统一登记系统自主办理四类动产抵押的新增登记及其变更、注销登记，市场监督管理部门不再提供四类动产抵押登记服务。

（二）历史登记的变更、注销与公示。2021 年 1 月 1 日前已在市场监督管理部门办理的四类动产抵押登记（以下简称历史登记），当事人如需变更、注销的，应当在统一登记系统办理补录登记后，自主办理变更、注销登记。过渡期满后仍需要公示的历史登记信息，当事人应当于过渡期内尽早在统一登记系统办理补录登记。

（三）补录规则。当事人办理补录登记的，抵押人、抵押权人、抵押财产等信息应当与市场监督管理部门出具的原《动产抵押登记书》内容保持一致，并在统一登记系统上传原《动产抵押登记书》，如有抵押物清单、《动产抵押登记变更书》《动产抵押登记注销书》等材料，应当一并上传。

当事人按照本公告登记规则自主办理补录登记，并对补录登记内容的真实性、完整性、合法性、与原登记的一致性负责。补录登记不影响原登记的登记时间和登记效力，补录登记内容与原登记内容不一致的，以原登记内容为准。

三、查询

（一）新增登记查询。当事人查询 2021 年 1 月 1 日后的新增四类动产抵押登记，以及历史登记的变更、注销信息，应当在统一登记系统查询，统一登记系统是唯一查询渠道。

（二）历史登记查询。当事人查询历史登记信息的，按照本公告历史登记数据处理方案相关安排在市场监督管理部门或统一登记系统查询。

（三）过渡期满后查询。过渡期满后，对于已补录的历史登记，当事人可以在统一登记系统查询；对于未补录的历史登记，市场监督管理部门和统一登记系统原则上不再提供查询服务，当事人可以向征信中心申请相关电子化登记信息的离线查询。统一登记系统可以视市场需要适当延长历史登记信息的在线查询期限。

四、历史登记数据处理方案

（一）全国市场监管动产抵押登记业务系统动产抵押登记数据。对于在国家市场监督管理总局全国市场监管动产抵押登记业务系统办理的历史登记信息，2020 年 12 月 20 日前发生且经市场监督管理部门审核通过的，统一登记系统自 2021 年 1 月 1 日起提供在线查询服务；2020 年 12 月 21 日至 2020 年 12 月 31 日发生且经市场监督管理部门审核通过的，统一登记系统自 2021 年 1 月 11 日起提供在线查询服务。

（二）其他动产抵押登记数据。未在全国市场监管动产抵押登记业务系统办理的历史登记信息，过渡期内仍由抵押人住所地县级市场监督管理部门提供查询服务。市场监督管理部门同步开展历史纸质动产抵押登记信息电子化工作，电子化数据全部移交统一登记系统后，当事人可以在统一登记系统在线查询。具体开放查询时间将在统一登记系统另行通知。

中国人民银行市场监管总局

2020 年 12 月 30 日

第二节　动产质押

一、动产质押内容及简述

动产质押是为担保债务的履行，债务人或者第三人将其动产出质给债权人占有的，债务人不履行到期债务或者发生当事人约定的实现质权的情形时，债权人有权就该动产优先受偿。

1. 担保类业务

《反担保动产质押合同》：提供动产质押的人为反担保出质人，担保公司通常为反担保质权人，该类合同主要内容为出质人（动产的所有权人）与质权人（即担保公司）签订的，约定由反担保出质人将其动产出质给反担保质权人占有的，债务人不履行到期债权，导致担保公司代偿后，或者发生当事人约定的实现质权的情形，反担保质权人有权就该动产优先受偿的合同。

2. 小贷类业务

《动产质押合同》：由出质人与小额贷款公司（质权人）达成的，主要约定出质人将其动产出质给质权人占有的，债务人不履行到期债务或者发生当事人约定的实现质权的情形，质权人有权就该动产优先受偿的合同。

3. 典当类业务

《动产典当合同》：由典当行与当户签订的约定由当户以其具有所有权的动产作为当物，进行质押融资，由典当行对当物进行占有，到期后当户未及时进行赎当时，由典当行拍卖当物所得价款优先受偿，而实现债权的合同。

4. 融资租赁类业务

《动产质押合同》：出质人与融资租赁主合同中的出租人（质权人）签订

的，约定出质人将其动产出质给质权人占有的，承租人不履行到期债务或者发生当事人约定的实现质权的情形，质权人有权就该动产优先受偿的合同。该类合同可以作为融资租赁业务中增信措施，虽不普遍，但具有一定的操作性，实务中，无论是在直租业务或是回租业务中，登记在出租人名下（直租）或者承租人名下（回租）的动产，以动产抵押的方式进行风险控制较普遍。

5. 保理类业务

《动产质押合同》主要为有追偿权保理业务中，内容为由出质人（动产所有权人）与保理公司签订的，出质人将其动产出质给质权人占有的，保理融资人不履行到期债务或者发生当事人约定的实现质权的情形，质权人有权就该动产优先受偿。该类合同可以作为保理类业务中增信措施，虽不普遍，但具有一定的操作性。

6. 其他类业务

实务中常见的为民间借贷中，个人与公司之间的动产所有权质押（公司作为出质人将动产出质给质权人占有，约定到期未及时清偿时，由质权人优先受偿）；委托贷款业务中，银行作为受托人与出质人之间的质押贷款融资（出质人与银行约定的，债务人到期未及时足额清偿债权，质权人以该动产处置后优先受偿）等因签订相关合同并进行交付后质权即设立，故在民间借贷和委托贷款业务中较为普遍且常用。

二、动产质押常见的法律风险和处理方法

1. 动产质权的设立自交付时发生效力

根据《民法典》第四百二十九条"质权自出质人交付质押财产时设立"可知，自出质人将质押物交付给质权人时质权设立，关于动产的交付方式，主要有以下四种：现实交付（日常生活中出质人按照质押物的可交付方式，直接交付给质权人）、简易交付（质权设立前，质权人已经先行占有该动产的，无需现实交付，质权在法律行为发生时，即签订相关质押合同时，发生变动效力，质权设立）、指示交付（出质人向质权人交付动产时，如果出质人的动产由第三人占有，出质人可以将其享有的对第三人的返还请求权让与质权人，以代替现实交付）、占有改定（动产物权的让与人与受让人之间约定，标的物仍然由出让人继续占有，受让人取得对标的物的间接占有以代替标的物的现实交付，占有改定的方式不适用质权设立的情形，即以占有改定方式不视为出质人向质权人交付了质押物，质权未设立）。依据为《民法典》第二

百二十六条"动产物权设立和转让前，权利人已经占有该动产的，物权自法律行为生效时发生效力"及第二百二十七条"动产物权设立和转让前，第三人占有该动产的，负有交付义务的人可以通过转让请求第三人返还原物的权利代替交付"。

另，汇票、支票、本票、债券、存款单、仓单、提单作为特殊的动产（未实现电子凭证的相关权利载体通常为物理纸质凭证），其动产质权的设立，根据《民法典》第四百四十一条"以汇票、本票、支票、债券、存款单、仓单、提单出质的，质权自权利凭证交付质权人时设立；没有权利凭证的，质权自办理出质登记时设立。法律另有规定的，依照其规定"可知，一是有权利凭证的，质权自权利凭证交付质权人时设立；二是没有权利凭证的，自办理出质登记时设立；三是法律另有规定的，依照其规定。另《民法典》较《物权法》第二百二十四条删除了"当事人应当订立书面合同"和质权自"有关部门"办理出质登记时设立，而增加了"法律另有规定的，依照其规定"，表述更统一，由于各类权利凭证是否无纸化在实践中不断变化，顺应了社会发展和法律留白。

2. 动产质押和权利质押

动产质押的范围：《民法典》第四百二十五条"为担保债务的履行，债务人或者第三人将其动产出质给债权人占有的，债务人不履行到期债务或者发生当事人约定的实现质权的情形，债权人有权就该动产优先受偿。前款规定的债务人或者第三人为出质人，债权人为质权人，交付的动产为质押财产"，可知，对于动产的范围并没有特殊规定，能够交付的动产，无法律上禁止的情形即可。

权利质押的权利范围：根据《民法典》第四百四十条"债务人或者第三人有权处分的下列权利可以出质：（一）汇票、支票、本票；（二）债券、存款单；（三）仓单、提单；（四）可以转让的基金份额、股权；（五）可以转让的注册商标专用权、专利权、著作权等知识产权中的财产权；（六）现有的以及将有的应收账款；（七）法律、行政法规规定可以出质的其他财产权利"，《民法典》对《物权法》第二百二十三条内容进行了保留，同时将第六项变更为"现有的以及将有的应收账款"，较《物权法》扩大了权利基础，更有利市场经济发展。

3. 质押物的估值和权属核实问题

同动产抵押考虑的因素一样，动产作为质押物时，类金融机构需要考虑质押物的估值和权属问题，估值问题主要体现在根据质押物的品种、特性、市场价格、质押期间的价值变动等因素综合考虑，特别是质押物是种类物或者是易腐烂，不易保存或者对保存有特殊条件要求的，需要综合考虑给予融资额度。

对于质押物权属的考虑，同动产抵押时考核的内容基本一致，主要从是否属于融资租赁所取得的质押物，未付完全款但未设定所有权保留的质押物，未付完全款且设定所有权保留的质押物，付完全款而继受取得的享有全部所有权质押物或种类物，结合取得原始凭证、合同等方面综合考核以确定出质人享有完全的所有权。

4. 质押物的保管风险

动产质押由出质人将质押物交付给了质权人，则质权人占有该质押物，实务中，质权人负有妥善保管质押物的义务。质押物的保管一般有两种方式，一是质权人自行保管该质押物，二是质权人委托第三方专业仓库机构保管质押物，但无论是哪一种方式保管质押物，均存在质押物毁损灭失的风险。根据《民法典》第四百三十二条"质权人负有妥善保管质押财产的义务；因保管不善致使质押财产毁损、灭失的，应当承担赔偿责任。质权人的行为可能使质押财产毁损、灭失的，出质人可以请求质权人将质押财产提存，或者请求提前清偿债务并返还质押财产"及第四百三十三条"因不可归责于质权人的事由可能使质押财产毁损或者价值明显减少，足以危害质权人权利的，质权人有权请求出质人提供相应的担保；出质人不提供的，质权人可以拍卖、变卖质押财产，并与出质人协议将拍卖、变卖所得的价款提前清偿债务或者提存"可知，质权人在保管质押物时具有注意义务，应当妥善保管，若未妥善保管出质人的救济方式是可以要求提存或者提前清偿，因不可归责于质权人的，质权人的救济方式可以要求出质人提供担保或者拍卖变卖质押财产。而实务中类金融机构较常用的办法是为质押物办理商业保险，受益人为质权人，从而降低因为可能发生保管不善而引起的保管风险。

5. 禁止流质

动产质押与动产抵押不同，动产质押由质权人实际控制且占有质押物，动产抵押则不存在抵押权人占有动产的情形，故在动产质押的担保措施项下，实务中有的类金融机构为了能够更便利地处置质押物，通常在发生实现质权时，质权人可以选择与出质人协商将质押物折价给第三人，以折价的价款偿还债务，也可以选择拍卖变卖质押物，也可以根据《民法典》第四百二十八

条 "质权人在债务履行期限届满前，与出质人约定债务人不履行到期债务时质押财产归债权人所有的，只能依法就质押财产优先受偿"之规定，按照在债务履行期限届满前出质人与质权人的约定，依法对质押物优先受偿。《民法典》并未对禁止流质进行绝对化，而是借鉴了《担保法》相关解释，对于双方关于流质的约定进行了明确的法律后果的导向。

6. 质权人与留置权的优先性问题

实务中，存在质权人委托第三方专业仓库机构保管质押物的情形，该情形下通常在质押相关合同中约定，质押物的保管费用由出质人承担，若发生出质人不及时足额支付保管费用时，仓库保管人有权留置质押物，出现质权人与留置权竞合的问题，根据《民法典》第四百五十六条 "同一动产上已设立抵押权或者质权，该动产又被留置的，留置权人优先受偿"可知，在同一动产上存在质权和留置权时，留置权优先于质权，前提为留置权人为善意。

另根据《民法典担保制度解释》第五十五条 "债权人、出质人与监管人订立三方协议，出质人以通过一定数量、品种等概括描述能够确定范围的货物为债务的履行提供担保，当事人有证据证明监管人系受债权人的委托监管并实际控制该货物的，人民法院应当认定质权于监管人实际控制货物之日起设立。监管人违反约定向出质人或者其他人放货、因保管不善导致货物毁损灭失，债权人请求监管人承担违约责任的，人民法院依法予以支持。在前款规定情形下，当事人有证据证明监管人系受出质人委托监管该货物，或者虽然受债权人委托但是未实际履行监管职责，导致货物仍由出质人实际控制的，人民法院应当认定质权未设立。债权人可以基于质押合同的约定请求出质人承担违约责任，但是不得超过质权有效设立时出质人应当承担的责任范围。监管人未履行监管职责，债权人请求监管人承担责任的，人民法院依法予以支持"，对于第三方监管时的质权设立，需要 "有证据证明监管人系受债权人的委托监管并占有质押财产的"，若 "当事人有证据证明监管人系受出质人委托监管质押财产，或者虽然受债权人委托但是未实际履行监管职责，导致质押财产仍由出质人管领控制的"，则质权未设立。同时还有需要明确的为 "监管人未履行监管职责，债权人请求监管人承担违约责任的"，该部分监管责任不受质押物担保范围的限制。

《九民纪要》中对于有第三方监管人的处理，具有同样的法律理念，《九民纪要》第六十三条 "【流动质押的设立与监管人的责任】在流动质押中，经常由债权人、出质人与监管人订立三方监管协议，此时应当查明监管人究竟是受债权人的委托还是受出质人的委托监管质物，确定质物是否已经交付债权人，从而判断质权是否有效设立。如果监管人系受债权人的委托监管质物，则其是债权人的直接占有人，应当认定完成了质物交付，质权有效设立。监管人违反监管协议约定，违规向出质人放货、因保管不善导致质物毁损灭失，债权人请求监管人承担违约责任的，人民法院依法予以支持。如果监管人系受出质人委托监管质物，表明质物并未交付债权人，应当认定质权未有效设立。尽管监管协议约定监管人系受债权人的委托监管质物，但有证据证明其并未履行监管职责，质物实际上仍由出质人管领控制的，也应当认定质物并未实际交付，质权未有效设立。此时，债权人可以基于质押合同的约定请求质押人承担违约责任，但其范围不得超过质权有效设立时质押人所应当承担的责任。监管人未履行监管职责的，债权人也可以请求监管人承担违约责任"。

7. 质押时实际交付与合同约定不一致的，以交付为准

根据《民法典》第四百二十九条"质权自出质人交付质押财产时设立"可知，质权自交付时设立，则交付的标准即为质押的标准，出质人最终向质权人交付的质押物数量、品质、种类等即为质押的标的物，对于出质人未按照质押合同约定交付的，则需要根据双方合同约定，由质权人采取拒绝接受或者接受，但出质人因未按照合同交付应当承担违约责任。

8. 质权的存续期间

根据《民法典》第四百三十七条"出质人可以请求质权人在债务履行期限届满后及时行使质权；质权人不行使的，出质人可以请求人民法院拍卖、变卖质押财产。出质人请求质权人及时行使质权，因质权人怠于行使权利造成出质人损害的，由质权人承担赔偿责任"可知，法律并没有明确规定质权的存续期间，对于质权的行使只是设置了出质人的督促权利，若债务履行期限届满，质权人未及时行使质权的，出质人可以请求法院拍卖变卖质押财产，但并不导致质权人的质权消灭或者质权"过期"，但质权的存续期间应为主债权的诉讼时效期间。

9. 质押合同属于要式合同，未签订并不必然导致质权无效

根据《民法典》第四百二十七条第一款"设立质权，当事人应当采取书面形式订立质押合同……"可知，质押合同属于要式合同，出质人与质权人需要明确签订质押合同，根据《民法典》第四百六十九条"当事人订立合同，可以采用书面形式、口头形式或者其他形式。书面形式是合同书、信件、电

报、电传、传真等可以有形地表现所载内容的形式。以电子数据交换、电子邮件等方式能够有形地表现所载内容，并可以随时调取查用的数据电文，视为书面形式"，并结合相关法律及实务可知，书面形式有多种，且未签订书面的质押合同并不必然导致质权无效，质权自出质人交付质押物时设立，质押合同自出质人与质权人签订书面的合同并达成双方约定的生效条件时合同生效，两者关联又相互独立，质权的设立适用物权设立的相关规定，而质押合同的成立适用合同部分的规定。

10. 质权设立后，质权人返还质押物给出质人，质权的实现会受影响

根据《民法典》第三百九十三条"有下列情形之一的，担保物权消灭：（一）主债权消灭；（二）担保物权实现；（三）债权人放弃担保物权；（四）法律规定担保物权消灭的其他情形"及第四百二十九条"质权自出质人交付质押财产时设立"可知，质权的存在应当包括质权人对质押物的持续占有和控制，若在质权存续期间，质权人将质押物返还给出质人，但并未明确表示放弃质权，比如出质人临时借用等，则质权人继续享有质权，对于质权人放弃质权的方式，符合法律规定即可，而不能推定，若质权人明确表示放弃质权，则质权消灭。

质权消灭的另一原因是质权人可以放弃质权，其后果一是丧失了根据质权优先于其他普通债权人优先受偿，二是其他为该笔提供担保的保证人，可以在债权人放弃的优先受偿权益范围内免除担保，依据为《民法典》第四百三十五条"质权人可以放弃质权。债务人以自己的财产出质，质权人放弃该质权的，其他担保人在质权人丧失优先受偿权益的范围内免除担保责任，但是其他担保人承诺仍然提供担保的除外"。

三、动产质押流程和相关资料

1. 办理动产质押相关具体流程

动产质押相关事宜由出质人、类金融机构共同办理，无具体特殊流程要求。实务操作如下：

（1）出质人与质权人签订相关质押合同。

（2）出质人将合同约定的相关质押物与质权人进行交付，交付方式有两种，一是直接交付给质权人，由质权人自行保管；二是由出质人将质押物直接交付给指定的第三方监管仓库，并办理相关交付手续。

（3）若债务人到期后及时足额偿还，未发生质权人实现质权的情形，质

权人或者质权人指定的监管仓库受托人，按照质押合同约定将质押返还给出质人。

若债务人到期后未足额偿还或者发生其他质权人实现质权的情形，质权人有权就该动产处置后优先受偿。

2. 办理动产质押相关资料

签订动产质押相关协议时，需要提供的资料主要包括：

（1）出质人及质权人若为法人/其他组织的，提供基础证照（其中公司法人或合伙企业为营业执照、章程等以保证其主体合法性）。

（2）出质人及质权人为自然人的，提供身份证。

（3）出质人在签订相关协议时，需提供质押财产清单，供质权人核验及交付时清查之用。

四、动产质押其他需要说明

1. 仓储融资

仓储融资以动产质押或者仓单质押作为主要的担保措施为融资企业进行融资，通常情况下，对质押物进行实际占有的人为仓储方。常见的业务模式：

（1）动产质押为主要担保措施。此处不再赘述。

（2）以仓单质押作为主要担保措施。仓单质押中，根据《民法典》第四百四十一条"以汇票、支票、本票、债券、存款单、仓单、提单出质的，质权自权利凭证交付质权人时设立……"可知，质权是通过实际占有仓单而间接质押相关质押物的，故在实务中，在仓储融资选择以仓单质押时，类金融机构还应当对仓储方进行考核，甚至有的类金融机构要求仓储方进行履约担保。

无论是哪一种模式均可以有效地控制质押物，在后期实现质权时可以直接依据质押合同对质物进行处置，对于融资企业角度来讲，能够以动产质押也是很好的融资渠道，很多类似于小家电，或者存货较大的商贸企业，在实务中由于无法办理抵押登记或有其他类金融机构用更有效的控制手段，所以很难有好的融资方法。以仓库为依托，进行动产质押仓库融资，可以很有效地解决这一点。此处以担保业务中动产质押结合仓储进行融资为例。

该类型担保业务中，以担保业务为例，主要签订三类合同：《反担保（动产）质押合同》《仓库融资服务合同》《质押物处置协议》，三个合同相辅相成，构成一个完整的风险防范体系。

列示1：

此合同主要详述仓库管理和置换质押物，目的是为了使仓库融资更具有可操作性。设立仓储融资的意义是仓储方既有仓库保管的作用，又有仓储融资的作用。

仓库融资服务合同

甲方（融资担保服务方、质押权人）：

乙方（债务人、质押人）：

鉴于乙方因经营发展需要，由甲方为其提供仓库融资服务，甲方是依法取得融资担保业务资格的担保机构，乙方以其拥有的货物质押给甲方作为反担保，甲方为其提供融资担保服务。

_____年____月____日，甲乙方签订了《反担保质押合同》（合同编号_____），约定乙方以其拥有的_____为甲方提供质押反担保，现甲乙双方就质押物的监管达成如下协议：

第一条　基本情况

1. 甲方所提供的质押物仓库及其配套设施（以下简称该房屋）坐落于____仓库内；提供给乙方的面积为_____平方米，具体区域如（附件1仓库平面图）中所标识。

第二条　房屋用途

该房屋用途为：存放乙方质押____，质押物清单为《反担保质押合同》（合同编号_____）中的附件。

第三条　服务管理期限

1. 管理期限从____年____月____日起至____年____月____日止。

2. 合同期满，如果乙方届时不存在任何实质性的违约情形，且甲乙继续存在贷款业务合同的条件下，本合同作为贷款业务合同中的一部分，双方重新商定融资条件，重新签订仓库融资服务合同。

第四条　管理费用

1. 甲乙双方约定，合同期内的仓库融资管理费用为____元/平方米·月。

2. 乙方应于本合同签订后三日内向甲方交纳第一个季度管理费用，以后按季度支付管理费用，每季度房屋租金及管理费于上季度末25号之前付清。

3. 乙方支付管理费的方式：转账支付。甲方指定的银行账户为：收款账户名_____，开户行_____，账号_____。

第五条　房屋产权

甲方保证已经了解了仓库的实际情况并已经如实将所了解的告知乙方。且甲方保证其对于该仓库的合法使用，今后如有关于房屋产权等方面引起的一切问题，应由甲方承担全部责任。

第六条　仓库的使用和管理

1. 甲方对乙方收取的管理费中包含如下服务项目：

保安，对出入库及库存货物进行安全防护，防火、防水、防盗。

理货，对于在库货物进行合理的仓位调整，以保证仓库的有效库容率。

2. 仓库货物存放甲方要按规定留足通道、支道、墙距、灯距、柱距等；

3. 乙方的货物和人员进出该仓库区域必须遵守甲方有关规定。

4. 甲方在租赁期间对该房屋内的人员和财产的安全负责，并做好仓库内的治安防范和消防安全工作以及货物进出的管理工作。甲方对乙方货物贮存的物品质量不负任何责任。

5. 甲方应承担其在该管理期间因仓库硬件所产生的一切债权、债务、政府收费和法律责任；乙方则应承担其在该管理期间因入仓货物所产生的一切债权、债务、政府收费和法律责任，甲方自始至终不承担因入仓货物所产生的任何相关连带责任。

6. 乙方可在工作时间内以同等价值的同类货物进行置换，甲乙双方不再另行签订《反担保抵押合同》，所置换入库的货物仍为《反担保抵押合同》项下的抵押物，关于抵押物的其他情况仍然适用《反担保抵押合同》中的约定。

第七条　交接流程

入库管理：乙方告知甲方入库明细，并与甲方共同核定融资额度与最低反担保抵押物数量。

第八条　甲方依入库计划调整仓位

依乙方申请，甲方开具加盖印鉴的入库单据，会同乙方转交货物入库，入库单交由乙方。

第九条　甲方按入库单据清点入库货物，并验查货物入库时的真实情况，并登记。

第十条　甲方按库位规划，由乙方进行入库作业，放入指定库位

出库管理：

1. 乙方告知甲方出库明细；

2. 甲方按出库清单进行出库作业；

3. 乙方开具加盖公章节的出库单据，交甲方仓管人员；

4. 甲方按仓库管理要求，许可乙方进行货物提库作业；

5. 对低于最低反担保抵押物数量的出库申请，甲方有权拒绝出库；

6. 乙方因特殊情况紧急需要出库的，由乙方报甲方总经理同意后，可做例外处理。

第十一条 增值服务

1. 乙方可以根据经营情况，经过甲方同意后，增加其在仓库的货物，甲方可根据增加的货物的实际金额，在增加的限度内，可以另行增加融资金额，具体金额及约定以相关合同为准。

2. 鉴于甲方与某某小额贷款有限责任公司有战略合作关系，经由甲方担保，乙方也可直接取得某某贷款资金，具体的贷款金额及约定，以相关合同为准。

第十二条 合同的终止与解除

1. 若本合同期限届满或双方终止仓库融资服务合同，乙方应将该房屋内的乙方物品按协议及时搬离。

2. 有下列情形之一的，本合同终止，甲、乙双方互不承担违约责任：

（1）该房屋因社会公共利益的需要被依法征用。

（2）该房屋占用范围内的土地使用权依法提前收回。

（3）该房屋因城市建设被依法列入房屋拆迁许可范围。

（4）该房屋因不可抗力的原因造成严重损毁、灭失或完全无法使用的。

3. 出现上述情况，甲方应当提前 2 个月通知乙方。

第十三条 违约责任

本合同生效后，任何一方不得暂停或终止履行本合同，否则应向非违约方承担人民币 10 万的违约金。

第十四条 其他约定

本合同附属于_____号《反担保动产质押合同》，本合同项下由甲方管理的货物，属于该合同项下的质押物。根据该合同规定，由某某担保有限公司履行代偿责任后，某某担保有限公司有权向质押人追偿，当某某担保有限公司代偿后十日内抵押人不能以货币支付代偿款项时，某某有权依法行使质押权。

第十五条　其他

1. 本合同未尽事项，由甲乙双方另行议定，并签订补充协议，本合同之补充协议及附件均为本合同不可分割之一部分。

2. 本合同在执行中如发生纠纷，应通过甲乙双方协商解决，协商不成时，应向有管辖权的人民法院起诉。

3. 本合同经甲乙双方盖章、签字后生效。本合同一式贰份，甲执壹份，乙方执壹份，并具同等法律效力。

甲方：

乙方：

合同签订日期：　　　年　　月　　日

列示 2：

此合同属于提前签署的风险处置方案合同，在担保业务中，当发生担保公司代偿时，此合同明确了追偿的范围和金额（代偿金额）及处置的方式，对于代偿追偿具有补充作用。

质押物处置协议书

甲方（出质人）：

乙方（质权人）：

鉴于债务人____于____年____月____日为____（以下简称债务人）在_____（以下简称债权人）的人民币_____万元贷款（借款合同编号为：_____保证合同编号为：_____）提供担保，为了保证乙方权益，甲方与乙方又签订了《反担保（动产）质押合同》（合同编号：_____），现因债务人无力偿还贷款，而导致乙方承担代偿的担保责任，为了履行上述《反担保（动产）质押合同》，现甲乙双方经协商，就甲方已质押给乙方的质押物的处置达成如下协议：

第一条　出质人、质押权人共同确认出质人应当承担的担保责任为以下两项：

1. 由于债务人未偿还债务，而导致由乙方代偿的金额为：人民币：_____元，（见债权人代偿凭证）。

2. 乙方代偿之日起至质押物变现日，依据《反担保（动产）质押合同》应当向乙方支付的违约金、代偿资金利息损失、乙方垫付的有关费用以及乙方实现债权和质权的费用（包括但不限于诉讼费、仲裁费、财产保全费、差旅费、执行费、评估费、拍卖费等）及应付的其他费用。

第二条　出质人同意处置质押合同项下的质押物，质押物为《反担保（动产）质押合同》中的物品明细。

第三条　双方同意质押物处理方式为下列第＿＿＿项约定：

1. 变卖：双方同意委托乙方变卖质押物，在价格为＿＿＿＿以内变卖给第三人，变卖款先履行乙方代偿损失，不足部分乙方仍有追偿权，若有余款退至甲方。

2. 以物抵债：经双方协商，质押物抵偿乙方代偿损失，双方债权债务两清，互不追偿。

3. 双方同意委托第三方机构＿＿＿＿对质押物进行评估，以评估价值的＿＿＿＿%折价给乙方。不足部分乙方仍有追偿权，若有余款退至甲方。

第四条　乙方全权处置质押物，甲方有义务协助。

第五条　其他约定

第六条　本协议自双方签字盖章后成立。

第七条　本协议中如发生争议，按《反担保（动产）质押合同》条款的约定执行。

第八条　本协议一式＿＿＿＿份，甲乙双方各执＿＿＿＿份，具有同等法律效力。

甲方：

乙方：

签订日期：　　　年　　月　　日

以动产质押进行仓储金融的相关具体办理及风险控制如下：

（1）相关具体办理

依据的法律条文：《民法典》第四百二十五条"为担保债务的履行，债务人或者第三人将其动产出质给债权人占有的，债务人不履行到期债务或者发生当事人约定的实现质权的情形，债权人有权就该动产优先受偿。前款规定的债务人或者第三人为出质人，债权人为质权人，交付的动产为质押财产"。

《民法典》第四百二十九条"质权自出质人交付质押财产时设立"。

签订合同：《股东会决议》《反担保动产质押合同》《质押物处置协议》《仓库融资服务合同》。

办理手续：签完相关合同，由出质方将质押物挪交指定仓库，由仓库管理部门根据仓库管理流程与其进行质押物的接收。双方交接完毕后，由仓库管理部门和出质人核对好《质押物品清单》，然后根据工作流程办理放款。

单个置换：质押物需置换时，可以根据仓库管理的要求，以同等价值物品按规定进行相互置换，办理相关置换手续。

优点：风险较容易控制，质押物全部在质押权人可控制范围内，当发生代偿时，由于补充签订有《质押物处置协议书》，质押权人可以直接对质押物进行处置，在约定上避免进行流质。即折价是法律允许的，实务中通常的做法是由出质人与质权人协商选定共同委托第三方机构对质押物进行评估，以评估价格为基础双方核定折扣比例后，由出质人将质押物折抵给质权人，从而完成折价。同时，折价或者以物抵债等方式，需要注意破产企业的单个清偿问题，或者折扣价格远低于市场价值的显失公平可撤销的问题。

《民法典》第四百二十八条"质权人在债务履行期限届满前，与出质人约定债务人不履行到期债务时质押财产归债权人所有的，只能依法就质押财产优先受偿"。

缺点：主要有毁损灭失的物理风险，质押物存放后由于时间较长且仓库管理中可能存在管理漏洞，有遗失货物等风险。采取补救的措施是办理相关保险。

（2）法律风险

①入库时，财产的产权核实。质押物的产权的真实状况是重中之重，若所质押之物属于他人之物，出质人根本无权对其财产进行处分，那么质押该物品对于质押权人来说是毫无意义的。

②有其他纠纷，导致第三方查封，在质押物品过程中，贷款未到期之前，若该质押物所有人因为其他债务纠纷导致法院对其执行，法院可对其所有物进行查封，但担保公司有优先受偿权。不过最佳的办法是一旦知道该企业因债务可能牵扯到质押之物，立即对质押物进行处置。

《民法典》第四百三十六条第二款、第三款"债务人不履行到期债务或者发生当事人约定的实现质权的情形，质权人可以与出质人协议以质押财产折价，也可以就拍卖、变卖质押财产所得的价款优先受偿。质押财产折价或者变卖的，应当参照市场价格"。

（3）物理风险

此处风险主要体现在仓库的管理制度上和操作流程上，细则如下：

入库时，应当仔细核对质量、数量，并拍照留存，或书面列清质押物清单，必要时提请第三方对质押物进行检测和评估。

库中，主要是货物自身的缺陷，比如易腐烂，不宜保存之类的风险。或外来风险，比如下雨后货物受潮或淋湿毁损，灭失。

置换中，出库入库中，由于操作不慎引起的货物自身灭失或其他。

出库后，置换进来的货物的真实情况，价值、质量等要和置换出去的相关货物基本相一致或者价值高于置换出的质押物，否则会导致质押物价值减损。

2. 车辆质押

（1）车辆属于动产的一种，交付即质权设立。

根据《民法典》第四百二十九条"质权自出质人交付质押财产时设立"可知，车辆作为动产的一种，其自出质人与质权人签订质押合同后，出质人将质押交付给质权人时，质权设立，质权属于物权的一种，设立后可以对抗第三人。

（2）车辆质押可以办理质押备案

根据《机动车登记规定》第四十二条"申请办理机动车质押备案或者解除质押备案的，由机动车所有人和典当行共同申请，机动车所有人应当填写申请表，并提交以下证明、凭证：（一）机动车所有人和典当行的身份证明；（二）机动车登记证书。车辆管理所应当自受理之日起一日内，审查提交的证明、凭证，在机动车登记证书上签注质押备案或者解除质押备案的内容和日期"可知，车辆质押可以办理质押登记备案，需明确该登记属于备案的一种，其车辆质押权的设立仍以交付为准。

实务中，办理了机动车质押备案登记的，一是可以公示该车辆已经进行了质押登记，更有利于保护质权人利益；二是可以有效防止出质人将车辆进行变更登记。

（3）质押备案的主体条件、性质、资料要求

①出质人若为自然人则需年满18周岁，具有完全民事行为能力和权利能力，并对车辆有处分权。夫妻共同财产，可以一人办理抵押，也可以授权办理。

②出质人若为企业，按照其章程或相关法律约定，作为出质人的企业享有处分权利。

③性质定义：属于为保证质权人的利益，为车辆设立质押权的一种担保行为，但不备案并不影响出质人向质权人交付后的质权效力。

④资料要求：《质押合同》、授权书、《车辆质押申请表》

与车辆抵押相同的是为了核查车辆的所有权属和核定抵押价值，需要核查以下资料：身份证复印件/营业执照复印件/其他能够证明其主体资格的相关文件、车辆产权证、车辆行驶证、保险单、完税凭证、车辆取得的相关资料（包括原始取得或者继受取得过程中的相关资料）。

（4）办理抵押登记的客观条件

各地办理车辆抵押的情形略有不同，具体以当地车管所要求为准。西安的备案登记办理，基本同于车辆抵押的相关资料及手续，详见车辆抵押相关篇章。

（5）车辆质押常见的法律风险和处理方法

①质押期间被法院查封。车辆质押交付后，无论是否办理质押备案，均不影响质权的设立，同时也不影响车辆所有权人因为其他原因产生纠纷而导致车辆被法院查封，此种情形下，质权人依旧享有优先受偿权，但无法和出质人及时通过折价或协商的方式将车辆出售给第三人从而收回部分债权而降低损失，因为车辆被查封后无法办理过户登记手续。实务中，在发生后期处置车辆时，因车辆的价值贬损速度较快，若通过法院评估拍卖程序，会导致车辆因法院拍卖周期较长而折损较多，出质人和质权人一般都会采取折价或者快速出售给第三人的方式而快速变现，若质押期间查封，按照正常的法院拍卖流程，由质权人向法院申报优先分配。

②抵押权、质权、留置权冲突。此种情形与车辆抵押部分相同。实务中，车辆有可能在办理抵押登记之前，已经和其他人签订了抵押合同（未登记的抵押权），之后车辆又抵押给类金融机构，办理完抵押登记（登记的抵押权），抵押人还有可能将车辆再一次进行二次融资，再质押给后面的第三人（质权），而第三人委托第三方仓库对该质押进行占有，出质人没有及时交付租金，导致第三方仓库行使留置权（留置权）。此种情形下则存在登记抵押权、质押权、未登记抵押权、留置权竞合的问题。根据《民法典》第四百五十六条"同一动产上已经设立抵押权或者质权，该动产又被留置的，留置权人优先受偿"及第四百一十五条"同一财产既设立抵押权又设立质权的，拍卖、变卖该财产所得的价款按照登记、交付的时间先后确定清偿顺序"可知，留置权人优先，抵押权和质权人按照登记、交付的时间先后确定清偿顺序。《民法典》改变了之前《担保法解释》中抵押权优先于质权的规定。

五、附录　《机动车登记规定》（部分节选）

（2008 年 5 月 27 日中华人民共和国公安部令第 102 号发布，根据 2012 年

9月12日中华人民共和国公安部令第124号公布的《公安部关于修改〈机动车登记规定〉的决定》修正)

第十九条　申请转移登记的，现机动车所有人应当填写申请表，交验机动车，并提交以下证明、凭证：（一）现机动车所有人的身份证明；（二）机动车所有权转移的证明、凭证；（三）机动车登记证书；（四）机动车行驶证；（五）属于海关监管的机动车，还应当提交《中华人民共和国海关监管车辆解除监管证明书》或者海关批准的转让证明；（六）属于超过检验有效期的机动车，还应当提交机动车安全技术检验合格证明和交通事故责任强制保险凭证。现机动车所有人住所在车辆管理所管辖区域内的，车辆管理所应当自受理申请之日起一日内，确认机动车，核对车辆识别代号拓印膜，审查提交的证明、凭证，收回号牌、行驶证，确定新的机动车号牌号码，在机动车登记证书上签注转移事项，重新核发号牌、行驶证和检验合格标志。现机动车所有人住所不在车辆管理所管辖区域内的，车辆管理所应当按照本规定第十三条的规定办理。

第二十条　有下列情形之一的，不予办理转移登记：（一）机动车与该车档案记载内容不一致的；（二）属于海关监管的机动车，海关未解除监管或者批准转让的；（三）机动车在抵押登记、质押备案期间的；（四）有本规定第九条第（一）项、第（二）项、第（七）项、第（八）项、第（九）项规定情形的。

第二十一条　被人民法院、人民检察院和行政执法部门依法没收并拍卖，或者被仲裁机构依法仲裁裁决，或者被人民法院调解、裁定、判决机动车所有权转移时，原机动车所有人未向现机动车所有人提供机动车登记证书、号牌或者行驶证的，现机动车所有人在办理转移登记时，应当提交人民法院出具的未得到机动车登记证书、号牌或者行驶证的《协助执行通知书》，或者人民检察院、行政执法部门出具的未得到机动车登记证书、号牌或者行驶证的证明。车辆管理所应当公告原机动车登记证书、号牌或者行驶证作废，并在办理转移登记的同时，补发机动车登记证书。

第二十二条　机动车所有人将机动车作为抵押物抵押的，应当向登记地车辆管理所申请抵押登记；抵押权消灭的，应当向登记地车辆管理所申请解除抵押登记。

第二十三条　申请抵押登记的，机动车所有人应当填写申请表，由机动车所有人和抵押权人共同申请，并提交下列证明、凭证：（一）机动车所有人和抵押权人的身份证明；（二）机动车登记证书；（三）机动车所有人和抵押权人依法订立的主合同和抵押合同。车辆管理所应当自受理之日起一日内，审查提交的证明、凭证，在机动车登记证书上签注抵押登记的内容和日期。

第二十四条　申请解除抵押登记的，机动车所有人应当填写申请表，由机动车所有人和抵押权人共同申请，并提交下列证明、凭证：（一）机动车所有人和抵押权人的身份证明；（二）机动车登记证书。人民法院调解、裁定、判决解除抵押的，机动车所有人或者抵押权人应当填写申请表，提交机动车登记证书、人民法院出具的已经生效的《调解书》、《裁定书》或者《判决书》，以及相应的《协助执行通知书》。车辆管理所应当自受理之日起一日内，审查提交的证明、凭证，在机动车登记证书上签注解除抵押登记的内容和日期。

第二十五条　机动车抵押登记日期、解除抵押登记日期可以供公众查询。

第二十六条　有本规定第九条第（一）项、第（七）项、第（八）项、第（九）项或者第二十条第（二）项规定情形之一的，不予办理抵押登记。对机动车所有人提交的证明、凭证无效，或者机动车被人民法院、人民检察院、行政执法部门依法查封、扣押的，不予办理解除抵押登记。

第四十二条　申请办理机动车质押备案或者解除质押备案的，由机动车所有人和典当行共同申请，机动车所有人应当填写申请表，并提交以下证明、凭证：（一）机动车所有人和典当行的身份证明；（二）机动车登记证书。车辆管理所应当自受理之日起一日内，审查提交的证明、凭证，在机动车登记证书上签注质押备案或者解除质押备案的内容和日期。有本规定第九条第（一）项、第（七）项、第（八）项、第（九）项规定情形之一的，不予办理质押备案。对机动车所有人提交的证明、凭证无效，或者机动车被人民法院、人民检察院、行政执法部门依法查封、扣押的，不予办理解除质押备案。

第六十五条　本规定自2008年10月1日起施行。2004年4月30日公安部发布的《机动车登记规定》（公安部令第72号）同时废止。本规定实施前公安部发布的其他规定与本规定不一致的，以本规定为准。

 第六章
权益类担保措施的法律风险

第一节　股权质押

一、股权质押内容及简述

股权质押指出质人以股权作为质押标的物，质押给质权人，若债务人到期未及时足额清偿债务，债权人可以将股权进行折价、拍卖、变卖而实现债权，其属于权利质押的一种。

根据《民法典》第四百四十条"债务人或者第三人有权处分的下列权利可以出质：（一）汇票、本票、支票；（二）债券、存款单；（三）仓单、提单；（四）可以转让的基金份额、股权；（五）可以转让的注册商标专用权、专利权、著作权等知识产权中的财产权；（六）现有的以及将有的应收账款；（七）法律、行政法规规定可以出质的其他财产权利"及《工商行政管理机关股权出质登记办法》第五条"申请出质登记的股权应当是依法可以转让和出质的股权。对于已经被人民法院冻结的股权，在解除冻结之前，不得申请办理股权出质登记"可知依法可以转让的股份、股票、股权均可以质押。

1. 担保类业务

《反担保权利质押合同》：股权的所有权人为出质人，担保公司通常为反担保质权人，该类合同主要内容为出质人（即质权所有权人）与质权人（即担保公司）签订的，约定由反担保出质人向质权人以其对目标公司持有的股权提供的质押担保，若主合同到期或者债务提前到期时，债务人未及时足额归还，导致担保公司发生代偿时，担保公司可以该质押的股权进行拍卖、变卖所得的价款优先受偿。

2. 小贷类业务

《权利质押合同》：由出质人与小额贷款公司（质权人）达成的，主要约定当债务人不及时足额履行债务时，债权人可以通过拍卖、变卖质押股权所

得价款优先受偿的方式实现债权的合同。

3. 典当类业务

实务中，典当类业务中的股权质押作为担保方式实务中较少见。根据《典当管理办法》第二十五条"经批准，典当行可以经营下列业务：（一）动产质押典当业务；（二）财产权利质押典当业务；（三）房地产（外省、自治区、直辖市的房地产或者未取得商品房预售许可证的在建工程除外）抵押典当业务；（四）限额内绝当物品的变卖；（五）鉴定评估及咨询服务；（六）商务部依法批准的其他典当业务"可知，当户可以以目标公司股权作为质押物，向典当行进行当物融资，到期后无法及时赎当时，典当行可以按照绝当品进行评估拍卖而实现债权。

4. 融资租赁类业务

《股权质押担保合同》：主要为股权所有权人作为出质人与质权人（融资租赁公司）约定的，以出质人在目标公司所持有的股权质押给出租人，在承租人未及时足额支付租金时，由质权人对质押股权评估拍卖变卖后优先受偿。

5. 保理类业务

《股权质押担保合同》：主要内容为有追索权的保理业务中，出质人（一般指保理申请人、债务人或第三人）与质权人（保理公司）签订的，约定由出质人以所有的目标公司股权质押给质权人，若保理申请人到期未及时足额归还保理资金，回购融资主体应收账款，则质权人可以质押股权拍卖变卖后优先偿还该资金。实务中，通常质押股权属于保理业务中的增信措施。

6. 其他类业务

民间借贷中，对于个人与公司或者个人与公司之间的借贷关系，借款人或者其他第三人可以以其在目标公司的股权为该笔债权提供质押担保，若发生到期债务未清偿，质权人可以以该质押股权优先受偿。委托贷款业务中，银行作为受托人与股权出质人之间，可由出质人以出质的股权作为质押物为贷款提供担保。另，资本市场中常听到的股票质押式回购交易，又称股票质押回购，是指符合条件的资金需求方以其持有的股票或其他有价证券进行质押，向符合条件的资金融出方进行资金融入，并约定在未来返还资金、解除质押的交易。

二、股权质押常见的法律风险和处理方法

1. 股权质押的价值

股权质押所质押的标的物为股权，股权价值的核定与公司的经营情况紧密相关，通常实务中以下类型进行股权质押担保融资具有较大的实用价值：

（1）取得公司资质时特别难，需要付出大量财力或物力，较常见的是汽车4S店，或者是其他有特许经营权的企业。该类型标的股权因其具有较大的稀缺性和取得的特殊性，同时取得股权时又有一定的门槛。

（2）公司名下有资产，比如有土地或其他价值较大的资产，通常需要通过股权交易进行名下资产产权实际控制人变更的情形，比如土地交易，或者质押其股权虽然不会影响到对该公司名下资产的处置行为，但当发生纠纷时，若公司资产未被处置，而股权的质押权的实现将可直接最终实行到公司资产，从而实现债权，比如公司可能存在周期较长的应收账款，特别是金额较大的发包人为政府单位或者国有公司等付款周期较长但坏账几率较小的工程。

实务中，也并不排除其他公司不存在上述情形，而仅仅以股权质押作为补充担保措施而进行质押的情形，即使公司为一空壳公司，仍可以办理股权质押担保，登记部门不要求股权必须有价值，是否采取此种担保措施，以类金融机构的风控要求进行价值判断。

2. 股权质押需要决策程序

《民法典》实施之前，根据《担保法》第七十八条"以有限责任公司的股份出质的，适用公司法股份转让的有关规定"及《担保法解释》第一百零三条"……以股份有限公司的股份出质的，适用《公司法》有关股份转让的规定。……"可知，无论是有限责任公司或者股份有限责任公司在进行股权质押时，均需要按照股权转让的规定进行办理，而根据《公司法》第七十一条"有限责任公司的股东之间可以相互转让其全部或者部分股权。股东向股东以外的人转让股权，应当经其他股东过半数同意"及第五章股份有限公司的股份发行和转让中第一百三十八条"股东转让其股份，应当在依法设立的证券交易场所进行或者按照国务院规定的其他方式进行"可知，股权质押虽然属于股东的个人行为，因其股权质押属于对股权处置的一种，故在进行股权质押时，需要按照法律规定的按照股权转让的决策形式，进行公司决策程序。通常有限责任公司需要出具股东会决议；而股份有限公司股权质押时，若属于上市公司需要在证券交易场所进行或者按照国务院规定的其他方式进行，若属于非上市公司需要出具股东会决议；若股权性质涉及国有股权性质时，需要经过相关部门批准，《民法典》实施之后，对担保法及相关解释中关于质权设立不再分别具体表述质权设立时间，根据《民法典》第四百四十三条第一款"以基金份额、股权出质的，质权自办理出质登记时设立"确立了统一表述"自办理出质登记时设立"。

3. 股权质押成立，以登记为准

根据《民法典》第四百四十三条第一款"以基金份额、股权出质的，质权自办理出质登记时设立……"及《工商行政管理机关股权出质登记办法》第二条"以持有的有限责任公司和股份有限公司股权出质，办理出质登记的，适用本办法。已在证券登记结算机构登记的股份有限公司的股权除外"及第三条"负责出质股权所在公司登记的工商行政管理机关是股权出质登记机关（以下简称登记机关）。各级工商行政管理机关的企业登记机构是股权出质登记机构"可知，股权质押以登记为准，有限公司与非上市的股份有限公司于各级工商行政管理机关的企业登记机构办理股权质押，上市公司的股份有限公司于证券登记结算机构办理出质登记。

4. 股权质押之后对股东的限制

根据《民法典》第四百四十三条第二款"……基金份额、股权出质后，不得转让，但是出质人与质权人协商同意的除外。出质人转让基金份额、股权所得的价款，应当向质权人提前清偿债务或者提存"可知，股权质押后，股权转让的，无法直接变更股东，股权变更受限，只有通过股权解押之后，才能进行变更。类金融企业可以通过了解和控制股东变更，及时知道企业的股东变化。

上市公司股权的冻结，可以办理质押手续，后期股权实现时，需要满足上市公司对股权流通的限制，并依据《公司法》第一百四十一条"发起人持有的本公司股份，自公司成立之日起一年内不得转让。公司公开发行股份前已发行的股份，自公司股票在证券交易所上市交易之日起一年内不得转让"及《最高人民法院执行工作办公室关于上市公司发起人股份质押合同及红利抵债协议效力问题请示案的复函》第一条"《公司法》第一百四十七条规定对发起人股份转让的期间限制，应当理解为是对股权实际转让的时间的限制，而不是对达成股权转让协议的时间的限制"及实务部分观点认为"若限售期内签订股份转让协议约定限售期满后交割的，不影响协议效力。只有当限售期内当事人实际交割限售股时，交割行为才无效，但此时法院仍然可以通过强制执行完成交割，限售期并不影响对其进行处分"。

5. 股权质押的另一种控制

股权质押属于一种对资产的相对控制手段，特别是在融资企业名下拥有土地等资产时，是一种有效的担保补充措施。其作为间接控制手段，主要表现在两方面：一是股权质押登记完成后，限制了股东和股权变更，间接地对公司名下资产有一定的控制，特别是在房地产开发公司，质押其股权的意义是对控制该房地产公司名下土地的一种有效补充，因为房地产开发公司出卖其名下土地，一般情况下变更股权而达到收购土地目的是最快、最低成本的交易，土地进行产权变更税费较大，包括但不限于增值税、契税等，而进行股权变更缴纳的税费相对较小。二是股权质押登记间接限制了股权出质企业用股权进行二次融资。股权质押登记完成后即进行了工商股权质押登记，其属于一种权利登记，权利登记完成后其对外进行公示，且目前登记完成股权质押的相关信息可以通过国家企业信用信息公示系统和企业注册地工商行政管理部分进行查询，其股权质押信息是公示披露的，由于同一股权不能进行重复质押，从而限制了出质企业以股权进行质押进行的二次融资行为。

6. 股权质押不影响企业财产进行变动

股权质押完成后，出质企业的经营状况随时在变化，造成出质企业的资产和负债状况也在随经营情况变化而变化，股权质押实现时，与在发生实现质权时当时的企业资产负债价值相关，而与之前变化中的企业资产价值无具体关联。所以股权质押完成后，经常面临的是出质企业的股权价值会因为出质企业资产的增多而价值增加，或者股权价值会因为出质企业负债的增加而减损，不可控因素比较多。

7. 破产情形下的股权质押实现问题

破产情形下，股权质押根据法律之相关股权质押规定，依然具有优先性，具有优先受偿权，只是当出质股权公司破产时，由于出质股权公司的股权价值因为破产情形而几乎等于零，而股权质押的实现价值与在发生实现质权时当时的企业资产负债价值相关，出质企业的股权价值几乎为零，实务中，在此种情形下，破产情形中股权质押的实现价值意义不大，故破产情形下，并不影响股权质押的质押权效力，但需要考虑实现时的股权价值和实际意义。股权质押在后期不良逾期产生后的强制执行阶段，各地处理不一致，结合《最高人民法院办公厅关于印发〈最高人民法院 2020 年度司法解释立项计划〉的通知》（法办〔2020〕71 号）可知，将出台《关于办理股权执行案件适用法律若干问题的解释》，对实务中股权执行部分进行统一的规定，需要后续继续关注。

8. 认缴制度下股权质押的风险

2013年《公司法》修订后，对注册资本认缴制进行了法律上的确认，同时无论是《物权法》还是《民法典》中对于质押物的要求，一是具有财产性，二是具有可转让性，而股权兼具该两种属性，属于可以质押的标的物。现阶段未实缴出资的公司股权可以作为质押物进行股权质押登记，其存在的风险为质押的股权所对应的股权价值因为股东未进行实际缴纳而与实际股权登记金额不符，在实现股权质押的质权时，其股权价值与在发生实现质权时当时的企业资产负债价值相关，未实缴出资部分并无对应的出资事实，针对未实缴风险，类金融机构应当要求出资企业书面承诺在实现质权时，认缴出资股东补足认缴的出资金额，承担补充出资金额的义务。

9. 增资扩股对股权质押的影响

笔者认为应当从两个问题出发知悉了解增资扩股对股权质押的影响，一为股权质押后，出质企业能否进行增资扩股？二为公司增资扩股后，对出质股权有何影响？

股权质押需要在市场监督管理部门进行股权质押登记，并由市场监督管理部门出具《股权质押登记通知书》，自登记之日起设立质权，股权进行质押后，即间接限制了股东变更和股权变更，出质企业若变更质押的股权需要经过质权人的同意，增资扩股也属于股权变化的一种，由于其股权为增资扩股，充实和增加了公司资本，故股权质押并不影响出质企业增资扩股。

公司增资扩股后，由于有新的出资增加到公司中，原有股东的持股比例发生了变化，但质押股权所对应的股权价值并没有减损或者变化，只是其质押的股权比例和增资扩股后的质押比例不相对称，质权人仍应以增资扩股后原股权对应出资额享有优先受偿的权利。

10. 禁止公司接受本公司股票作为质押标的

根据《公司法》第一百四十二条"公司不得收购本公司股份。但是，有下列情形之一的除外：（一）减少公司注册资本；（二）与持有本公司股份的其他公司合并；（三）将股份用于员工持股计划或者股权激励；（四）股东因对股东大会作出的公司合并、分立决议持异议，要求公司收购其股份；（五）将股份用于转换上市公司发行的可转换为股票的公司债券；（六）上市公司为维护公司价值及股东权益所必需。……公司不得接受本公司的股票作为质押权的标的"可知，除满足第一百四十二条所述除外的情形外，公司不得收购本公司股份，同时法律明确公司不得接受本公司的股票作为质押权的标的。

11. 股权质押权是否及于孳息

根据《民法典》第四百四十六条"权利质权除适用本节规定外，适用本章第一节的有关规定"及第四百三十条"质权人有权收取质押财产的孳息，但是合同另有约定的除外。前款规定的孳息应当先充抵收取孳息的费用"可知，对于出质合同中明确约定孳息的收取由质权人享有，或者明确质权及于孳息的情形，质权人可以按照合同约定享有收取孳息的权利，也可以根据相关法律质权人有权直接收取质押股权产生的孳息，出质人不得拒绝，但双方约定孳息不由质权人收取的情形除外。

同时因法律规定了"孳息应先充抵收取孳息的费用"，对于收取孳息的费用应该首先冲抵，之后收取的孳息按照合同约定顺序进行分配，通常类金融机构需要在质押合同中明确质押权及于孳息，并且孳息收取后按照约定顺序抵偿债务。

孳息的另一个问题是类金融机构的债权未到期，但出质股权已经产生孳息的，质权人可以收取孳息，孳息的处置有约定从约定，没有约定的，应当由质权人进行保管，并于债权结清时返还给出质人。

12. 质押股权是否需要股东配偶同意的问题

根据《公司法》第三十二条第三款"公司应当将股东的姓名或者名称向公司登记机关登记；登记事项发生变更的，应当办理变更登记。未经登记或者变更登记的，不得对抗第三人"可知，对于股东权利这种既有人身性又有财产性的综合权利，即使属于夫妻婚姻存续期间的股权，其所得收益归夫妻共同所有，也不意味着财产收益的基础性权利身份权归夫妻共同所有。股东身份以工商的登记为准，质权人以股东名册、股权的工商登记、证券结算登记机构等记载为准确定股东身份。及《最高人民法院关于适用〈中华人民共和国民法典〉婚姻家庭编的解释（一）》第七十三条"人民法院审理离婚案件，涉及分割夫妻共同财产中以一方名义在有限责任公司的出资额，另一方不是该公司股东的，按以下情形分别处理：（一）夫妻双方协商一致将出资额部分或者全部转让给该股东的配偶，其他股东过半数同意，并且其他股东均明确表示放弃优先购买权的，该股东的配偶可以成为该公司股东；（二）夫妻双方就出资额转让份额和转让价格等事项协商一致后，其他股东半数以上不同意转让，但愿意以同等条件购买该出资额的，人民法院可以对转让出资所得财产进行分割。其他股东半数以上不同意转让，也不愿意以同等条件购买该出资额的，视为其同意转让，该股东的配偶可以成为该公司股东。用于证明前款规定的股东同意的证据，可以是股东会议材料，也可以是当事人通过其他合法途径取得的股东的书面声明材料"可知，在离婚案件中，股东的配偶能否成为股东是需要满足一定条件的，比如过半数股东同意、其他股东明确表示放弃优先购买权的。

综上，股东配偶不享有股东身份权利，质权人以股东名册、股权的工商登记、证券结算登记机构等记载为准确定股东身份的，质押股权行为不属于股东质押股权的无权处分行为，股权质押不需要股东配偶同意，其他类型主体，包括合伙企业、个人独资等参照适用。为了降低业务风险，类金融机构通常要求另一方配偶签订知悉且同意股权质押的单方文件，以减少其配偶后续处置中提起执行异议而引起的不必要的麻烦。

三、股权质押流程和相关资料

1. 办理股权质押流程

该类业务需要由出质人、类金融机构（质权人）共同签订《质押合同》，并在相关市场监督管理局办理质押登记，具体流程如下：

（1）融资主体、出质人、类金融机构（质权人）达成融资担保的意向。

（2）出质人与类金融机构（质权人）对质押股权的价值双方议价达成一致意见。

（3）融资主体与类金融机构签订融资主合同；出质人与类金融机构（质权人）签订质押合同及相关表格。

（4）融资主体与类金融机构各自委托或者共同相关人员携带相关办理质押登记的全部资料，前往市场监督管理局办理质押登记。

（5）登记并于满足办理登记日期后，融资主体与类金融机构各自委托或者共同相关人员领取办理成功的质押登记证明，质押登记办理完成。

2. 办理股权质押时，需要提供的资料

（1）股权出质登记申请书：一般可以从市场监督管理局相关网站下载或者窗口领取纸质文件。

（2）申请人的身份证明：出质人若为法人/非法人组织的，提供基础证照，比如《营业执照》以保证其主体合法性、另提供股东会决议或者董事会决议等；出质人若为自然人的，提供身份证；类金融机构提供基础证照，比如《营业执照》等。

通常情况下，出质人为法人/非法人组织的或为自然人的，可以授权第三人办理，而不需要办理授权公证；类金融机构可以授权其工作人员办理；出质人和类金融机构（质押权人）可以共同委托第三人一人代为办理。

（3）质押合同：出质人与类金融机构（质权人）双方签订的质押合同。

（4）出质人、质权人的主体资格证明。其中：出质人、质权人为企业的，提交加盖企业公章的营业执照复印件；出质人、质权人为事业单位法人的，提交加盖事业单位法人公章的事业单位法人登记证书复印件；出质人、质权人股东为社团法人的，提交加盖社团法人公章的社团法人登记证复印件；出质人、质权人为民办非企业单位的，提交加盖单位公章的民办非企业单位证书复印件；出质人、质权人为自然人的，提交身份证件复印件并由本人签名；其他出质人、质权人提交有关法律法规规定的资格证明。

（5）其他必要材料。

3. 办理股权质押注销流程

出质人与质权人共同前往或者委托第三人前往市场监督管理局，办理股权质押权利证书注销手续，递交相关资料后，市场监督管理局根据申请办理注销手续，注销手续完成后，该质押股权注销完毕。

办理注销手续，需携带以下资料：

（1）双方同意注销的申请书。

（2）双方的主体身份证明资料。

（3）股权质押登记的权利证书（原件）。

四、股权质押其他需要说明

1. 查档与章程

为确保股权质押的真实性和准确性，股权质押登记应当在公司注册地市场监督管理局打印《企业基本信息情况表》或核查公司章程，或者核查企业的股东名册，当章程和《企业基本信息情况表》不一致时，以后者为准。

2. 股权按比例分割质押

股权质押办理中，有些市场监督管理局要求按股份比例分割主债权金额，比如5%的股权对应担保主债权的5%，被担保债权与质押股权按相应比例相对应。另，当公司股权金额小于借款金额时也可以办理质押登记，比如50万的股权担保5000万的债权，也是可以办理抵押登记的。

五、相关案例

《重庆市高级人民法院民事裁定书》（2019）渝民申 919 号

1. 案情介绍

再审申请人蒋某因与被申请人某小贷公司及一审被告某公司等民间借贷纠纷一案，不服重庆市第五中级人民法院（2018）渝 05 民终 3831 号民事判决，向重庆市高级人民法院申请再审。

蒋某申请再审称，（1）案涉《公司借款合同》签订于 2014 年 1 月 21 日，某小贷公司举示的其与蒋某于 2013 年 9 月 23 日签订的《质押合同》并非为本案借款提供质押担保，二审法院认为蒋某出质给某小贷公司的某渔业公司 34% 的股权已经在工商行政部门办理了出质登记的事实认定错误；（2）2014 年 1 月 21 日某小贷公司与蒋某签订的《权利质押合同》未经备案登记，某小贷公司对蒋某持有的某渔业公司 34% 的股权不享有质权；（3）本案判决与重庆市第五中级人民法院（2018）渝 05 民终 3832 号民事判决冲突，损害了第三方的利益。

2. 裁定内容

本院经审查认为：

第一，关于《质押合同》能否为本案借款设立质押的问题。经审查，2013 年 9 月 23 日，某小贷公司（质权人）与蒋某（出质人）签订《质押合同》，约定以下主要内容：蒋某将其持有的某渔业公司 34% 的股权，包括但不限于该股权应得红利、其他收益质押给某小贷公司，质押股权金额为 373.66 万元，被担保债权数额为 3500 万元。某工商行政管理局于 2013 年 9 月 23 日出具《股权出质设立登记通知书》，载明：出质股权所在公司为某渔业公司，出质股权数额为 373.66 万元，出质人蒋某，质权人某小贷公司。2014 年 1 月 21 日，某小贷公司与天某公司签订《公司借款合同》[合同编号：×××号]，约定天某公司向某小贷公司分两笔借款 550 万元，第一笔借款为 300 万元，借款期限从 2014 年 1 月 22 日起至 2015 年 1 月 21 日止，第二笔借款为 250 万元，借款期限从 2014 年 2 月 10 日起至 2015 年 2 月 9 日止，某小贷公司分别于 2014 年 1 月 22 日通过某银行向天某公司支付了借款 300 万元，于 2014 年 2 月 10 日通过某银行向天某公司支付了借款 250 万元。本院认为，《中华人民共和国物权法》第二百零三条第一款规定："为担保债务的履行，债务人或者第三人对一定期间内将要连续发生的债权提供担保财产的，债务人不履行到期债务或者发生当事人约定的实现抵押权的情形，抵押权人有权在最高债权额限度内就该担保财产优先受偿。"《中华人民共和国物权法》第二百二十二条规定："出质人与质权人可以协议设立最高额质权。最高额质权除适用本节有关规定外，参照本法第十六章第二节最高额抵押权的规定。"最高额抵押及最高额质押均具有为将来发生的债权提供担保、对一定期限内连续发生的债权提供担保、所担保的最高债权额是确定的但实际发生额并不确定、只需签订一个抵押合同（质押合同）办理一次抵押（质押）登记的特征。本案属于最高额股权质押，某小贷公司已经按照规定在工商行政管理部门办理了出质登记，最高额质押权自办理出质登记时已设立。因此，蒋某申请再审称案涉《质押合同》签订在前，《公司借款合同》签订在后，案涉《质押合同》并非为案涉借款设立质押的理由不能成立。

　　第二，关于某小贷公司能否对蒋某持有的某渔业公司 34% 的股权享有优先受偿权的问题。经审查，2017 年 8 月 17 日，蒋某出具《承诺书》，该《承诺书》载明：1. 某小贷公司与梁某借款本金 500 万元，某小贷公司与天某公司借款本金 550 万元，某小贷公司与波某公司借款本金 300 万元，以上的诉讼主体以某小贷公司起诉状为准，以上三个案件的借款本金共计 1350 万元，本人确认以上三个案件借款时我自愿用我个人持有的某渔业公司的股权 34% 作为权力（利）质押，该质押已经向工商部门登记，符合法律之规定。2017 年 9 月，某小贷公司与梁某、蒋某、雷某签订《协议书》，约定以下主要内容：蒋某再次确认本案所涉借款是自愿用其个人持有的某渔业公司的股权 34% 作为权利质押，该质押已经向工商部门登记，符合法律之规定，蒋某再次确认其法律效力，并继续以股权承担担保责任。本院认为，首先，《中华人民共和国物权法》第二百二十六条第一款规定："以基金份额、股权出质的，当事人应当订立书面合同。以基金份额、证券登记结算机构登记的股权出质的，质权自证券登记结算机构办理出质登记时设立；以其他股权出质的，质权自工商行政管理部门办理出质登记时设立。"某小贷公司与蒋某于 2013 年 9 月 23 日签订《质押合同》，蒋某将其持有的某渔业公司 34% 的股权质押给某小贷公司，并于当日在某工商行政管理局办理了出质登记，该质权于 2013 年 9 月 23 日已设立；其次，案涉《公司借款合同》签订当日，某小贷公司与蒋某签订《权利质押合同》，蒋某自愿以其持有的某渔业公司的股权为本案所涉借款提供质押担保；最后，蒋某于 2017 年 8 月 17 日出具的《承诺书》和某小贷公司与梁某、蒋某、雷某于 2017 年 9 月签订的《协议书》，均再次明确了前述质押担保的内容。因此，某小贷公司就蒋某持有的某渔业公司 34% 的股权依法享有优先受偿权。蒋某申请再审称某小贷公司不能对蒋某持有的某渔业公司 34% 的股权享有优先受偿权的理由亦不能成立。

六、附录 《工商行政管理机关股权出质登记办法》

（2008 年 9 月 1 日国家工商行政管理总局令第 32 号公布，根据 2016 年 4 月 29 日国家工商行政管理总局令第 86 号修订）

第一条　为规范股权出质登记行为，根据《中华人民共和国物权法》等法律的规定，制定本办法。

第二条　以持有的有限责任公司和股份有限公司股权出质，办理出质登记的，适用本办法。已在证券登记结算机构登记的股份有限公司的股权除外。

第三条　负责出质股权所在公司登记的工商行政管理机关是股权出质登记机关（以下简称登记机关）。

各级工商行政管理机关的企业登记机构是股权出质登记机构。

第四条　股权出质登记事项包括：

（一）出质人和质权人的姓名或名称；

（二）出质股权所在公司的名称；

（三）出质股权的数额。

第五条　申请出质登记的股权应当是依法可以转让和出质的股权。对于已经被人民法院冻结的股权，在解除冻结之前，不得申请办理股权出质登记。

第六条　申请股权出质设立登记、变更登记和注销登记，应当由出质人和质权人共同提出。申请股权出质撤销登记，可以由出质人或者质权人单方提出。

申请人应当对申请材料的真实性、质权合同的合法性有效性、出质股权权能的完整性承担法律责任。

第七条　申请股权出质设立登记，应当提交下列材料：

（一）申请人签字或者盖章的《股权出质设立登记申请书》；

（二）记载有出质人姓名（名称）及其出资额的有限责任公司股东名册复印件或者出质人持有的股份公司股票复印件（均需加盖公司印章）；

（三）质权合同；

（四）出质人、质权人的主体资格证明或者自然人身份证明复印件（出质人、质权人属于自然人的由本人签名，属于法人的加盖法人印章，下同）；

（五）国家工商行政管理总局要求提交的其他材料。

指定代表或者共同委托代理人办理的，还应当提交申请人指定代表或者共同委托代理人的证明。

第八条　出质股权数额变更，以及出质人、质权人姓名（名称）或者出质股权所在公司名称更改的，应当申请办理变更登记。

第九条　申请股权出质变更登记，应当提交下列材料：

（一）申请人签字或者盖章的《股权出质变更登记申请书》；

（二）有关登记事项变更的证明文件。属于出质股权数额变更的，提交质权合同修正案或者补充合同；属于出质人、质权人姓名（名称）或者出质股权所在公司名称更改的，提交姓名或者名称更改的证明文件和更改后的主体资格证明或者自然人身份证明复印件；

（三）国家工商行政管理总局要求提交的其他材料。

指定代表或者共同委托代理人办理的，还应当提交申请人指定代表或者共同委托代理人的证明。

第十条　出现主债权消灭、质权实现、质权人放弃质权或法律规定的其他情形导致质权消灭的，应当申请办理注销登记。

第十一条　申请股权出质注销登记，应当提交申请人签字或者盖章的《股权出质注销登记申请书》。

指定代表或者共同委托代理人办理的，还应当提交申请人指定代表或者共同委托代理人的证明。

第十二条　质权合同被依法确认无效或者被撤销的，应当申请办理撤销登记。

第十三条　申请股权出质撤销登记，应当提交下列材料：

（一）申请人签字或者盖章的《股权出质撤销登记申请书》；

（二）质权合同被依法确认无效或者被撤销的法律文件；

指定代表或者委托代理人办理的，还应当提交申请人指定代表或者委托代理人的证明。

第十四条　登记机关对登记申请应当当场办理登记手续并发给登记通知书。通知书加盖登记机关的股权出质登记专用章。

对于不属于股权出质登记范围或者不属于本机关登记管辖范围以及不符合本办法规定的，登记机关应当当场告知申请人，并退回申请材料。

第十五条　登记机关应当将股权出质登记事项在企业信用信息公示系统

公示，供社会公众查询。

因自身原因导致股权出质登记事项记载错误的，登记机关应当及时予以更正。

第十六条　股权出质登记的有关文书格式文本，由国家工商行政管理总局统一制定。

第十七条　本办法自 2008 年 10 月 1 日起施行。

第二节　知识产权质押

一、知识产权质押内容及简述

根据《民法典》第四百四十四条"以注册商标专用权、专利权、著作权等知识产权中的财产权出质的，质权自办理出质登记时设立。知识产权中的财产权出质后，出质人不得转让或者许可他人使用，但经出质人与质权人协商同意的除外。出质人转让或者许可他人使用出质的知识产权中的财产权所得的价款，应当向质权人提前清偿债务或者提存"可知，出质人可以以注册商标专用权、专利权、著作权等知识产权中的财产权出质，为类金融机构与融资主体的主债权作质押担保，若主债权项下债权到期无法及时足额偿还，质权人有权依法以拍卖、变卖质押的知识产权中的财产权所得的价款优先受偿。在办理的具体业务过程中，有关知识产权权利质押相关内容及简述如下：

1. 担保类业务

《反担保权利质押合同》：提供注册商标专用权、专利权、著作权等知识产权中的财产权的人为出质人，担保公司通常为反担保质权人，该类合同主要内容为出质人与质权人（即担保公司）签订的，约定由反担保中出质人向质权人以其合法持有注册商标专用权、专利权、著作权等知识产权中的财产权以登记质押的方式提供的质押担保，若主合同到期或者债务提前到期时，债务人未及时足额归还，导致担保公司发生代偿时，担保公司可以该办理质押登记的注册商标专用权、专利权、著作权等知识产权中的财产权拍卖、变卖所得的价款优先受偿。

2. 小贷类业务

《权利质押合同》：由出质人与小额贷款公司（质权人）达成的，主要约定当债务人不履行债务时，债权人可以通过评估拍卖注册商标专用权、专利权、著作权等知识产权中的财产权所得价款优先受偿的方式实现债权的合同。

3. 典当类业务

理论中，知识产权典当融资是可行的，根据《典当管理办法》，典当行可以经营下列业务："……（二）财产权利质押典当业务；……"。实务中，因为知识产权估价的难度及处置的方式的有限性，以知识产权作为当物进行融资的典当行业务较少，通常办理该业务，需要签订《知识产权权利质押合同》：由典当行与当户签订的约定由当户以注册商标专用权、专利权、著作权等知识产权中的财产权作为当物，进行质押典当融资，到期后当户未及时足额进行赎当时，由典当行拍卖当物所得价款优先受偿，而实现债权的合同。

4. 融资租赁类业务

融资租赁类业务中，知识产权融资质押主要作为一种增信措施是较常见的，通常在融资租赁业务中，承租人与出租人签订相关租赁合同后，出质人与融资租赁公司（质权人）签订，当承租人未按照主合同约定进行回购或者支付租金时，质权人可以以质押的知识产权评估拍卖后所得的价款优先受偿。

知识产权作为租赁财产，在实务中较少见，但确实存在。特别是近些年国家和地方出台相关政策鼓励开展知识产权相关融资，实务中，对于能否以知识产权作为租赁财产有一定的争议，其中一种观点："以收费权、商标权、专利权及单纯的软件作为租赁标的物的，均不应认定构成融资租赁法律关系"（《最高人民法院关于融资租赁合同司法解释理解与适用》），而另一种实践观点："法律、行政法规的强制性规定并未明确专利权等财产性权利不能作为融资租赁合同的标的物，故融资租赁合同将专利权等财产性权利设为标的物，并不必然导致合同无效。"［重庆市第一中级人民法院，案号：（2017）渝01民终3138号］

5. 保理类业务

保理类业务中知识产权质押作为增信措施理论上可行，实务中或许有，但较少见。知识产权产生的应收账款，由于其不确定性和市场价值难以确定，通常在保理业务中不作为标的物，故实务中较少见。

6. 其他类业务

实务中常见的为民间借贷中，企业与个人、企业之间的知识产权权利质押（企业作为出质人将知识产权权利质押至质权人，约定到期未及时清偿时，由质权人优先受偿），理论上可行，实务中暂未见到。

委托贷款业务中，银行作为受托人与出质人之间的知识产权质押借款（出质人与银行约定的，债务人到期未及时足额清偿债权，质权人以该知识产权权利质押评估拍卖后优先受偿）等。

二、知识产权质押常见的法律风险和处理方法

1. 知识产权质押实务应用范围

（1）知识产权的相关权利中通常包括人身权和财产权，根据相关法律，能够作为质押标的需满足以下三个条件：一是法定性，即质押标的需是法律规定的权利种类；二是财产性，即质押标的具有一定的财产性质；三是可转让性，即质押标的物可以根据相关法律进行转让，否则后期实现质押权将成为一纸空文。故，知识产权权利质押中，质押标的中的人身权部分无法进行质押，而其财产部分的质押登记，因满足作为质押标的要求，可以进行质押。

（2）相关政府部门不断出具鼓励知识产权质押相关政策和文件。2010年8月，国家知识产权局会同财政部、银监会等6部门出台《关于加强知识产权质押融资与评估管理，支持中小企业发展的通知》，并出台《专利权质押登记办法》等政策规章；2016年，国务院出台《"十三五"国家知识产权保护和运用规划》，强调促进知识产权高效运用；同时，各地方政府出台了大量知识产权质押融资工作的实施意见和相关指导性文件，积极推进知识产权质押融资事宜。

（3）类金融相关的知识产权质押融资业务，根据各地鼓励的政策和发展不一致，有较大的差别，比如部分地区由于鼓励促进知识产权、资产评估、法律及财政金融等方面专业协作，进而综合性服务知识产权质押融资，发展较为迅速。又由于类金融机构的不同种类，并结合当地不同情形，各自又有不同的发展，比如在西安地区，由于贷款补贴，担保行业开展的"科技金融贷"异军突起，开展了余额上亿的知识产权质押融资业务，而典当、融资租赁行业开展较少，且业务推进缓慢。

2. 知识产权质押中三种类型的表现形式和核查

知识产权中注册商标专用权、专利权、著作权的所有权确定与核查，由于其需要有一定的的专业性，作为类金融机构工作人员有时候很难进行实质审查，进而对其权属进行确定与核实，通常可以通过以下方式进行落实：

（1）注册商标专用权的确定与核查。根据《商标法》第三条"经商标局核准注册的商标为注册商标，包括商品商标、服务商标和集体商标、证明商标；商标注册人享有商标专用权，受法律保护"可知，经商标局核准注册的即为注册商标，通常具体核查时，可以结合三种方式整体核查：一

是通过注册的商标会核发【R】标，【R】标就是表示该商标已经进行过注册；二是通过国家知识产权局商标局相关网站（http://sbj. cnipa. gov. cn）进行核查；三是通过商标局核发的相关证件进行核查，通过注册的商标，商标局会核发商标注册证，该证件会列明核定项目、注册人、注册地址、注册有效期等。

（2）专利权的确定与核查。根据《专利法》第二条"本法所称的发明创造是指发明、实用新型和外观设计。发明，是指对产品、方法或者其改进所提出的新的技术方案。实用新型，是指对产品的形状、构造或者其结合所提出的适于实用的新的技术方案。外观设计，是指对产品整体或者局部的形状、图案或者其结合以及色彩与形状、图案的结合所作出的富有美感并适于工业应用的新设计"及第三条"国务院专利行政部门负责管理全国的专利工作；统一受理和审查专利申请，依法授予专利权。省、自治区、直辖市人民政府管理专利工作的部门负责本行政区域内的专利管理工作"可知，专利包括发明、实用新型和外观设计，通常具体核查时，可以结合两种方式整体核查：一是通过国家知识产权局相关网站项下"专利检索"子项目（http://www. sipo. gov. cn）进行核查；二是通过知识产权局核发的相关证件进行核查，通常根据专利内容不同核发不同的专利证书，如《发明专利证书》（该证件会列明发明名称、发明人、专利号、专利申请日、专利权人）、《实用新型专利证书》（该证件会列明使用新型名称、发明人、专利号、专利申请日期、专利权人、授权公告日）、《外观设计专利证书》（该证件会列明外观设计名称、设计人、专利号、专利申请日、专利权人、授权公告日）。

特别需要说明，与注册商标权及著作权不同的是专利权除了取得相关证件外，还需要后期缴纳相关费用，才能保证该专利的有效性，通常取得知识产权局颁发的相关证件后，申请专利的权利人需要定期缴纳专利年费，以保障取得的专利权持续有效。

（3）著作权的确定与核查。根据《著作权法》第二条"中国公民、法人或者非法人组织的作品，不论是否发表，依照本法享有著作权"及第三条"本法所称的作品，是指文学、艺术和科学领域内具有独创性并能以一定形式表现的智力成果，包括：（一）文字作品；（二）口述作品；（三）音乐、戏剧、曲艺、舞蹈、杂技艺术作品；（四）美术、建筑作品；（五）摄影作品；（六）视听作品；（七）工程设计图、产品设计图、地图、示意图等图形作品和模型作品；（八）计算机软件；（九）符合作品特征的其他智力成果"可知，著作权和注册商标权及专利权的最大不同之处在于：不论是否发表，作品完成，即享有著作权。在类金融相关业务中，业务中比较常用的是计算机软件著作权，根据《计算机软件保护条例》第七条"软件著作权人可以向国务院著作权行政管理部门认定的软件登记机构办理登记。软件登记机构发放的登记证明文件是登记事项的初步证明"及《计算机软件著作权登记办法》第二条"为促进我国软件产业发展，增强我国信息产业的创新能力和竞争能力，国家著作权行政管理部门鼓励软件登记，并对登记的软件予以重点保护"可知，软件著作权自软件开发完成之日起就自动产生，登记并不是权利产生的必要条件，但对于登记的计算机软件著作权予以重点保护。在实务中，对于计算机软件著作权主要从风险控制的角度出发，通常以登记的计算机软件著作权为质押标的物，未登记的计算机软件著作权由于其无法进行质押登记办理，故虽然享有著作权，但不是考虑的内容之一。对于登记的计算机软件著作权核查，通常通过以下方式结合核查：一是通过国家版权局核发的相关证件进行核查，进行登记的计算机软件著作权持有《计算机软件著作权登记证书》，该证书会列明软件名称、著作权人、开发完成日期、首次发表日期、权利取得方式、权利范围、登记号；二是需要结合计算机软件的取得方式（原始取得、继承取得、受让取得）及原始完成的相关资料和条件等，通过尽职调查以落实计算机软件的出质人享有相关权利。

3. 知识产权质押标的价值确定的风险

（1）难以估值。知识产权质押标的不同于股权或者其他动产，其价值通过投入、折旧、市场价值核定基本能够判定一个相对公允及出质人和质押人均能够认同的价值，知识产权资产价值通常有法律考虑（其权利属性及权利分割后的剩余价值确认），市场考虑（通常日常业务中因享有知识产权的融资主体具有一定的行业垄断性、市场占有率而影响到知识产权的价值核定），市场转化可行性考虑（知识产权需要市场化，转化成产品或者其他可以影响市场的因素才有更大的价值），替代技术考虑（由于知识产权会随市场和新技术的发生，而产生迭代更新）等各方面的考虑，且市场暂时没有统一的价值评估体系和严格的标准，故对于知识产权的评估由出质人与质权人进行协商核定，具有一定的难以确定性，实务中，部分地区推出"一体化综合服务"，结合政府引导、法律股价和财务估价等结合的方式推动知识产权融资，暂时没有推广和广泛应用。

（2）流动性较差，通常具有一定的行业性。实务中，以知识产权进行融资的相关事项时，通常享有知识产权的融资企业具有一定的行业性和市场占有率，而作为质押标的的知识产权通常流动性较差，对该知识产权进行估值时，在考虑其他因素的同时，也要考虑其行业性和流通性，以保障在后期处置阶段的可行性和便利性。

（3）设立时和处置时的价值不确定性。知识产权权利质押标的物同其他质押物共同的特性是随着公司的运转和市场的变化而变化，通常情况下，在进行知识产权权利质押设立时的价值核定，和在后期发生需要通过处置知识产权权利时的价值是不一致的，后期处置时的价值需要根据当时的市场价值和品牌价值、流动性、可转让性、市场的认可度等方面因素结合考虑，特别是在处置阶段，融资企业的市场认可程度可能与设立时完全不同，其因知识产权而实现的产品化和市场化也因为融资企业的经营和品牌等会受到一定程度的影响。

（4）价值随着企业的经营和市场占有情况等变动。知识产权权利的价值根据实务情况，基本上都会受到融资企业经营状况、市场占有状况、品牌状况、技术的专业状况和替代状况、涉诉情况等综合因素的影响而发生变化，故在以知识产权进行质押融资时，考虑设立时的价值核定的不确定性的同时，也要考虑在市场变化中的价值的不确定性，正是因为其价值的难以核定和价值的不确定性，其风险难以确定，导致知识产权在融资过程中的不普遍性。

4. 知识产权质押登记时质权设立

根据《民法典》第四百四十四条第一款"以注册商标专用权、专利权、著作权等知识产权中的财产权出质的，质权自办理出质登记时设立"及知识产权本身属于无形资产，其具有无形性和非物质性的特点，无法具体实际掌握和控制，质权自在相关部门办理登记时设立，自办理登记完成，则质权人享有质权。虽然知识产权具有无形性，但实务中通常在权利质押相关合同中约定，出质人将相关权利凭证，包括但不限于商标注册证或发明专利证书、计算机软件著作权登记证书及相关资料、副本等原件交付给质权人。

5. 出质后，出质人继续持有，只是权利受限

知识产权权利在设立质权之前，出质人享有完成的权利：

根据《商标法》第三条"经商标局核准注册的商标为注册商标，包括商品商标、服务商标和集体商标、证明商标；商标注册人享有商标专用权，受法律保护。"

根据《专利法》第十一条"发明和实用新型专利权被授予后，除本法另有规定的以外，任何单位或者个人未经专利权人许可，都不得实施其专利，即不得为生产经营目的制造、使用、许诺销售、销售、进口其专利产品，或者使用其专利方法以及使用、许诺销售、销售、进口依照该专利方法直接获得的产品。外观设计专利权被授予后，任何单位或者个人未经专利权人许可，都不得实施其专利，即不得为生产经营目的制造、许诺销售、销售、进口其外观设计专利产品。"

根据《著作权法》第十条"著作权包括下列人身权和财产权：（一）发表权，即决定作品是否公之于众的权利；（二）署名权，即表明作者身份，在作品上署名的权利；（三）修改权，即修改或者授权他人修改作品的权利；（四）保护作品完整权，即保护作品不受歪曲、篡改的权利；（五）复制权，即以印刷、复印、拓印、录音、录像、翻录、翻拍、数字化等方式将作品制作一份或者多份的权利；（六）发行权，即以出售或者赠与方式向公众提供作品的原件或者复制件的权利；（七）出租权，即有偿许可他人临时使用视听作品、计算机软件的原件或者复制件的权利，计算机软件不是出租的主要标的的除外；（八）展览权，即公开陈列美术作品、摄影作品的原件或者复制件的权利；（九）表演权，即公开表演作品，以及用各种手段公开播送作品的表演的权利；（十）放映权，即通过放映机、幻灯机等技术设备公开再现美术、摄影、视听作品等的权利；（十一）广播权，即以有线或者无线方式公开传播或者转播作品，以及通过扩音器或者其他传送符号、声音、图像的类似工具向公众传播广播的作品的权利，但不包括本款第十二项规定的权利；（十二）信息网络传播权，即以有线或者无线方式向公众提供，使公众可以在其选定的时间和地点获得作品的权利；（十三）摄制权，即以摄制视听作品的方法将作品固定在载体上的权利；（十四）改编权，即改变作品，创作出具有独创性的新作品的权利；（十五）翻译权，即将作品从一种语言文字转换成另一种语言文字的权利；（十六）汇编权，即将作品或者作品的片段通过选择或者编排，汇集成新作品的权利；（十七）应当由著作权人享有的其他权利。"

知识产权在办理质押登记后，属于将知识产权项下部分财产权利质押给了质权人，但设立质押的知识产权权属仍为原权利人，只是因为质押行为权利受到了部分限制，根据《民法典》第四百四十四条"知识产权中的财产权出质后，出质人不得转让或者许可他人使用，但是出质人与质权人协商同意的除外。出质人转让或者许可他人使用出质的知识产权中的财产权所得的价款，应当向质权人提前清偿债务或者提存"可知，知识产权中的财产权出质后，其出质人的部分财产权利受到限制，出质人对于质押的知识产权权利一是不得转让，二是不得许可他人使用。

6. 知识产权权利设立质押登记后，质权人享有优先受偿权

根据《民法典》第四百四十六条"权利质权除适用本节规定外，适用本章第一节的有关规定"及第四百三十六条第二款"债务人不履行到期债务或者发生当事人约定的实现质权的情形，质权人可以与出质人协议以质押财产折价，也可以就拍卖、变卖质押财产所得的价款优先受偿"可知，知识产权权利质押虽然属于较为特殊的权利质押登记，但仍然适用其他普通权利质押或者动产质押相关的规定，设立完成后，质权人享有优先受偿权。

7. 知识产权权利保护期限的落实与确定

商标权：根据《商标法》第三十九条"注册商标的有效期为十年，自核准注册之日起计算"。

专利权：根据《专利法》第四十二条"发明专利权的期限为二十年，实用新型专利权的期限为十年，外观设计专利权的期限为十五年，均自申请日起计算"、第四十三条"专利权人应当自被授予专利权的当年开始缴纳年费"及第四十四条"有下列情形之一的，专利权在期限届满前终止：（一）没有按照规定缴纳年费的；（二）专利权人以书面声明放弃其专利权的。专利权在期限届满前终止的，由国务院专利行政部门登记和公告"。

著作权：根据《计算机软件保护条例》第十四条"软件著作权自软件开发完成之日起产生。自然人的软件著作权，保护期为自然人终生及其死亡后50年，截止于自然人死亡后第50年的12月31日；软件是合作开发的，截止于最后死亡的自然人死亡后第50年的12月31日。法人或者其他组织的软件著作权，保护期为50年，截止于软件首次发表后第50年的12月31日，但软件自开发完成之日起50年内未发表的，本条例不再保护"。

8. 知识产权项下不同出质标的的内容和登记部门有区别

商标权出质人以商标权为标办理质押登记的，由国家商标局办理质权登记；专利权出质人以专利权为标的办理质押登记的，由国家知识产权局办理质押登记；著作权出质人以著作权为标的办理质押登记的，由中国版权保护中心办理质权登记。

9. 知识产权的复杂性与法律依据

知识产权因为其设立、登记及后续管理的相关部门不同，及知识产权权

利各自的相关法律依据、法规及各地相关政策的不同，形成了较为复杂的权利保护体系，主要的法律法规依据为：

专利：《专利质押登记办法》《专利法》。

商标：《商标法》《中华人民共和国商标法实施条例》《注册商标专用权质押登记程序规定》。

著作权：《著作权法》《中华人民共和国著作权法实施条例》《著作权质押合同登记办法》。

实务中，因为相关法律法规制度相对不完善，又因为知识产权自身的局限性、登记的复杂性，实务中知识产权保护制度和落地方式的相对不完善，侵犯知识产权的侵权成本较低，知识产权为质押的标的开展的知识产权质押融资在逐步完善和发展中，但仍有较长的距离要走。

10. 实务中不具有法律效力的约定

在担保物权存续期间的权利质押合同中，出质人与质权人可能约定质权存续的期间（通常为2~3年），但结合实务判例并根据物权法定原则，质押权作为一项担保物权，其设定及消灭均应依照法律规定。例如出质人与质权人在《著作权质押合同》和《专利权质押合同》中约定存续期间2年，因违反了上述规定，对担保物权不具有法律约束力 ［（2018）粤01民终238号《广东省广州市中级人民法院判决书》］。另结合《民法典担保制度解释》第四十四条"主债权诉讼时效期间届满后，抵押权人主张行使抵押权的，人民法院不予支持；抵押人以主债权诉讼时效期间届满为由，主张不承担担保责任的，人民法院应予支持。主债权诉讼时效期间届满前，债权人仅对债务人提起诉讼，经人民法院判决或者调解后未在民事诉讼法规定的申请执行时效期间内对债务人申请强制执行，其向抵押人主张行使抵押权的，人民法院不予支持。……主债权诉讼时效期间届满的法律后果，以登记作为公示方式的权利质权，参照适用第一款的规定；动产质权、以交付权利凭证作为公示方式的权利质权，参照适用第二款的规定"可知，质权存续的期间为主债权诉讼时效期间，出质人与质权人双方自行约定的质权存续期间不具有法律约束力。

三、知识产权质押流程和相关资料

1. 办理知识产权质押流程及资料

该类业务需要由出质人、类金融机构（质权人）共同签订《权利质押合同》，并在相关登记管理部门办理质押登记，具体资料和流程如下：

（1）办理注册商标专用权质押登记需要资料：

①申请人签字或者盖章的《商标专用权质权登记申请书》。

②出质人、质权人的主体资格证明或者自然人身份证明复印件。

③主合同和注册商标专用权质权合同。

④直接办理的，应当提交授权委托书以及被委托人的身份证明；委托商标代理机构办理的，应当提交商标代理委托书。

⑤出质注册商标的注册证复印件。

⑥出质商标专用权的价值评估报告。如果质权人和出质人双方已就出质商标专用权的价值达成一致意见并提交了相关书面认可文件，申请人可不再提交。

⑦其他需要提供的材料。

（2）办理注册商标专用权质押登记流程：

申请登记书件齐备、符合规定的，商标局予以受理。受理日期即为登记日期。商标局自登记之日起 5 个工作日内向双方当事人发放商标专用权质权登记证。

（3）办理专利权质押登记需要资料：

①出质人和质权人共同签字或者盖章的专利权质押登记申请表；

②专利权质押合同；

③双方当事人的身份证明；

④委托代理的，注明委托权限的委托书；

⑤其他需要提供的材料。

专利权经过资产评估的，当事人还应当提交资产评估报告。

（4）办理专利权质押登记流程：

国家知识产权局自收到专利权质押登记申请文件之日起 7 个工作日内进行审查并决定是否予以登记。

专利权质押登记申请经审查合格的，国家知识产权局在专利登记簿上予以登记，并向当事人发送专利权质押登记通知书。质权自国家知识产权局登记时设立。

（5）办理计算机软件著作权质押需要资料：

①著作权质权登记申请表；

②出质人和质权人的身份证明；

③主合同和著作权质权合同；

④委托代理人办理的，提交委托书和受托人的身份证明；

⑤以共有的著作权出质的，提交共有人同意出质的书面文件；

⑥出质前授权他人使用的，提交授权合同；

⑦出质的著作权经过价值评估的、质权人要求价值评估的或相关法律法规要求价值评估的，提交有效的价值评估报告；

⑧其他需要提供的材料。

（6）办理计算机软件著作权质押需要流程：

经审查符合要求的，登记机构应当自受理之日起10日内予以登记，并向出质人和质权人发放著作权质权登记证书。

2. 办理知识产权质押注销流程及资料

（1）注册商标权

商标专用权质权登记需要注销的，质权人和出质人双方可以持下列文件办理注销申请：

①申请人签字或者盖章的商标专用权质权登记注销申请书；

②出质人、质权人的主体资格证明或者自然人身份证明复印件；

③当事人双方签署的解除质权登记协议或者合同履行完毕凭证；

④原商标专用权质权登记证；

⑤授权委托书、被委托人的身份证明或者商标代理委托书；

⑥其他有关文件。

质权登记期限届满后，该质权登记自动失效。

（2）专利权

有下列情形之一的，当事人应当持专利权质押登记通知书以及相关证明文件，向国家知识产权局办理质押登记注销手续：

①债务人按期履行债务或者出质人提前清偿所担保的债务的；

②质权已经实现的；

③质权人放弃质权的；

④因主合同无效、被撤销致使质押合同无效、被撤销的；

⑤法律规定质权消灭的其他情形。

国家知识产权局收到注销登记申请后，经审核，向当事人发出专利权质押登记注销通知书。专利权质押登记的效力自注销之日起终止。

（3）著作权

申请注销质权登记的，应当提交注销登记申请书、注销登记证明、申请人身份证明等材料，并交回原著作权质权登记证书。

登记机构应当自受理之日起 10 日内办理完毕，并发放注销登记通知书。

四、知识产权权利质押其他需要说明

1. 知识产权权利质押的主体

出质人主体可以是自然人，也可以是企业或者非法人组织，根据主体类型的不同，需要提交不同的主体资格证明文件，比如自然人提交身份证复印件，企业主体提供营业执照复印件均可。

2. 可以自己办理，可以委托他人办理

无论是注册商标的质押权登记、还是专利权、著作权质押登记，均可以自己办理登记，也可以委托他人办理质押登记，委托他人的需要准备授权委托书，同时可以委托第三方机构代为办理质押登记。

3. 对于文件是外文的不同规定

注册商标权：对于申请质押登记的相关文件为外文的，应当同时提交其中文译文。中文译文应当由翻译单位和翻译人员签字盖章确认。

专利权：除身份证明外，当事人提交的其他各种文件应当使用中文。身份证明是外文的，当事人应当附送中文译文；未附送的，视为未提交。

著作权：提交的文件是外文的，需同时附送中文译本。

五、附录

1.《注册商标专用权质押登记程序规定》（国家知识产权局关于《注册商标专用权质押登记程序规定》的公告【第 358 号】）

第一条　为充分发挥注册商标专用权无形资产的价值，促进经济发展，根据《物权法》、《担保法》、《商标法》和《商标法实施条例》的有关规定，制定本规定。

国家知识产权局负责办理注册商标专用权质权登记。

第二条　自然人、法人或者其他组织以其注册商标专用权出质的，出质人与质权人应当订立书面合同，并向国家知识产权局办理质权登记。

质权登记申请应由质权人和出质人共同提出。质权人和出质人可以直接向国家知识产权局申请，也可以委托商标代理机构代理办理。在中国没有经常居所或者营业所的外国人或者外国企业应当委托代理机构办理。

第三条　办理注册商标专用权质权登记，出质人应当将在相同或者类似

商品/服务上注册的相同或者近似商标一并办理质权登记。质权合同和质权登记申请书中应当载明出质的商标注册号。

共有商标办理质权登记的，除全体共有人另有约定的以外，应当取得其他共有人的同意。

第四条 申请注册商标专用权质权登记的，应提交下列文件：

（一）申请人签字或者盖章的《商标专用权质权登记申请书》；

（二）主合同和注册商标专用权质权合同；

（三）申请人签署的承诺书；

（四）委托商标代理机构办理的，还应当提交商标代理委托书。

上述文件为外文的，应当同时提交其中文译文。中文译文应当由翻译单位和翻译人员签字盖章确认。

第五条 注册商标专用权质权合同一般包括以下内容：

（一）出质人、质权人的姓名（名称）及住址；

（二）被担保的债权种类、数额；

（三）债务人履行债务的期限；

（四）出质注册商标的清单（列明注册商标的注册号、类别及专用期）；

（五）担保的范围；

（六）当事人约定的其他事项。

第六条 申请登记书件齐备、符合规定的，国家知识产权局予以受理并登记。质权自登记之日起设立。国家知识产权局自登记之日起2个工作日内向双方当事人发放《商标专用权质权登记证》。

《商标专用权质权登记证》应当载明下列内容：出质人和质权人的名称（姓名）、出质商标注册号、被担保的债权数额、质权登记期限、质权登记日期。

第七条 质权登记申请不符合本办法第二条、第三条、第四条、第五条规定的，国家知识产权局应当通知申请人，并允许其在30日内补正。申请人逾期不补正或者补正不符合要求的，视为其放弃该质权登记申请，国家知识产权局应当通知申请人。

第八条 有下列情形之一的，国家知识产权局不予登记：

（一）出质人名称与国家知识产权局档案所记载的名称不一致，且不能提供相关证明证实其为注册商标权利人的；

（二）合同的签订违反法律法规强制性规定的；

（三）注册商标专用权已经被撤销、被注销或者有效期满未续展的；

（四）注册商标专用权已被人民法院查封、冻结的；

（五）其他不符合出质条件的。

不予登记的，国家知识产权局应当通知当事人，并说明理由。

第九条　质权登记后，有下列情形之一的，国家知识产权局应当撤销登记：

（一）发现有属于本办法第八条所列情形之一的；

（二）质权合同无效或者被撤销；

（三）出质的注册商标因法定程序丧失专用权的；

（四）提交虚假证明文件或者以其他欺骗手段取得注册商标专用权质权登记的。

撤销登记的，国家知识产权局应当通知当事人。

第十条　质权人或出质人的名称（姓名）更改，以及质权合同担保的主债权数额变更的，当事人可以凭下列文件申请办理变更登记：

（一）申请人签字或者盖章的《商标专用权质权登记事项变更申请书》；

（二）主债权数额变更的，双方签订的有关的补充或变更协议；

（三）申请人签署的相关承诺书；

（四）委托商标代理机构办理的，还应当提交商标代理委托书。

出质人名称（姓名）发生变更的，还应按照《商标法》及《商标法实施条例》的相关规定在国家知识产权局办理变更注册人名义申请。

第十一条　因被担保的主合同履行期限延长、主债权未能按期实现等原因需要延长质权登记期限的，质权人和出质人双方应当在质权登记期限到期前，持以下文件申请办理延期登记：

（一）申请人签字或者盖章的《商标专用权质权登记期限延期申请书》；

（二）当事人双方签署的延期协议；

（三）申请人签署的相关承诺书；

（四）委托商标代理机构办理的，还应当提交商标代理委托书。

主债权未能按期实现，双方又未能达成有关延期协议的，质权人可以出具相关书面保证函，说明债权未能实现的相关情况，申请延期。国家知识产权局予以延期登记的，应当通知出质人。

第十二条　办理质权登记事项变更申请或者质权登记期限延期申请后，由国家知识产权局在 2 个工作日内重新核发《商标专用权质权登记证》。

第十三条　注册商标专用权质权登记需要注销的，质权人和出质人双方可以持下列文件办理注销申请：

（一）申请人签字或者盖章的《商标专用权质权登记注销申请书》；

（二）申请人签署的相关承诺书；

（三）委托商标代理机构办理的，还应当提交商标代理委托书。

注销登记的，国家知识产权局应当在2个工作日内通知当事人。

质权登记期限届满后，该质权登记自动失效。

第十四条　《商标专用权质权登记证》遗失的，可以向国家知识产权局申请补发。

第十五条　国家知识产权局对注册商标质权登记的相关信息进行公告。

第十六条　反担保及最高额质权适用本规定。

第十七条　本规定自2020年5月1日起施行，原《注册商标专用权质权登记程序规定》（工商标字〔2009〕182号）同日起不再执行。

2.《专利权质押登记办法》（国家知识产权局令第56号）

第一条　为了促进专利权的运用和资金融通，保障债权的实现，规范专利权质押登记，根据《中华人民共和国物权法》《中华人民共和国担保法》《中华人民共和国专利法》及有关规定，制定本办法。

第二条　国家知识产权局负责专利权质押登记工作。

第三条　以专利权出质的，出质人与质权人应当订立书面质押合同。

质押合同可以是单独订立的合同，也可以是主合同中的担保条款。

第四条　以共有的专利权出质的，除全体共有人另有约定的以外，应当取得其他共有人的同意。

第五条　在中国没有经常居所或者营业所的外国人、外国企业或者外国其他组织办理专利权质押登记手续的，应当委托依法设立的专利代理机构办理。

中国单位或者个人办理专利权质押登记手续的，可以委托依法设立的专利代理机构办理。

第六条　当事人可以通过邮寄、直接送交等方式办理专利权质押登记相关手续。

第七条　申请专利权质押登记的，当事人应当向国家知识产权局提交下列文件：

（一）出质人和质权人共同签字或者盖章的专利权质押登记申请表；

（二）专利权质押合同；

（三）双方当事人的身份证明；

（四）委托代理的，注明委托权限的委托书；

（五）其他需要提供的材料。

专利权经过资产评估的，当事人还应当提交资产评估报告。

除身份证明外，当事人提交的其他各种文件应当使用中文。身份证明是外文的，当事人应当附送中文译文；未附送的，视为未提交。

对于本条第一款和第二款规定的文件，当事人可以提交电子扫描件。

第八条　国家知识产权局收到当事人提交的质押登记申请文件后，应当通知申请人。

第九条　当事人提交的专利权质押合同应当包括以下与质押登记相关的内容：

（一）当事人的姓名或者名称、地址；

（二）被担保债权的种类和数额；

（三）债务人履行债务的期限；

（四）专利权项数以及每项专利权的名称、专利号、申请日、授权公告日；

（五）质押担保的范围。

第十条　除本办法第九条规定的事项外，当事人可以在专利权质押合同中约定下列事项：

（一）质押期间专利权年费的缴纳；

（二）质押期间专利权的转让、实施许可；

（三）质押期间专利权被宣告无效或者专利权归属发生变更时的处理；

（四）实现质权时，相关技术资料的交付。

第十一条　国家知识产权局自收到专利权质押登记申请文件之日起7个工作日内进行审查并决定是否予以登记。

第十二条　专利权质押登记申请经审查合格的，国家知识产权局在专利登记簿上予以登记，并向当事人发送《专利权质押登记通知书》。质权自国家知识产权局登记时设立。

经审查发现有下列情形之一的，国家知识产权局作出不予登记的决定，并向当事人发送《专利权质押不予登记通知书》：

（一）出质人与专利登记簿记载的专利权人不一致的；

（二）专利权已终止或者已被宣告无效的；

（三）专利申请尚未被授予专利权的；

（四）专利权处于年费缴纳滞纳期的；

（五）专利权已被启动无效宣告程序的；

（六）因专利权的归属发生纠纷或者人民法院裁定对专利权采取保全措施，专利权的质押手续被暂停办理的；

（七）债务人履行债务的期限超过专利权有效期的；

（八）质押合同约定在债务履行期届满质权人未受清偿时，专利权归质权人所有的；

（九）质押合同不符合本办法第九条规定的；

（十）以共有专利权出质但未取得全体共有人同意的；

（十一）专利权已被申请质押登记且处于质押期间的；

（十二）其他应当不予登记的情形。

第十三条　专利权质押期间，国家知识产权局发现质押登记存在本办法第十二条第二款所列情形并且尚未消除的，或者发现其他应当撤销专利权质押登记的情形的，应当撤销专利权质押登记，并向当事人发出《专利权质押登记撤销通知书》。

专利权质押登记被撤销的，质押登记的效力自始无效。

第十四条　国家知识产权局在专利公报上公告专利权质押登记的下列内容：出质人、质权人、主分类号、专利号、授权公告日、质押登记日等。

专利权质押登记后变更、注销的，国家知识产权局予以登记和公告。

第十五条　专利权质押期间，出质人未提交质权人同意其放弃该专利权的证明材料的，国家知识产权局不予办理专利权放弃手续。

第十六条　专利权质押期间，出质人未提交质权人同意转让或者许可实施该专利权的证明材料的，国家知识产权局不予办理专利权转让登记手续或者专利实施合同备案手续。

出质人转让或者许可他人实施出质的专利权的，出质人所得的转让费、许可费应当向质权人提前清偿债务或者提存。

第十七条　专利权质押期间，当事人的姓名或者名称、地址、被担保的主债权种类及数额或者质押担保的范围发生变更的，当事人应当自变更之日起 30 日内持变更协议、原《专利权质押登记通知书》和其他有关文件，向国家知识产权局办理专利权质押登记变更手续。

第十八条　有下列情形之一的，当事人应当持《专利权质押登记通知书》以及相关证明文件，向国家知识产权局办理质押登记注销手续：

（一）债务人按期履行债务或者出质人提前清偿所担保的债务的；

（二）质权已经实现的；

（三）质权人放弃质权的；

（四）因主合同无效、被撤销致使质押合同无效、被撤销的；

（五）法律规定质权消灭的其他情形。

国家知识产权局收到注销登记申请后，经审核，向当事人发出《专利权质押登记注销通知书》。专利权质押登记的效力自注销之日起终止。

第十九条　专利权在质押期间被宣告无效或者终止的，国家知识产权局应当通知质权人。

第二十条　专利权人没有按照规定缴纳已经质押的专利权的年费的，国家知识产权局应当在向专利权人发出缴费通知书的同时通知质权人。

第二十一条　本办法由国家知识产权局负责解释。

第二十二条　本办法自 2010 年 10 月 1 日起施行。1996 年 9 月 19 日中华人民共和国专利局令第八号发布的《专利权质押合同登记管理暂行办法》同时废止。

3.《著作权质权登记办法》（中华人民共和国国家版权局令第 8 号）

第一条　为规范著作权出质行为，保护债权人合法权益，维护著作权交易秩序，根据《中华人民共和国物权法》、《中华人民共和国担保法》和《中华人民共和国著作权法》的有关规定，制定本办法。

第二条　国家版权局负责著作权质权登记工作。

第三条　《中华人民共和国著作权法》规定的著作权以及与著作权有关权利（以下统称"著作权"）中的财产权可以出质。

以共有的著作权出质的，除另有约定外，应当取得全体共有人的同意。

第四条　以著作权出质的，出质人和质权人应当订立书面质权合同，并由双方共同向登记机构办理著作权质权登记。

出质人和质权人可以自行办理，也可以委托代理人办理。

第五条　著作权质权的设立、变更、转让和消灭，自记载于《著作权质权登记簿》时发生效力。

第六条　申请著作权质权登记的，应提交下列文件：

（一）著作权质权登记申请表；

（二）出质人和质权人的身份证明；

（三）主合同和著作权质权合同；

（四）委托代理人办理的，提交委托书和受托人的身份证明；

（五）以共有的著作权出质的，提交共有人同意出质的书面文件；

（六）出质前授权他人使用的，提交授权合同；

（七）出质的著作权经过价值评估的、质权人要求价值评估的或相关法律法规要求价值评估的，提交有效的价值评估报告；

（八）其他需要提供的材料。

提交的文件是外文的，需同时附送中文译本。

第七条　著作权质权合同一般包括以下内容：

（一）出质人和质权人的基本信息；

（二）被担保债权的种类和数额；

（三）债务人履行债务的期限；

（四）出质著作权的内容和保护期；

（五）质权担保的范围和期限；

（六）当事人约定的其他事项。

第八条　申请人提交材料齐全的，登记机构应当予以受理。提交的材料不齐全的，登记机构不予受理。

第九条　经审查符合要求的，登记机构应当自受理之日起10日内予以登记，并向出质人和质权人发放《著作权质权登记证书》。

第十条　经审查不符合要求的，登记机构应当自受理之日起10日内通知申请人补正。补正通知书应载明补正事项和合理的补正期限。无正当理由逾期不补正的，视为撤回申请。

第十一条　《著作权质权登记证书》的内容包括：

（一）出质人和质权人的基本信息；

（二）出质著作权的基本信息；

（三）著作权质权登记号；

（四）登记日期。

《著作权质权登记证书》应当标明：著作权质权自登记之日起设立。

第十二条　有下列情形之一的，登记机构不予登记：

（一）出质人不是著作权人的；

（二）合同违反法律法规强制性规定的；

（三）出质著作权的保护期届满的；

（四）债务人履行债务的期限超过著作权保护期的；

（五）出质著作权存在权属争议的；

（六）其他不符合出质条件的。

第十三条　登记机构办理著作权质权登记前，申请人可以撤回登记申请。

第十四条　著作权出质期间，未经质权人同意，出质人不得转让或者许可他人使用已经出质的权利。

出质人转让或者许可他人使用出质的权利所得的价款，应当向质权人提前清偿债务或者提存。

第十五条　有下列情形之一的，登记机构应当撤销质权登记：

（一）登记后发现有第十二条所列情形的；

（二）根据司法机关、仲裁机关或行政管理机关作出的影响质权效力的生效裁决或行政处罚决定书应当撤销的；

（三）著作权质权合同无效或者被撤销的；

（四）申请人提供虚假文件或者以其他手段骗取著作权质权登记的；

（五）其他应当撤销的。

第十六条　著作权出质期间，申请人的基本信息、著作权的基本信息、担保的债权种类及数额、或者担保的范围等事项发生变更的，申请人持变更协议、原《著作权质权登记证书》和其他相关材料向登记机构申请变更登记。

第十七条　申请变更登记的，登记机构自受理之日起 10 日内完成审查。经审查符合要求的，对变更事项予以登记。

变更事项涉及证书内容变更的，应交回原登记证书，由登记机构发放新的证书。

第十八条　有下列情形之一的，申请人应当申请注销质权登记：

（一）出质人和质权人协商一致同意注销的；

（二）主合同履行完毕的；

（三）质权实现的；

（四）质权人放弃质权的；

（五）其他导致质权消灭的。

第十九条　申请注销质权登记的，应当提交注销登记申请书、注销登记证明、申请人身份证明等材料，并交回原《著作权质权登记证书》。

登记机构应当自受理之日起 10 日内办理完毕，并发放注销登记通知书。

第二十条　登记机构应当设立《著作权质权登记簿》，记载著作权质权登记的相关信息，供社会公众查询。《著作权质权登记证书》的内容应当与《著作权质权登记簿》的内容一致。记载不一致的，除有证据证明《著作权质权登记簿》确有错误外，以《著作权质权登记簿》为准。

第二十一条　《著作权质权登记簿》应当包括以下内容：

（一）出质人和质权人的基本信息；

（二）著作权质权合同的主要内容；

（三）著作权质权登记号；

（四）登记日期；

（五）登记撤销情况；

（六）登记变更情况；

（七）登记注销情况；

（八）其他需要记载的内容。

第二十二条　《著作权质权登记证书》灭失或者毁损的，可以向登记机构申请补发或换发。登记机构应自收到申请之日起 5 日内予以补发或换发。

第二十三条　登记机构应当通过国家版权局官方网站公布著作权质权登记的基本信息。

第二十四条　本办法由国家版权局负责解释。

第二十五条　本办法自 2011 年 1 月 1 日起施行。1996 年 9 月 23 日国家版权局发布的《著作权质押合同登记办法》同时废止。

第三节　应收账款质押

一、应收账款质押内容及简述

应收账款质押指为担保债务的履行，债务人或者第三人将其合法拥有的应收账款出质给债权人，债务人不履行到期债务或者发生当事人约定的实现质权的情形，质权人有权就该应收账款及其收益优先受偿。其属于权利质押的一种。

根据《民法典》第四百四十条"债务人或者第三人有权处分的下列权利可以出质：（一）汇票、本票、支票；（二）债券、存款单；（三）仓单、提单；（四）可以转让的基金份额、股权；（五）可以转让的注册商标专用权、专利权、著作权等知识产权中的财产权；（六）现有的以及将有的应收账款；

（七）法律、行政法规规定可以出质的其他财产权利"及《应收账款质押登记办法》（中国人民银行令［2019］第4号）第二条"本办法所称应收账款是指权利人因提供一定的货物、服务或设施而获得的要求义务人付款的权利以及依法享有的其他付款请求权，包括现有的和未来的金钱债权，但不包括因票据或其他有价证券而产生的付款请求权，以及法律、行政法规禁止转让的付款请求权。本办法所称的应收账款包括下列权利：（一）销售、出租产生的债权，包括销售货物，供应水、电、气、暖，知识产权的许可使用，出租动产或不动产等；（二）提供医疗、教育、旅游等服务或劳务产生的债权；（三）能源、交通运输、水利、环境保护、市政工程等基础设施和公用事业项目收益权；（四）提供贷款或其他信用活动产生的债权；（五）其他以合同为基础的具有金钱给付内容的债权"。

1. 担保类业务

《反担保权利质押合同》：应收账款的拥有人为出质人，担保公司通常为反担保质权人，该类合同主要内容为出质人（即应收账款拥有人）与质权人（即担保公司）签订的，约定由反担保出质人将其合法拥有的应收账款出质给质权人，债务人不履行到期债务或者发生当事人约定的实现质权的情形，质权人有权就该应收账款及其收益优先受偿。

2. 小贷类业务

《权利质押合同》：由出质人与小额贷款公司（质权人）达成的，主要约定出质人将其合法拥有的应收账款出质给质权人，债务人不履行到期债务或者发生当事人约定的实现质权的情形，质权人有权就该应收账款及其收益优先受偿。特殊的应收账款，有景区门票收费权，非公益性的私立学校的学费、宿舍收费权（均以未来应收账款估价后作为质押标的）等。

3. 典当类业务

实务中，典当类业务中可以应收账款质押作为担保方式。根据《典当管理办法》第二十五条"经批准，典当行可以经营下列业务：（一）动产质押典当业务；（二）财产权利质押典当业务；（三）房地产（外省、自治区、直辖市的房地产或者未取得商品房预售许可证的在建工程除外）抵押典当业务；（四）限额内绝当物品的变卖；（五）鉴定评估及咨询服务；（六）商务部依法批准的其他典当业务"可知，当户可以以应收账款进行质押，向典当行进行当物融资，到期后无法及时赎当时，典当行有权就该应收账款及其收益优先受偿。

4. 融资租赁类业务

《权利质押担保合同》：主要为应收账款所有权人作为出质人与质权人（融资租赁公司）约定的，以出质人拥有的应收账款将其合法拥有的应收账款出质给质权人，承租人不履行到期债务或者发生当事人约定的实现质权的情形，质权人有权就该应收账款及其收益优先受偿。

应收账款质押是融资租赁公司自身融资的主要方式，通常因为该应收账款为融资租赁公司的应收各承租主体的应收账款，基础资产较好、融资租赁公司通常以该应收账款进行应收账款质押给其他主体融资，进行融资租赁保理融资和资产证券化业务。

5. 保理类业务

保理业务中通常以应收账款进行保理融资（转让、管理应收账款等），而不进行应收账款质押融资。应收账款保理是融资主体将形成的未到期应收账款在满足一定条件的情况下，转让给保理公司进行融资，通常有非回购型保理和回购型保理、有追索权保理和无追索权保理、明保理和暗保理等。

6. 其他类业务

民间借贷中，个人与公司或者公司与公司之间的借贷关系，借款人或者其他第三人可以以其对其他人的应收账款为该笔债权提供质押担保。由于中国人民银行征信中心动产融资统一登记公示系统可以办理质权人为自然人或者公司的登记，故实务中存在以该应收账款质押进行的民间借贷业务。

委托贷款业务中，银行作为受托人与应收账款出质人之间，可由出质人将其合法拥有的应收账款出质给银行，债务人不履行到期债务或者发生当事人约定的实现质权的情形，质权人有权就该应收账款及其收益优先受偿。

二、应收账款质押常见的法律风险和处理方法

1. 哪些应收账款可以质押

根据《民法典》第四百四十条"债务人或者第三人有权处分的下列权利可以出质：……（六）现有的以及将有的应收账款；……"及《应收账款质押登记办法》第二条"……本办法所称的应收账款包括下列权利：（一）销售、出租产生的债权，包括销售货物，供应水、电、气、暖，知识产权的许可使用，出租动产或不动产等；（二）提供医疗、教育、旅游等服务或劳务产生的债权；（三）能源、交通运输、水利、环境保护、市政工程等基础设施和公用事业项目收益权；（四）提供贷款或其他信用活动产生的债权；（五）其他以合同为基础的具有金钱给付内容的债权"可知，对于适用于进行应收账款质押登记的以列明为主，同时包括两方面：一是以上列明的应收账款，包括现有的和未来的金钱债权，即质押时已经产生的应收账款和未来会产生的金钱债权均可以进行质押；二是上述列明的应收账款不包括因票据或其他有价证券而产生的付款请求权，以及法律、行政法规禁止转让的付款请求权。

2. 质权自登记时设立

根据《民法典》第四百四十五条第一款"以应收账款出质的，质权自办理出质登记时设立"可知，应收账款的质权自登记人在信贷征信机构办理时设立，即自在中国人民银行对征信中心"动产融资统一登记公示系统"（https://www.zhongdengwang.org.cn）办理登记后，质权设立。质权设立后，质权人比其他债权人相对于质押的应收账款享有优先受偿的权利。

3. 质押的应收账款转让或者清偿的问题

根据《民法典》第四百四十五条第二款"应收账款出质后，不得转让，但是出质人与质权人协商同意的除外。出质人转让应收账款所得的价款，应当向质权人提前清偿债务或者提存"可知，应收账款质押后，质权即享有优先受偿权，若该应收账款转让，则对该应收账款应当提前清偿或者提存。

结合实务，由于应收账款质押后，该应收账款并非固定不变，可能上游核心企业会向出质人进行应收账款的结算和回款，对于应收账款的正常结算回款，由于该应收账款已经质押给了质权人，对于其回款，应当向质权人提前清偿债务或者提存。同时，实务中存在有应收回款，但未向质权人清偿或者提存情形，此种情形下，会导致质押应收账款的减少，为了既有原则性又能符合风险控制要求，质权人往往会设置一定的风险金额，即在某个金额以内若应收账款正常回款，即使该应收账款已经质押给了质权人，为了保障出质人的正常经营，质权人同意将该回款不提存或者提前清偿，由出质企业自由支配；若回款金额超过某个金额，质权人可以要求出质人提前清偿或者提存，也有的会因为质押价值的减少要求出质人另行提供其他担保措施。

4. 应收账款的核实处理

应收账款的真实性和价值的大小，是类金融机构融资进行授信的基础，应收账款的核实是重中之重，通常通过以下渠道和方法进行核实：一是通过与核心企业的结算和对账，特别是核心企业为国有企业或者具有较大的市场地位，比如京东、华润万家等，出质人作为其供应商所欠的应收账款，可以通过基础合同结合对账的方式落实；二是通过基础合同及其完成程度，银行流水，以往交易业绩记录和流水，同行业交易和利润比例等方式进行交叉式检验尽职调查的方式，并结合质押应收账款的合理的预期去确定应收金额。

应收账款的真实性核实后，根据《民法典担保制度解释》第六十一条"以现有的应收账款出质，应收账款债务人向质权人确认应收账款的真实性后，又以应收账款不存在或者已经消灭为由主张不承担责任的，人民法院不予支持。以现有的应收账款出质，应收账款债务人未确认应收账款的真实性，质权人以应收账款债务人为被告，请求就应收账款优先受偿，能够举证证明办理出质登记时应收账款真实存在的，人民法院应予支持；质权人不能举证证明办理出质登记时应收账款真实存在，仅以已经办理出质登记为由，请求就应收账款优先受偿的，人民法院不予支持。以现有的应收账款出质，应收账款债务人已经向应收账款债权人履行了债务，质权人请求应收账款债务人履行债务的，人民法院不予支持，但是应收账款债务人接到质权人要求向其履行的通知后，仍然向应收账款债权人履行的除外。以基础设施和公用事业项目收益权、提供服务或者劳务产生的债权以及其他将有的应收账款出质，当事人为应收账款设立特定账户，发生法定或者约定的质权实现事由时，质权人请求就该特定账户内的款项优先受偿的，人民法院应予支持；特定账户内的款项不足以清偿债务或者未设立特定账户，质权人请求折价或者拍卖、变卖项目收益权等将有的应收账款，并以所得的价款优先受偿的，人民法院依法予以支持"，对于可能出现的上述问题，可以根据该解释具体操作处理。

5. 应收账款的无效

应收账款质押的基础是该应收账款是真实的，且存在未支付的到期应收和未到期的应收账款，但存在下列情形将导致应收账款质押无效：

（1）应收账款质押合同效力有瑕疵，导致合同无效。根据《民法典》第一百四十六条"行为人与相对人以虚假的意思表示实施的民事法律行为无效"，第一百五十三条"违反法律、行政法规的强制性规定的民事法律行为无效。但是，该强制性规定不导致该民事法律行为无效的除外。违背公序良俗的民事法律行为无效"及第一百五十四条"行为人与相对人恶意串通，损害他人合法权益的民事法律行为无效"。

（2）质押的应收账款和真实的应收账款不一致导致的无效。存在两种情形：一种是登记的A合同项下的应收账款，而实际存在应收账款的为B合同项下应收账款的，则登记的应收账款因为无真实的应收账款而无效；二是虽处于同一合同项下，登记的应收账款为A，而实际的应收账款为B，A的金额大于 B 的金额，对于登记的但实际并不存在的应收账款，以实际的应收账款为准，不一致的部分无效。

（3）出质人恶意隐瞒应收账款，该质押的应收账款已经于质押前进行了转让，类金融机构因为未调查清楚的原因，仍对已经转让的应收账款进行质押，虽然该应收账款进行了质押登记，但因为该应收账款已经在质押前进行了转让，该应收账款的权属已经属于第三人，出质人无权进行质押，该质押行为因为质押标的物的不存在而无效。

6. 核心企业（应收账款的付款企业）的义务

结合实务，应收账款质押合同因具有合同相对性，合同对核心企业无具体的约束力，而办理应收质押的整个过程中，除非需要核心企业进行结算对账外，并不需要核心企业进行参与，也不需要其签订相关法律约束力合同或者承诺，导致应收账款质押合同对核心企业并无实质的约束力。

若在办理应收账款质押过程中，并没有与核心企业对账或者结算，而出质人以该应收账款质押给质权人，实务中，存在核心企业不知情的情形，若出质人恶意或者其他原因考虑，出质人和核心企业有可能会变更应收账款的回款账户，或者也存在核心企业支付现金支票和承兑汇票从而对回款情形不可控，根据相关应收账款质押合同约定，出质人收到该应收账款应当提存或者提前清偿，但实务中出质人往往不愿意，而质权人的补救措施一般为要求另行提供担保物或者其他方式控制风险。

后期执行时，质权人具有优先受偿权，对于该应收账款的履行按照到期的债权，由法院发送《协助执行通知书》，核心企业可能根据实务情况提起执行异议，一旦提执行异议，执行法院根据相关法律不对该执行异议行为进行实质审查，直接予以驳回执行裁定，从而导致质权人的质权实现周期延长。

7. 登记机关只进行形式审查

质权人或者质权的委托人可以在登记系统进行设立、变更、注销等登记，但登记机关仅进行形式审查。

应收账款的出质人、出质人证照及地址、应收账款的具体核实包括但不限于真实、付款进度、是否查封、是否重复质押、后期应收的质押权的实现，均需要质权人自行落实，并自行承担落实不能或者实质审查与真实情况不一致等的法律后果。

8. 基础合同的问题

应收账款的质押及后期执行需要依据基础合同的真实，且应收账款的无异议。但实务中，因为基础合同的原因可能存在以下问题：

（1）基础合同的效力瑕疵，比如基础合同因为违反相关法律而无效，或者合同被撤销，或者双方一致解除该合同，或者基础合同双方约定了合同的单方解除权，而其中某一方按照合同约定主张了合同解除，以上均使得应收账款丧失基础根源。

（2）核心企业依据基础合同的抗辩权，基础合同是应收账款付款的依据，出质人质押的应收账款可能还处于履行过程中，对于正在履行的合同，合同另一方享有不安抗辩权或者同时履行抗辩权等可以抗辩按照合同支付合同款项，以上均会阻碍应收账款质押权的实现。

9. 质押的应收账款需有可转让性

根据《应收账款质押登记办法》第二条"本办法所称应收账款是指……但不包括……法律、行政法规禁止转让的付款请求权"，可知质押的应收账款需可以转让，否则后期质权的实现将成为一纸空文，同时根据《民法典》第五百四十五条"债权人可以将债权的全部或者部分转让给第三人，但是有下列情形之一的除外：（一）根据债权性质不得转让；（二）按照当事人约定不得转让；（三）依照法律规定不得转让。当事人约定非金钱债权不得转让的，不得对抗善意第三人。当事人约定金钱债权不得转让的，不得对抗第三人"，需要注意的一是合同性质不得转让的债权，通常是具有人身性的，或者具有特定人身要求的合同；二是合同中约定不得转让条款的，以上均需要在核查出质人与核心企业双方签订的相关合同中重点关注。同时《民法典》新增条款为第二款，其明确债权转让时区分金钱债权和非金钱债权，前者约定不得转让的，不得对抗第三人，后者约定不得转让的，不得对抗善意第三人。

10. 应收账款可以重复质押

应收账款质押属于权利质押的一种，其质权的设立自在中国人民银行对征信中心"动产融资统一登记公示系统"办理登记时设立。结合实务，该系统对于登记的应收账款并不禁止重复登记，同一应收账款可以根据不同的登记内容（仅要求质押的应收账款明确及可分辨性）进行登记，所以实务中存在同一应收账款进行重复质押的情况。

对于重复质押的应收账款，根据相关法律及实务，无论在先质押的还是在后质押，该质权均设立，但质押在先的质权优先于质押在后的质押权。以基础设施和公用事业项目收益权、提供服务或者劳务产生的债权以及其他将有的应收账款出质，当事人为应收账款设立特定账户，发生法定或者约定的质权实现事由时，质权人请求就该特定账户内的款项优先受偿的，人民法院应予支持；特定账户内的款项不足以清偿债务或者未设立特定账户，质权人请求折价或者拍卖、变卖项目收益权等将有的应收账款，并以所得的价款优先受偿的，人民法院依法予以支持。

三、应收账款质押流程和相关资料

1. 办理应收账款质押流程

（1）质押设立登记：该类业务需要由出质人与质权人共同签订《应收账款质押合同》，并在中国人民银行对征信中心"动产融资统一登记公示系统"办理质押登记，具体流程如下：

①融资主体、出质人、类金融机构（质权人）达成质押担保的意向。

②出质人与质权人对质押的应收账款的价值进行评估或者双方议价达成一致意见。

③融资主体与类金融机构签订融资主合同；出质人与类金融机构（质权人）签订质押相关合同。

④质权人或者质权人委托的人在登记系统上进行登记，并上传相关质押合同。

⑤登记公示系统记录提交时间并分配登记编号，生成应收账款质押登记初始登记证明和修改码提供给质权人，质押办理完成。

（2）注销登记：有下列情形之一的，质权人应自该情形产生之日起10日内办理注销登记：（一）主债权消灭；（二）质权实现；（三）质权人放弃登记载明的应收账款之上的全部质权；（四）其他导致所登记权利消灭的情形。质权人凭修改码办理注销登记。

2. 办理应收账款质押相关资料

（1）出质人或质权人为单位的，应填写单位的法定注册名称、住所、法定代表人或负责人姓名等。

（2）出质人或质权人为个人的，应填写有效身份证件号码、有效身份证件载明的地址等信息。

（3）质权人可以与出质人约定将主债权金额等项目作为登记内容。较常见的应收账款质押登记内容示例：

某公司向某某借款人民币_____万元，某公司愿以其所有的或有处分权的应收某公司的某合同项下合计某某万元应收账款以及在出质日起未来3年内产生的应收账款为该笔借款提供质押担保（编号某《应收账款质押合同》）。

四、应收账款质押其他需要说明

登记地方及登记人：应收账款质押办理中，应当由质权人及委托的人在中国人民银行对征信中心"动产融资统一登记公示系统"办理登记，出质人无权办理。

公示登记：类金融机构应当按公示系统相关步骤对应收账款进行质押登记后，应打印该登记完成的质押信息，以备留存证据。

变更登记：对于登记完成的质押信息，包括出质人及质权人相关信息，质押的应收账款发生变化的，可以通过登记系统进行变更登记，以保障实际的应收账款和登记的应收账款的一致性。

通知债务人（核心企业）：应收账款的特殊情况为其后期的实现需要通过债务人（核心企业）的履行，为了保障后期质权更便捷和快速的实现，实务中也有通知债务人的情形，通知内容主要是告知债务人该笔债权已经质押给了类金融机构，债务人后期若实现质权时应当予以配合等内容。但因为该通知内容对于债务人并没有实际的约束力，是否后期配合，主动权在债务人处。

也有出质人处于较强势市场地位的，可以沟通到出质人、债务人及类金融机构签订三方协议，对于质押的应收账款的后期实现约定一定的流程和处理方式，这种方式会更佳，对债务人有约束力，后期实现质权时会较顺利。

五、案例

1. 案情介绍

2015 年 9 月 29 日，某公司向某银行借款 2000 万元，原告中某公司为该笔借款提供连带责任保证担保。瑞某公司用其出租给被告某医院的房屋应收租金及与之相关的其他权利为中某公司提供质押反担保。

2. 判决内容

本院认为，本案的争议焦点在于：本案争议的法律关系如何定性；上诉人某医院应否向被上诉人中某公司支付 1500 万元。

（1）关于本案争议的法律关系性质定性问题

《物权法》第二百二十三条明确规定，应收账款可以出质。本案中，中某公司与某公司签订《应收账款质押合同》，并且办理了应收账款质押登记，该质权已合法成立。该应收账款质押系某公司作为债务人对中某公司提供的借款担保所提供的反担保，当中某公司承担了担保责任后，有权就某公司质押的应收账款优先受偿。由于中某公司与瑞某公司、某医院、福某公司并非因订立、履行、变更、终止质押合同发生的纠纷，而是基于中某公司质权的实现产生的纠纷，故本案应定为质权纠纷。上诉人福某公司关于本案定性应为质权纠纷的理由符合法律规定，本院予以支持，一审判决定性不当，本院予以纠正。

（2）上诉人某医院应否向被上诉人中某公司支付1500万元

首先，这涉及中某公司的质权范围如何确定的问题。2015年9月29日，瑞某公司向某银行借款2000万元，原告中某公司为该笔借款提供连带责任保证担保。根据中某公司与某公司签订的《应收账款质押合同》，某公司用其出租给某医院的房屋应收租金及与之相关的其他权利为中某公司提供质押反担保，该合同约定租金收益为：某医院应该于2016年9月30日前应支付的1500万元租金；2017年9月30日前应支付的1500万元租金；2018年9月30日前应支付的1500万元租金以及2019年9月30日前应支付的1500万元租金。该合同第三条约定，质押担保范围为主合同项下全部债务，包括但不限于全部本金、利息（包括复利和罚息）、违约金、赔偿金、债务人应支付的其他款项以及实现债权与担保权利而发生的费用（包括但不限于诉讼费、仲裁费、财产保全费、差旅费、执行费、评估费、拍卖费、公证费、送达费、公告费、律师费等。）根据《担保法》第六十七条："质押担保的范围包括主债权及利息、违约金、损害赔偿金、质物保管费用和实现质权的费用"的规定，中某公司作为质押权人依法有权获取的金额应当以质押权担保的范围即其向某银行连带清偿2000万元本息等款项及费用。在某医院已经向中某公司支付了1500万元之后，其担保的债务已经减少为500万元及利息。福某公司认为中小公司的质权范围为1500万元，且已通过其他生效判决实现的上诉主张，与合同约定、法律规定不符，本院予以驳回。被上诉人某公司辩称应收账款质押登记是以两期租金3000万元进行设质，某医院就应将此3000万元全部支付给中某公司，系对权利质押和担保责任范围的错误理解。由于中某公司的质权是基于自己为某公司的借款承担连带保证责任而设立，故其向某医院追偿的范围不应超过自己承担债务清偿范围总额。鉴于某医院已付1500万元，还应就尚欠的6 178 603.58元向中某公司支付。

其次，这也涉及质权如何实现的问题。《物权法》第二百二十八条规定：

"以应收账款出质的，当事人应当订立书面合同。质权自信贷征信机构办理出质登记时设立。应收账款出质后，不得转让，但经出质人与质权人协商同意的除外。出质人转让应收账款所得的价款，应当向质权人提前清偿债务或者提存。"我国担保法和物权法均未明确规定质权的具体实现方式，应收账款的质押标的为请求支付一定数额金钱的权利，此类请求给付金钱的权利如果按照实现质权的一般规则寻求实现，即通过拍卖或变卖方式再转化为金钱，存在将作为一般等价物的金钱特定化的困难，无实际意义，也没有经济和法理上的价值。质权人可请求法院判定出质人的债务人即某医院向其交付租金，并对该租金行使优先受偿权，以实现应收账款质权。根据《担保法》第八十一条"权利质押除适用本节规定外，适用本章第一节（动产质押）"和第七十一条第三款"质物折价或者拍卖、变卖后，其价款超过债权数额的部分归出质人所有，不足部分由债务人清偿"的规定，对于质押物的价款超过担保范围的款项，作为质押权人的中某公司是无权收取的，而是应当由出质人收取。签订《三方确认书》的目的是为了保证中某公司质押权的实现，并非是让中某公司通过本案获取合同约定之外的利益。如果再按照《三方确认书》的约定继续向中某公司支付 1500 万元的话，必然会导致其不当得利。上诉人某医院的这一上诉主张于法有据，本院予以支持。《物权法》第二百二十八条规定："应收账款出质后，不得转让，但经出质人与质权人协商同意的除外。"根据该条规定，瑞某公司将自己的应收租金未经中某公司同意进行处分，中某公司理应就自己的应收账款质权享有优先受偿权，某医院主张福某公司作为出质的应收账款的出租权人，应由其收取超过主债权数额之外的款项的上诉主张，由于该租金由谁收取涉及某公司与福某公司之间的债权债务的转让问题，属另一法律关系，本案不予涉及。

六、附录 《应收账款质押登记办法》

（经 2019 年 9 月 18 日中国人民银行 2019 年第 1 次行务会议审议通过，自 2020 年 1 月 1 日起施行）

第一章 总则

第一条 为规范应收账款质押登记，保护质押当事人和利害关系人的合法权益，根据《中华人民共和国物权法》等相关法律规定，制定本办法。

第二条 本办法所称应收账款是指权利人因提供一定的货物、服务或设施而获得的要求义务人付款的权利以及依法享有的其他付款请求权，包括现有的和未来的金钱债权，但不包括因票据或其他有价证券而产生的付款请求权，以及法律、行政法规禁止转让的付款请求权。本办法所称的应收账款包括下列权利：（一）销售、出租产生的债权，包括销售货物，供应水、电、气、暖，知识产权的许可使用，出租动产或不动产等；（二）提供医疗、教育、旅游等服务或劳务产生的债权；（三）能源、交通运输、水利、环境保护、市政工程等基础设施和公用事业项目收益权；（四）提供贷款或其他信用活动产生的债权；（五）其他以合同为基础的具有金钱给付内容的债权。

第三条　本办法所称应收账款质押是指《中华人民共和国物权法》第二百二十三条规定的应收账款出质，具体是指为担保债务的履行，债务人或者第三人将其合法拥有的应收账款出质给债权人，债务人不履行到期债务或者发生当事人约定的实现质权的情形，债权人有权就该应收账款及其收益优先受偿。前款规定的债务人或者第三人为出质人，债权人为质权人。

第四条　中国人民银行征信中心（以下简称征信中心）是应收账款质押的登记机构。征信中心建立基于互联网的登记公示系统（以下简称登记公示系统），办理应收账款质押登记，并为社会公众提供查询服务。

第五条　中国人民银行对征信中心办理应收账款质押登记有关活动进行管理。

第六条　在同一应收账款上设立多个权利的，质权人按照登记的先后顺序行使质权。

第二章　登记与查询

第七条　应收账款质押登记通过登记公示系统办理。

第八条　应收账款质押登记由质权人办理。质权人办理质押登记的，应当与出质人就登记内容达成一致。质权人也可以委托他人办理登记。委托他人办理登记的，适用本办法关于质权人办理登记的规定。

第九条　质权人办理应收账款质押登记时，应当注册为登记公示系统的用户。

第十条　登记内容包括质权人和出质人的基本信息、应收账款的描述、登记期限。出质人或质权人为单位的，应当填写单位的法定注册名称、住所、法定代表人或负责人姓名、组织机构代码或金融机构编码、工商注册号、法人和其他组织统一社会信用代码、全球法人机构识别编码等机构代码或编码。出质人或质权人为个人的，应当填写有效身份证件号码、有效身份证件载明的地址等信息。质权人可以与出质人约定将主债权金额等项目作为登记内容。

第十一条　质权人应当将填写完毕的登记内容提交登记公示系统。登记公示系统记录提交时间并分配登记编号，生成应收账款质押登记初始登记证明和修改码提供给质权人。

第十二条　质权人应当根据主债权履行期限合理确定登记期限。登记期限最短1个月，最长不超过30年。

第十三条　在登记期限届满前90日内，质权人可以申请展期。质权人可以多次展期，展期期限最短1个月，每次不得超过30年。

第十四条　登记内容存在遗漏、错误等情形或登记内容发生变化的，质权人应当办理变更登记。质权人在原质押登记中增加新的应收账款出质的，新增加的部分视为新的质押登记。

第十五条　质权人办理登记时所填写的出质人法定注册名称或有效身份证件号码变更的，质权人应当在变更之日起4个月内办理变更登记。

第十六条　质权人办理展期、变更登记的，应当与出质人就展期、变更事项达成一致。

第十七条　有下列情形之一的，质权人应当自该情形产生之日起10个工作日内办理注销登记：（一）主债权消灭；（二）质权实现；（三）质权人放弃登记载明的应收账款之上的全部质权；（四）其他导致所登记权利消灭的情形。质权人迟延办理注销登记，给他人造成损害的，应当承担相应的法律责任。

第十八条　质权人凭修改码办理展期、变更登记、注销登记。

第十九条　出质人或其他利害关系人认为登记内容错误的，可以要求质权人变更登记或注销登记。质权人不同意变更或注销的，出质人或其他利害关系人可以办理异议登记。办理异议登记的出质人或其他利害关系人可以自行注销异议登记。

第二十条　出质人或其他利害关系人应当在异议登记办理完毕之日起7日内通知质权人。

第二十一条　出质人或其他利害关系人自异议登记之日起30日内，未将争议起诉或提请仲裁并在登记公示系统提交案件受理通知的，征信中心撤销异议登记。

第二十二条　应出质人或其他利害关系人、质权人的申请，征信中心根据对出质人或其他利害关系人、质权人生效的法院判决、裁定或仲裁机构裁决撤销应收账款质押登记或异议登记。

第二十三条　质权人办理变更登记和注销登记、出质人或其他利害关系人办理异议登记后，登记公示系统记录登记时间、分配登记编号，并生成变更登记、注销登记或异议登记证明。

第二十四条　质权人开展应收账款质押融资业务时，应当严格审核确认应收账款的真实性，并在登记公示系统中查询应收账款的权利负担状况。

第二十五条　质权人、出质人和其他利害关系人应当按照登记公示系统提示项目如实登记，并对登记内容的真实性、完整性和合法性负责。办理登记时，存在提供虚假材料等行为给他人造成损害的，应当承担相应的法律责任。

第二十六条　任何单位和个人均可以在注册为登记公示系统的用户后，查询应收账款质押登记信息。

第二十七条　出质人为单位的，查询人以出质人的法定注册名称进行查询。出质人为个人的，查询人以出质人的身份证件号码进行查询。

第二十八条　征信中心根据查询人的申请，提供查询证明。

第二十九条　质权人、出质人或其他利害关系人、查询人可以通过证明编号在登记公示系统对登记证明和查询证明进行验证。

第三章　征信中心的职责

第三十条　征信中心应当采取技术措施和其他必要措施，维护登记公示系统安全、正常运行，防止登记信息泄露、丢失。

第三十一条　征信中心应当制定登记操作规则和内部管理制度，并报中国人民银行备案。

第三十二条　登记注销或登记期限届满后，征信中心应当对登记记录进行电子化离线保存，保存期限为15年。

第四章　附则

第三十三条　征信中心按照国务院价格主管部门批准的收费标准收取应收账款登记服务费用。

第三十四条　权利人在登记公示系统办理以融资为目的的应收账款转让

登记，参照本办法的规定。

第三十五条　权利人在登记公示系统办理其他动产和权利担保登记的，参照本办法的规定执行。本办法所称动产和权利担保包括当事人通过约定在动产和权利上设定的、为偿付债务或以其他方式履行债务提供的、具有担保性质的各类交易形式，包括但不限于融资租赁、保证金质押、存货和仓单质押等，法律法规另有规定的除外。

第三十六条　本办法由中国人民银行负责解释。

第三十七条　本办法自2020年1月1日起施行。《应收账款质押登记办法》（中国人民银行令［2017］第3号发布）同时废止。

第四节　保证金保证

一、保证金保证合同内容及简述

保证金保证即由出质人或第三人将其金钱以特户、保证金等形式特定化后，向债权人质押交付的，待债务人到期未履行债务时，由债权人以保证金或享有优先权的方式实现债权。

出质人以其特定的保证金的对债务提供质押担保。在办理业务过程中，有关保证金保证相关内容及简述如下。

1. 担保类业务

《保证金协议》：该类合同内容，主要为出质人（通常为债务人）与债权人约定的，以提供一定的确定金额的保证金给债权人，以保证出现债务人未及时足额还款时，债权人可以以该保证金优先受偿的方式实现债权的相关内容合同。

2. 小贷类业务

《保证金质押合同》：该类合同主要用于约定，出质人或第三人将其金钱以特户、保证金等形式特定化后交付于债权人，用于保证债权到期后，若债务人未及时足额还款，债权人有权对保证金以优先权的方式实现债权。

3. 典当类业务

《保证金质押合同》：当户与典当行约定的，由客户或第三人将其金钱以特户、保证金等形式特定化后交付予典当行，典当到期后，客户未赎回当物的，典当行可以以当物实现债权，或者以质押保证金实现债权，但当物的处置价值和保证金之和不得超过应当实现的债权总和。

4. 融资租赁业务

《保证金质押合同》：承租人与融资租赁公司约定的，由承租人或第三人将其金钱以特户、保证金等形式特定化后，用于承租人不及时支付租金时，由融资租赁公司对于应付租金部分，以该特定账户内的款项优先受偿。

5. 保理业务

《保证金质押合同》：应收账款债权人与保理人约定的，由应收账款债权人或第三人将其金钱以特户、保证金等形式特定化后，用于在有追索权的保理中，应收账款债权人未及时足额返还保理融资款本息或者未及时回购应收账款债权的，保理人可以对该特定账户内的款项优先受偿。无追索权保理业务中，通常不提供保证金质押担保作为增信措施。

二、保证金保证常见的法律风险与处理方法

1. 保证金的法律法规空白的问题

目前我国的现行有效的法律法规尚未明确保证金的性质，对其保证金的具体法律条文尚属于空白阶段，对于保证金的明确表述，散见于司法解释各处。其中，主要有：

《民法典担保制度解释》第七十条"债务人或者第三人为担保债务的履行，设立专门的保证金账户并由债权人实际控制，或者将其资金存入债权人设立的保证金账户，债权人主张就账户内的款项优先受偿的，人民法院应予支持。当事人以保证金账户内的款项浮动为由，主张实际控制该账户的债权人对账户内的款项不享有优先受偿权的，人民法院不予支持。在银行账户下设立的保证金分户，参照前款规定处理。当事人约定的保证金并非为担保债务的履行设立，或者不符合前两款规定的情形，债权人主张就保证金优先受偿的，人民法院不予支持，但是不影响当事人依照法律的规定或者按照当事人的约定主张权利。"

《担保法解释》（该条款已于2021年1月1日废止）第八十五条："债务人或者第三人将其金钱以特户、封金、保证金等形式特定化后，移交债权人占有作为债权的担保，债务人不履行债务时，债权人可以以该金钱优先受偿。"

《最高人民法院关于人民法院能否对信用证开证保证金采取冻结和扣划措施问题的规定》第一条"人民法院在审理或执行案件时，依法可以对信用证开证保证金采取冻结措施，但不得扣划。如果当事人、开证银行认为人民法

院冻结和扣划的某项资金属于信用证开证保证金的，应当依法提出异议并提供有关证据予以证明。"

最高人民法院、中国人民银行《关于依法规范人民法院执行和金融机构协助执行的通知》（法发〔2000〕21号）第九条"人民法院依法可以对银行承兑汇票保证金采取冻结措施，但不得扣划。如果金融机构已对汇票承兑或者已对外付款，根据金融机构的申请，人民法院应当解除对银行承兑汇票保证金相应部分的冻结措施。银行承兑汇票保证金丧失保证功能时，人民法院可以依法采取扣划措施。"

《最高人民法院关于进一步加强金融审判工作的若干意见》（2017年8月4日）指出："对名为融资租赁合同、保理合同，实为借款合同的，应当按照实际构成的借款合同关系确定各方的权利义务，防范当事人以预扣租金、保证金等方式变相抬高实体经济融资成本。"

可知，《民法典担保制度解释》出台之前，由于法律法规的空白，同时相关司法解释又未对保证金的特定化、交付方式以及占有公示等进行明确，在实务中又由于保证金的性质、缴纳方式、缴纳比例等约定五花八门，从而导致在适用上认识不一、发生争议甚至出现纠纷，《民法典担保制度解释》出台之后，对实务中保证金的处理及约定具有明确的指导意义。

2. 保证金保证属于质押还是双方约定的问题

对于保证金是否属于质押，在实务中具有一定的争议，争议主要在于，根据法律规定，质押应当转移占有，而保证金由于其质押的属于货币种类物，其转移占有后直接的结果是转移了所有权，与质押担保仅转移占有不转移所有的法律原则相违背，那么融资主体将保证金交付给类金融机构属于双方之间的约定事项，双方自行约定到期后保证金可以抵扣债权，还是属于一种特殊的质押，质押后发生债务人到期未及时足额履行债务的，质权人（债权人）具有优先权，即质押人享有优先受偿权，结合《民法典担保制度解释》自2020年1月1日起，对于符合该解释规定的保证金缴纳方式（特定化，移交债权人占有）应当为质权人享有优先受偿。

3. 保证金的特定化的问题

保证金的特定化是保证金作为质押物的必要条件，若保证金未特定化，则保证金就不能成为质押的标的物，从而债权人在主张债权时，由于质押物未特定而影响到质权的成立。实务中，经常出现以下几种保证金提供质押担保的方式：

（1）以存单形式进行的质押。此种方式是以出质人的名义在银行开立存单后，将存单交付给质权人，并与质权人签订质押合同，从而将该存单质押给质权人的一种方式。其风险点主要有三：一为该存单仍旧在出质人名下，出质人可能恶意挂失，从而使该存单无实际权利；二为存单在出质人名下，当债务到期质权人实现质权时，需要出质人的配合才能到相关银行获取还款资金，该存单的相关权利仅属于出质人，质权人处置上会有被动性；三是实现质权的方式不能通过评估拍卖的程序对质押标的物存单进行处置，且存单权利人属于出质人，后期的质权实现需要出质人配合。降低存单作为保证金质押的主要方式为与存单的开立银行签订三方协议，可约定由开立存单的银行对质押存单进行保全，同时按照约定的条件达成时（通常为主合同债务到期债务人未及时足额还款的情形），质权人可以按照三方协议的约定直接可以按照出质人委托质权人的方式进行存单的权利实现。

（2）以出质人名义开立单独账户，以货币形式存储。这种方式在银行信贷的情形下，通常为出质人直接在贷款银行开立保证金户进行保证金质押。而类金融机构的操作由于出质人无法在类金融机构项下的账户开立子账户等方式，故实务中，操作方式主要有二：一是出质人、质权人银行三方约定由出质人在银行开立保证金账户，待满足三方协议条件时，质权人可以对该资金进行提取。二是类金融机构在出质人开立的一般户上加预留印鉴，从而达到控制该账户的目的。其风险点主要有二：一是由于该账户在出质人名下，出质人可以恶意违约从而改变预留印鉴。二是由于该类型提供保证金质押的方式中出质人仍然可以自由地使用该账户办理相关结算或者存取款业务，且通常可能与出质人其他财产发生混同，从而无法具体明确"特定化"的保证金，故其质押效力在实务中可能无法实现。

（3）以货币形式直接交付给质权人。此种情形为出质人直接以货币的形式将保证金交付给质权人，使债权人能够完全控制和支配保证金的方式来实现保证金质押担保。这种是最常见的保证金缴纳方式。其主要风险为：保证金未特定化，出质人与质权人由于发生多笔业务和其他结算事宜，用同一账户进行业务结算、保证金的交纳、补足等。降低该种缴纳保证金风险方式为将保证金账户和质权人的其他业务结算账户明确区分，保证金账户仅仅围绕保证金的收取及退还进行，保证保证金账户中的保证金明确化、特定化。

4. 保证金能不能在融资金额里先行扣除的问题

保证金作为融资主体向类金融机构交付的标的物为货币的质押物，其应当由融资主体以其自有的或者他人愿意代为缴纳的主体以自有货币进行缴纳，而不能直接由类金融机构在办理融资事宜过程中，从融资金额中予以扣除，根据相关判例及实务，在债务人未及时足额归还时，在计算融资利息、逾期利息、违约金等责任范围时，应当按照扣除保证金后的实际融资金额计算。

5. 保证金到期后直接抵扣未清偿债权

（1）约定优先。融资主体与类金融机构有约定的，按照其约定进行处理。

（2）没有约定的，可以相互抵扣。融资主体与类金融机构没有约定的，类金融机构可以根据《民法典担保制度解释》确定方式进行主张优先权，但由于保证金属于种类物的特殊性，出质人交付质押物标的时就已经将所有权转移给了质权人，故类金融机构在实现质权时，由于出质人应当按照保证金协议承担保证金质押责任，质权人可以直接对该保证金享有优先权，已抵扣到期债权的形式，从而实现质权。

6. 保证金协议是诺成合同还是实践合同

保证金的交纳应当按照融资主体与类金融机构签订的协议约定时间进行交付，双方签订保证金协议后即该协议成立且生效，各合同主体应当按照协议约定的时间和金额如实履行保证金协议，该协议属于诺成性的，而非实践性的协议。签订协议后，有义务交纳保证金的一方即具有交纳的义务，当融资主体未按照协议足额交纳保证金的，应当按照保证金协议约定的违约责任，承担相关违约责任。

7. 保证金的交纳比例问题

由于关于保证金交纳的比例，法律法规均没有规定，根据实务及交易习惯，常见的保证金比例有融资金额的 10%～50%，甚至也可以为全额保证金即 100%，其交纳的比例一方面取决于双方的约定，另一方面取决于类金融机构对业务风险的要求。故在实务中，对该保证金的交纳的比例具体主要取决于双方的约定。

8. 保证金能否由第三方收取，能否由第三方代为交纳

保证金质押协议通常是出质人与质权人（债权人）签订的，约定以出质人交纳的保证金作为质押物，若债务人到期未及时足额清偿债务时，质权人（债权人）可以通过实现质权的方式实现债权。但实务中通常存在以下情形：

（1）出质人与质权人（债权人）约定，由出质人将该保证金交存于其他第三人处，第三方通常是银行或者其他自然人或法人组织。此种情形下，合同的出质及质押权利主体仍旧是出质人与质权人双方，第三人作为代为收取

保证金的一方，即代为保管的主体，其行使的权利为质权人授权代为行使，故从法律关系上分析，并没有增设其他权利主体，该约定合法且有效。

（2）出质人与质权人（债权人）约定，由其他第三人，通常是其他自然人或者法人组织代出质人交纳保证金。此种情形下，通常合同签订主体为出质人与质权人双方，但保证金由第三方进行交纳。此种涉及三方主体，对交纳保证金的第三人的定位就很重要，其一，若交纳保证金的第三人为受托人，出质人与质权人在合同中明确约定其应当交纳的保证金由其委托第三人代为交纳，则第三人实际为代出质人履行合同义务，在质权人同意的情况下，该委托第三人交纳保证金的方式合法且有效；其二，若出质人与质权人未在保证金合同中对第三人交纳保证金进行明确约定，则第三人代为交纳保证金存在基础权利支撑，第三人是作为出质人进行保证金交纳或者第三人是以出质人的受托人进行保证金交纳，则会因此产生争议，实务中，应当尽量避免该不明确的约定的情形。

（3）第三人与质权人（债权人）约定，由第三人作为出质人，向质权人（债权人）提供保证金质押担保。此种情况下，第三人作为出质人与质权人约定的，以该保证金质押的方式担保债权的实现，从法律关系主体上是明确的，第三人应当按照保证金合同约定交纳保证金，其未履行合同约定的，质权人可以追究其违约责任。

9. 保证金挪用的问题

（1）保证金应当被特定化。根据实务及判例，为了保障债权人及出质人的利益，保证金应当特定化，且该保证金交付给债权人后，该保证金与质权人（债权人）的其他货币资金相区别，不与债权人其他财产混同，此处不再赘述。

（2）保证金不应当形成债权人的资金池。根据实务及判例，债权人收取保证金后，应当将同一出质人的每一笔保证金特定化，即同一出质人交纳的保证金以固定的账户特定化，且该账户仅限于该出质人交纳和退还保证金，不应当用做其他用途。同时在涉及多个出质人多笔业务交纳保证金时，应当进行保证金隔离特定化，不应当将其他出质人交纳的保证金相互混同，一方面，若多个出质人交纳于同一账户，保证金无法特定化；另一方面，多个出质人多笔保证金交纳与退还，容易形成资金池，可能涉及违规或者其他法律问题。

（3）保证金不应当被挪用。出质人将保证金交纳给质权人（债权人）之后，该保证金即为质押物，质押物非经出质人同意不应当被使用，即被挪用。

一方面保证金被挪用后，则该部分保证金即变为不特定化；另一方面质权人（债权人）私自挪用保证金可能涉及违规或其他法律问题。

三、保证金保证流程和相关资料

第一，该类合同的签订无具体流程要求。常见形式有三种：（1）出质人、质权人、银行三方签订的由出质人将保证金交付给银行代为保管的三方协议合同；（2）为出质人为第三人或者融资主体与质权人签订的相关合同；（3）在主合同中约定有明确的保证金质押条款，由出质人在主合同其中一方签字的合同。

第二，按照出质人与质权人（债权人）的约定，按照约定方式由出质人将保证金支付至保证金账户中，质权人以确定该保证金属于特定化，与其其他财产相区分。

第三，签订保证金保证相关合同时，需要提供的资料主要包括：

（1）自然人身份证、户口本、结婚证等基础资料，以保证其可以提供质押担保的主体合法性。若涉及以夫妻共同财产部分的货币，提供质押担保，可以考虑有夫妻共同以出质人身份与质权人（债权人）签订质押担保相关合同。

（2）法人/非法人组织基础证照（其中公司法人或合伙企业为营业执照、章程等，用于确定融资主体的主体资格和性质）。同时，法人/非法人组织提供工商基本信息查询信息、法院被执行人查询信息、银行征信。通过工商基本信息情况表主要确定出质人的组织结构和股权架构，判断其提供质押担保的合法合规性，若出质人为第三人，其资产、负债及对外提供担保的情况不属于考察重点。

四、保证金保证其他需要说明

1. 保证金的利息问题

（1）有约定，从约定。保证金质押合同主体双方可以自行约定保证金的利息问题，常见情形为：①双方约定该保证金无利息，出质人将保证金质押于质权人期间内不产生利息，质权人无需向出质人交付可能产生的利息；②双方约定按照约定的利息，由质权人向出质人交付利息，即双方可以约定一定的利息比例。

（2）无约定可以要求资金占用期间的利息。若双方对利息未约定，而双方采取以特定的货币缴存于债权人的账户中，通常由于货币资金存放于质权人的银行账户中，其必然会产生利息（活期利息或者固定利息），而该利息属于出质保证金产生的孳息，其应当归出质人所有。故，在双方未约定保证金利息的情况下，通常可以按照实际产生的孳息，要求质权人交付给出质人。

五、相关案例

《西安市雁塔区人民法院民事判决书》（2019）陕 0113 民初 4754 号

1. 案情介绍

2017 年 10 月 25 日其与被告陕西某公司签订《某银行股份有限公司流动贷款合同》，合同约定原告向被告陕西某公司提供贷款 20 000 000 元（大写：贰仟万元整）。被告陕西某担保有限公司、某融资担保有限公司、陕西某控股集团股份有限公司、王某、张某分别签订了《某银行股份有限公司保证合同》。合同签订后，原告依约将 2000 万元贷款转入被告陕西某公司指定账户。合同履行期间届满后，被告陕西某公司未如约偿还 2000 万元贷款本金及利息。经原告多次催要未果，故诉至法院，请求依法判令：（1）被告陕西某公司偿还原告借款本金 2000 万元及截至 2019 年 2 月 14 日已产生的利息109 598.19 元、复利 53 915.09 元及罚息 1 394 900 元；……（4）原告对被告陕西某担保有限公司保证金质押担保账户的资金（开户名：某某保证金-陕西某担保有限公司，账号：********）享有优先受偿权；（5）……

2. 裁定内容

经查，2017 年 10 月 11 日原告与被告陕西某担保有限公司签订《担保额度授信协议》。2017 年 10 月 26 日原告出具《担保机构保证金账户开立通知书》，载明：根据原告与担保机构签订的《担保额度授信协议》，请为陕西某担保有限公司开立融资性担保机构保证金账户，户名为：某保证金-陕西某担保有限公司，存期：半年，利率：1.3%。同日，被告陕西某担保有限公司结算账户（账号：********）中存款贰佰万元转入保证金账户，保证金账号：********。2017 年 10 月 26 日被告陕西某担保有限公司向原告出具《单笔业务保证金存入确认书》，载明：根据其与原告签订的（2017）年某银保合字第057《担保额度授信协议》，现向原告存入单笔业务保证金人民币 200 万元，保证金账户开户行：某银行营业部，保证金账号：********，为授信申请人（借款人）陕西某公司在原告的 2000 万元授信（授信贷款合同号：×××号）和其在原告及其分支机构已开展或者将要开展的所有担保业务提供质押担保。当本笔授信和其他担保业务同时出现代偿时，本笔保证金优先用于本次授信的代偿。2017 年 10 月 26 日，原告出具《担保额度提用及保证金入账通知书》，载明：陕西某担保有限公司为授信申请人陕西某公司的 2000 万元债务提供担保，在担保额度内，相应保证金已经存入到账。2017 年 10 月 26 日原告向被告陕西某担保有限公司出具被告陕西某公司 2000 万元贷款已上账的《担保业务上账通知书》，被告陕西某担保有限公司盖章确认收到上账通知书。原告提供了保证金账户交易流水明细显示内容如下：户名：某保证金-陕西某融资，账号：********，产品类型：某某 2-单位人民币定期担保保证金，余额：2 000 000 元。

本院认为，……根据《担保额度授信协议》的约定，被告陕西某担保有限公司针对被告陕西某公司在原告处 2000 万元授信，为上述债务提供保证金质押担保。且被告陕西某担保有限公司为被告陕西某公司的贷款在原告处开立了独立的保证金专用账户，与被告陕西某公司的贷款形成对应。故原告对被告陕西某担保有限公司保证金质押担保账户（账号：********）的资金享有优先受偿权。……

判决如下：……（4）原告某银行股份有限公司对被告陕西某公司保证金质押担保账户（账号：********）的资金享有优先受偿权。

第五节　道路桥梁收费权

一、概述

收费权质押指融资主体以其拥有的某项收费权作为债务履行的担保，向融资机构申请融资的一种担保方式，当融资主体到期不能及时足额履行债务时，融资机构有权依据合同的约定，以转让该收费权所得价款或直接获取收费款项实现债权。

收费权包括但不限于：道路桥梁收费权、农网电费收益权和学生公寓收费权等。

根据《民法典》第四百四十条"债务人或者第三人有权处分的下列权利可以出质：（一）汇票、本票、支票；（二）债券、存款单；（三）仓单、提单；（四）可以转让的基金份额、股权；（五）可以转让的注册商标专用权、专利权、著作权等知识产权中的财产权；（六）现有的以及将有的应收账款；（七）法律、行政法规规定可以出质的其他财产权利"及《民法典》实施之前，《担保法解释》第九十七条"以公路桥梁、公路隧道或者公路渡口等不动产收益权出质的，按照担保法第七十五条第（四）项的规定处理"，其对于道路桥梁收费权没有明确，但可以列为收益权中的一种，《民法典》实施之后，《民法典》及《民法典担保制度解释》无相关表述和规定，需要持续关注。

根据《收费公路管理条例》（国务院令第 417 号）之规定，收费公路的权益，包括收费权、广告经营权、服务设施经营权，故收费权应当属于收益权中的一种，且在实务中，以道路桥梁收费权作为质押权利的融资案例也较多，具有实务意义。

二、涉及的相关法律问题

1. 道路桥梁收费权质押登记的问题

实务操作中，具体的道路桥梁收费权质押登记各地具有较大的差异，根据《国务院关于收费公路项目贷款担保问题的批复》（国函〔1999〕28 号）规定"公路建设项目法人可以用收费公路的收费权质押方式向国内银行申请抵押贷款，以省级人民政府批准的收费文件作为公路收费权的权力证书，地市级以上交通主管部门作为公路收费权质押的登记部门。质权人可以依法律和行政法规许可的方式取得公路收费权，并实现质押权。有关公路收费权质押的具体管理办法由交通部、人民银行联合制订。"根据《民法典》第四百四十条"债务人或者第三人有权处分的下列权利可以出质：……（六）现有的以及将有的应收账款……"第四百四十五条"以应收账款出质的，质权自办理出质登记时设立……"可知，对于道路桥梁收费权质押登记存在地市级以上交通主管部门和在信贷征信机构办理应收账款质押登记两种实务操作，也存在部分地区融资机构既在交通主管部门登记，同时又在信贷征信机构办理应收账款登记的情形。而《民法典》实施之后，特别是《国务院关于实施动产和权利担保统一登记的决定》（国发〔2020〕18 号）落地实施以后，道路桥梁收费权的登记将以应收账款质押登记确立质押权。

2. 道路桥梁收费权性质的问题

道路桥梁收费权严格法律意义上应当属于一种债权权利，道路桥梁收费权质押应当属于一种权利质权，质押的是一种现有的及将来产生的收费的权利，道路桥梁收费权实质上是政府和建设公司（融资主体）的一种合同行为，融资主体的道路桥梁收费权不是一种行政许可的权利，而是基于融资主体与政府部门的民事合同的履行，质权的后期实现或者依据以应收账款质押实现均需要依赖于后期政府部门和建设公司（融资主体）的合同履行，该权利的基础是政府乙方对合同的如约履行。

3. 质权实现出现的问题

（1）可以冻结。结合实务案例："石家庄市人民检察院于 2012 年 6 月 29 日向江西省交通运输厅送达了关于查封冻结江西省抚州市东临公路收费权的《石家庄市人民检察院查封冻结决定书》，查封冻结时间为 2012 年 6 月 29 日至 2013 年 6 月 28 日。"［（2015）冀执复字第 165 号《执行裁定书》］。

（2）可以拍卖。结合实务案例："湖南省衡南县人民法院在执行某某信托股份有限公司与某某公司、湖南某某公司金融借款合同纠纷一案过程中，依法对湖南某某公司持有的潭衡西高速公路起点湘潭塔岭互通至终点衡阳铁市互通段高速公路收费权进行拍卖，并于 2018 年 7 月 13 日拍卖成交。"

（3）可以以流转的方式进行处置。该处置方式需要与融资主体协商一致，采取转让给第三方的形式，由第三人受让道路桥梁收费权而支付对价后，进行实现质权。根据《收费公路权益转让办法》第二十六条规定"转让国道（包括国道主干线和国家高速公路网项目，下同）收费权，应当经国务院交通运输主管部门批准。转让国道以外的其他公路收费权，应当经省级交通运输主管部门审核同意，报省级人民政府批准。将公路广告经营权、服务设施经营权与公路收费权合并转让的，由具有审批公路收费权权限的审批机关批准。单独转让公路广告经营权、服务设施经营权的审批，按照地方性法规和省级人民政府规章执行"可知，融资主体对其享有的道路桥梁收费权可以进行流转。

4. 收费权的金额的不确定性，存在价值的不确定性

收费权的金额和价值不好确定，能够收取多少，只能依据之前产生的财务数据报表进行预测，但质押后收费金额的多少具有一定的不确定性，比如同一地理位置有更有利的路线或者其他可以选择的运输方式，该道路收费金额可能就会急剧减少。

收费权的履行依赖于建设公司（融资主体）和政府的合同，根据合同的履行情况，可能发生质押后，融资主体与政府部门后期合同履行中因为其他原因被宣布撤销、无效或者双方协议解除、其他原因导致合同履行不能等，从而导致收费权受到影响。

5. 道路桥梁收费权质押存在其他风险及意义

道路桥梁除了因为地理位置，后期建成后通车及车流量大小等建设风险外，还存在后期处置流转过程中，变现困难，因流转需要经过交通运输主管

部门审批，且因为根据融资主体与政府部门的相关合同，受制于该合同对于收费年限、金额等因素影响。

道路桥梁收费权，作为一种特定行业的权利，其权利质押融资对于拓展建设公司（融资主体）融资渠道，促进以道路收费权进行的质押融资探索，具有积极意义。

三、融资模式的探索

1. 以应收账款质押办理道路桥梁收费权质押

实务中，部分融资机构要求融资主体以应收账款质押的模式对收费权的收益权进行质押，并进行登记，根据《应收账款质押登记办法》第二条"……本办法所称的应收账款包括下列权利：……（三）能源、交通运输、水利、环境保护、市政工程等基础设施和公用事业项目收益权；……"可知，应收账款质押的范围包括但不限于道路桥梁收费权，还包括能源、交通运输、水利、环境保护、市政工程等基础设施和公用事业项目收益权。

结合实务司法判例，根据《国务院关于收费公路项目贷款担保问题的批复》进行的质权登记及《应收账款质押登记办法》进行的应收账款登记，均在实务中有支持有效的判例，鉴于此，在办理上述质押登记时，可以考虑进行双重登记。

2. 道路桥梁收费权的资产证券化

以道路桥梁收费权作为基础之一，另一种融资方式为资产支持证券化（资产证券化业务，系指将具有稳定的可预测现金流的资产或资产组合打包出售给特定的机构或载体，以该基础资产产生的现金流为支持发行资产支持证券），道路桥梁收费权作为底层资产，若具有稳定的现金流和稳定的应收收入，形成一定的规模，满足资产支持证券的风险控制和业务标准的情况下，可以作为资产证券化的底层资产进行办理资产证券化融资，相较于道路桥梁收费权的质押债权融资，该类型资产支持证券化有着周期长、金额大、操作灵活等特点。

第七章
其他类担保措施的法律风险

第一节　股权回购

一、股权回购内容及简述

股权回购属于一种无名的担保措施，实务中主要用于两种业务模式：一是融资企业资金不足，但需要购买资产，而采取成立新公司，然后由类金融机构为新公司提供融资资金，融资企业根据经营情况逐渐回购新公司股权，而将新购置资产放置于新公司由类金融机构间接控制，从而达到风险控制的要求和融资企业融资目的，实现融资企业融资需求的方法，二是融资企业为了自身融资需要，以融资企业为目标企业，将在融资过程中以目标公司股权转让给类金融机构或者类金融机构指定的第三人，从而在股权上对融资企业进行控制，由融资企业原股东根据经营情况和还款进度情况，逐渐回购融资企业股权，从类金融机构角度达到控制风险的方式，从融资企业达到融资的目的。此处重点讨论第一种方式，即以资产为目标，购入新公司，由融资企业逐渐回购新公司股权的担保方式，对于第二种业务模式和担保方式内容详见"债权+股权"相关篇章。

1. 股权回购的具体操作方式和协议内容，以担保业务的业务模式列示如下：

协议书

甲方：_____

乙方：_____

乙方拟购买位于_____的一栋房产，房产名"____"，因资金不足，拟与甲方合作，通过甲方的融资平台解决资金问题。甲乙双方经协商，就合作模式、融资方式、甲方退出机制等，达成如下协议：

1. 乙方拟购买位于"＿＿"的房产，该房产购买价为人民币＿＿万元。乙方自有资金人民币＿＿万元，资金缺口为人民币＿＿万元。

2. 乙方购房的缺口资金通过甲方的担保平台融资贷款，贷款额为人民币＿＿元，贷款主体为乙方，由甲方为该笔贷款提供担保。

3. 贷款到位前，甲乙双方共同出资注册成立一家公司，新公司名称为：＿＿（以下简称新公司），新公司注册资本人民币＿＿万元整，新公司的注册资本由甲方出资人民币＿＿万元，乙方出资人民币＿＿万元，甲方占新公司＿＿%的股权，乙方占新公司＿＿%的股权，成立新公司费用全部由乙方承担。甲乙双方各出一个自然人作为股东，甲方委派＿＿作为新公司法定代表人，并管理新公司所有资料（包括但不限于新公司营业执照）及公章和法人章等印鉴。

4. 为确保乙方按期向银行还款，贷款到位后，乙方应将贷款交甲方，甲乙双方共同出资以新公司的名义购买上述房产。

5. 乙方应在贷款期内向贷款银行支付利息。

6. 乙方向贷款银行还本付息完毕并解除甲方为该笔贷款的担保后，乙方有权回购甲方在新公司所占＿＿%的股权，回购价格为人民币＿＿万元，乙方支付了回购金额后，甲方应无条件为乙方办理股权转让手续。

7. 本协议为框架性协议，本协议生效后，关于贷款、担保、成立公司等协议在本协议框架下签订，效力独立于本协议。

8. 本协议一式两份，甲乙双方各执一份，具有同等法律效力，自签订之日起生效，未尽事宜，双方可签订补充协议。

甲方： 　　　　　　　　　　乙方：

合同签订日期： 　　年　　月　　日

2. **具体需要解释的条文和操作方式。** 股权回购事实上是一种有效的控制手段。以本节示例协议为例，资产在公司名下，而担保公司指定第三人作为股东且持有大部分股权，这样就限制了所购买资产的处置行为和贷款行为等，这种方式较大程度地控制了实有资产。该协议内容为框架内容，但具有较强的操作性：注册新公司主要用于购置资产，一般需要资金需求方（融资企业）有一定的资金出资，资金需求方和担保公司各占比例，形成一个公司壳，将资产购置于新公司，融资后将融资资金，受托支付至新公司账户，用作专门用途，新公司财务预留印件各留一份，相互制约，贷款清偿后，企业可以对该部分股份进行回购。

操作方法：成立注册新公司，双方各占一定的股权比例，由担保公司指定的第三人持股比例较高，掌握实际的控制权，另由担保公司指派人控制新公司的证照并担任法定代表人等，保证担保公司能够实际控制新公司所有处置权利和经营活动。

二、股权回购常见的法律风险和处理方法

1. 贷款用途购置资产的问题

以本节示例协议为例，担保公司的资金来源于银行，银行对其贷款的用途是明确有规定的，有些贷款可以用于购置固定资产，但有些贷款是不可以的，比如流动资金不能用于购置资产，不得用于固定资产、股权等投资，不得用于国家禁止生产、经营的领域和用途。故此类型的担保措施需要遵循类金融机构的业务规则，涉及担保业务类型的还需要与银行的业务类型和业务规则相适用。

2. 新注册公司的控制权

从类金融机构风险控制的角度出发，需要对新公司进行控制，实务中，主要通过三种方式：一是股权，以股权控制的形式，若通过同股同权，则持有新公司51%股权，为相对控制，持有新公司67%以上为绝对控制；若同股不同权，也可以通过章程的设置，进行股权表决权的设置，从而达到绝对控制新公司的目的；二是公司组织机构，通过公司内部管理机构的设置，达到控制新公司的目的，比如通过设置董事会，其中类金融机构指定第三人股东委派多数，而融资企业委派少数的方式控制董事会，或者设置执行董事，直接由类金融机构指定第三人股东委派；三是公司日常经营，包括但不限于委派会计、委派法定代表人和总经理，日常公司的相关营业执照、公章、财务章等资料控制。

3. 股权回购协议有效性的问题

以本节示例协议为例，根据《民法典》第一百四十六条第一款"行为人与相对人以虚假的意思表示实施的民事法律行为无效"，第一百五十三条"违反法律、行政法规的强制性规定的民事法律行为无效。但是，该强制性规定不导致该民事法律行为无效的除外。违背公序良俗的民事法律行为无效"及第一百五十四条"行为人与相对人恶意串通，损害他人合法权益的民事法律行为无效"可知，股权回购协议不存在无效情形，股权回购协议是为了满足日常经营融资需要的一种新的形式，只要不违反法律法规规定的协议无效情形，同时约定内容在法律规定的范围内，那么该股权回购协议是有效的。

4. 股权回购协议履行和借款主合同履行的问题

以本节示例协议为例，通过协议内容可知，股权回购协议与借款的主合同相互独立，若回购协议没有履行，因为担保公司指定的第三人与融资企业按照股东身份已经设立了新公司，在新公司法律关系项下，担保公司指定的第三人与融资企业按照各自股东的权利义务进行权利分配和公司清算。若借款主合同没有履行，因为其与回购协议相互独立，回购协议的效力及履行并不能影响借款主合同的履行，借款主合同继续履行，融资企业应当按照借款主合同履行合同义务。

5. 股权回购价格的问题

以本节示例协议为例，股权回购价格可以由双方协商，通常需要综合考虑融资成本及融资主体的整体接受程度。实务中，办理此种业务可以单独收取股权回购相关款项和费用，但均为象征性收取，金额不大，且基本考虑在了融资企业的融资成本里面，虽然从协议内容上体现为股权回购，但实质核心为融资企业变相进行的融资行为，应从实质内容进行整体把握。

6. 框架协议的问题

以本节示例协议为例，股权回购协议属于一种框架性协议，相关具体的操作事宜，比如贷款担保、公司设立的出资协议，章程均需双方另行签订，且关于贷款担保、成立公司相关协议等协议在本协议框架下签订，但相互独立，操作以相关协议为准，具体的违约责任，公司的清算推出机制文件等均在具体的文件（包括但不限于章程、出资协议等）中进行具体约定。

7. 对购置资产的核实

新公司的主要目标是装入购置资产，即资产的控制是对融资企业的风险控制的主要方式，故在进行融资的过程中，需要对购置资产的权属、来源、价值等方面进行尽职调查，以保障后续在执行股权回购协议和借款主合同过程中，不会因为新公司名下资产的瑕疵或者权属争议等问题而影响股权回购协议的后期执行。

8. 新公司股权以有限公司持有的风险隔离问题

新公司的设立必然会有一定的风险，从风险控制的角度出发，通常采用以有限公司作为第三人进行新公司持股的方式，可以有效降低风险，以对新公司可能产生的风险进行隔离，有限责任公司以其对新公司的出资额为限承担责任，利于风险控制和风险隔离。

三、股权回购流程和相关资料

1. 股权回购事项的流程

（1）签订框架协议；

（2）新公司进行注册的相关流程；

（3）根据主合同进行融资相关流程；

（4）获得融资金额后将资金支付至新公司，由新公司购置资产；

（5）融资企业根据经营情况逐渐回购新公司股权；

（6）融资企业回购类金融机构指定的第三人所持有的全部股权，并办理完变更手续。

2. 股权回购事项需要的资料

（1）法人/非法人组织提供基础证照（其中公司法人或合伙企业为营业执照）、自然人提供身份证复印件；

（2）新公司成立后，其营业执照、公章、财务章及法定代表人私章、U盾等；

（3）新公司的目标资产的权属文件、质量、数量等相关证明目标资产权属状况及瑕疵状况等的文件资料。

四、股权回购其他需要说明

第一，该类型担保措施和类金融企业的业务规则要一致，不能违规。类金融机构的业务规则各自不同，根据本节项下的担保措施，需要根据不同类型的类金融机构的业务规则进行办理，而不能违反该类金融机构类型的业务规则，比如典当业务从其业务规则出发，则不适用本类型。

第二，认缴注册的新公司，在未实缴的情况下，能否转让问题。根据《最高人民法院关于适用〈中华人民共和国公司法〉若干问题的规定（三）》第十八条"有限责任公司的股东未履行或者未全面履行出资义务即转让股权，受让人对此知道或者应当知道，公司请求该股东履行出资义务、受让人对此承担连带责任的，人民法院应予支持"可知，即使新公司股权认缴后未实缴到位，类金融机构指定的第三人持有股权仍然可以转让给其他人，完成回购事项，但存在后期发生债务后，认缴但未实缴的股东仍具有补足注册资金的义务。通常实务中规避的方式：一是实缴注册资金，根据实务需要，可以成立注册金额较小的公司；二是可以补充协议，要求回购方回购完股权后代为实缴，或者将装入新公司资产，作价入股，以达到类金融机构指定的第三人持股人实缴完成的条件。

第二节　合格证质押

一、合格证质押内容及简述

合格证质押事实上是一种控制手段。签订《合格证质押合同》仅仅是给类金融机构实际占有融资企业的合格证提供了合同支持，是合法占有的。

二、合格证质押常见的法律风险和处理方法

1. 合格证质押的法律困境

合格证作为一种机动车的出场合格证明，其自身不具备转让性，合格证按照车辆出厂合格，随车一车一证进行配发，合格证明也不具有财产性，其是一种汽车出厂合格的证明，同时根据物权法定原则，能够进行抵押或者质押的动产、权利质押均需要法律规定，根据《民法典》第三百九十五条"债务人或者第三人有权处分的下列财产可以抵押：（一）建筑物和其他土地附着物；（二）建设用地使用权；（三）海域使用权；（四）生产设备、原材料、半成品、产品；（五）正在建造的建筑物、船舶、航空器；（六）交通运输工具；（七）法律、行政法规未禁止抵押的其他财产"及第四百四十条"债务人或者第三人有权处分的下列权利可以出质：（一）汇票、本票、支票；（二）债券、存款单；（三）仓单、提单；（四）可以转让的基金份额、股权；（五）可以转让的注册商标专用权、专利权、著作权等知识产权中的财产权；（六）现有的以及将有的应收账款；（七）法律、行政法规规定可以出质的其他财产权利"可知，汽车合格证因其自身属性不属于动产的一种，很难将其列入权利凭证一种，以其作为质押标的物，后期权利实现时有一定的瑕疵，实务中，合格证质押属于一种控制措施。

2. 合格证质押的现实意义

对汽车 4S 店是一种很好的担保措施，汽车 4S 店属于商贸类企业，一般会有厂家任务或者为了满足经营需要和利润需求会有车辆库存。合格证之所以可以成为控制 4S 店售车的一个有效手段，主要因为其是车辆唯一的权利凭证，无法批量补办，而没有合格证，车管所按照相关法律规定，无法给机动

车上牌照，无牌照车无法上路运营。故，质押合格证能够在一定程度上控制风险，一方面根据合格证质押后的置换情况，了解融资企业的真实的经营活动，比如销售情况、库存情况等，另一方面合格证质押能够间接地对车辆的销售进行控制，车辆销售需要合格证挂牌等，从而间接地控制融资企业库存。

3. 合格证质押的后期处理，无法涉及车辆本身

合格证质押只是一种控制手段，其质押的是汽车出厂的合格凭证，并不代表质押了车辆本身，也不代表质押了车辆的相关权利凭证，若发生后期处置，无法直接执行与合格证相对应的车辆及其他财产，而且合格证质押合同属于无名合同，且该合同类型严格从法律性质上来讲不属于质押的一种，合格证质押合同的性质应当属于双方对于合格证控制的约定，虽然日常业务中名称为"合格证质押"，综合根据其本质，应该叫"合格证管理约定"才更符合其本质，本质上是双方对合格证的管理、换取、控制等方面的约定。出现不良需要主张权利时，类金融机构即使实际占有着合格证，也无优先权，只能作为普通债权进行权利主张。

4. 车辆质押、车辆抵押和合格证质押的风险程度

从风险控制角度出发，能够办理车辆质押优先，其次办理车辆抵押（刚出厂车辆没有挂牌，办理不了抵押登记，仅签订抵押合同时，抵押权设立，但不对抗第三人），合格证质押只是作为一种控制手段。结合实务，合格证质押具有较强的操作性，对于4S店更具有便捷性，比如不涉及4S店库存车辆移库监管等问题。有部分类金融机构设置担保方式时，进行车辆质押的同时设置合格证质押，此种情形风险控制能力更强，车辆和合格证相一致，后期处置也更便捷。

5. 厂商所有权保留问题

4S店、厂商、其他融资方通常给予4S店进货时以三方承兑的方式进货，对于进货车辆通常约定采取所有权保留的情况较多，即购进4S店车辆形式上入库了4S店，但由于4S店未结清其他融资方的融资金额，而厂商则保留所有权。此种情形下，4S店的库存车辆的所有权为厂商享有，4S店对该车辆、合格证的处置均属于无权处分行为，在选择合格证时，类金融机构应当核查此种情形，应当选择4S店全款购入的相关车辆的合格证进行质押，或者综合考虑无处分权的机动车合格证质押结合其他担保方式，综合性地进行担保方案的设置，进行控制风险。

6. 合格证真实性的核实

各家汽车厂家合格证均不一致，各厂家合格证虽然做了防伪设置，但由于各不一致，且外网无相关网站可以核实真假，市场上假证现象又足以以假乱真，故对于该合格证的真假的判断尤为重要。

若 4S 店提供虚假资料（假的合格证），一方面可以追究其违约、要求提前还款等民事责任。另一方结合实际情况，可能涉及相关诈骗类刑事责任。

三、合格证质押流程和相关资料

1. 流程

签订《合格证质押合同》相关流程。该类《合格证质押合同》由融资企业、类金融机构共同签订，无具体特殊流程要求。

融资企业与类金融机构对合格证的真实性和关联性进行库存盘点，确认清单后，融资企业将该质押的合格证原件交付给类金融机构保管，并约定置换相关事宜。

2. 相关资料

签订《合格证质押合同》时，需要提供的资料主要包括：融资主体若为法人/非法人组织的，提供基础证照（其中公司法人或合伙企业为营业执照、章程等以保证其主体合法性）。

四、合格证质押其他需要说明

合格证的核实：类金融机构对所质押的合格证，应要求融资企业对所提供的质押清单的真实性和准确性负责，在前期调研和保后监管中定期进行抽查。

合格证的交接与保存：合格证应交存专门的合格证管理人员进行保存管理，合格证管理人员对所质押的合格证与企业进行交接和定期进行盘点，交接时应按照所质押清单逐一进行入库盘点。交接完成时，由合格证管理人员列明入库清单，存档备查。

合格证的置换：指类金融机构与融资企业签订《质押合同》后，以商家所提供的具有唯一性的汽车合格证作质押，融资企业每销售一辆车，持另一有效合格证到类金融机构指定处进行置换。

融资企业人员应持"合格证置换单"及"合格证"与合格证管理人员对已入库合格证进行置换。合格证管理人员应核查对方真实身份，并核查"合格证置换单"是否填写完善准确。

合格证的日常管理：合格证管理人员应当建立"合格证日记账"，对所置换的合格证进行详细登记，并由企业置换人员签字。并对"合格证日记账"进行不定期核查和与库存盘点。

五、相关案例

《宁某市镇海区人民法院民事判决书》（2009）甬镇商初字第996号

1. 案情介绍

2008年1月15日，被告东某公司向原告借款人民币500万元，借款用途为购车，借款期间自2008年1月15日起至2009年1月9日止，担保方式为质押和保证。

同日，被告东某公司与原告又签订质押合同一份，被告东某公司自愿以其名下汽车的汽车合格证为其上述500万元债务提供权利质押担保，在签订上述合同后对质押物办理了移交手续。同日，被告项某与原告签订保证合同一份，被告项某自愿为被告东某公司的上述500万元借款提供连带责任保证。

原告于2008年1月15日向被告东某公司发放贷款500万元。后截至2009年9月21日，被告某公司尚欠原告本金400万元及相应利息。原告诉至法院，请求判令：（1）被告某公司归还贷款本金400万元，支付利息、复利；（2）原告对被告东某公司提供的作为权利质押物的汽车合格证对应的汽车（权利凭证号详见权利质押清单）处置所得的款项享有优先受偿权；（3）被告项某、顾某对上述债务承担连带还款责任。

2. 判决内容

本院认为：原告与被告东某公司之间签订的短期借款合同及原告与被告项某之间签订的保证合同均合法有效，合同各方均应按照合同约定履行自己的义务。原告向被告东某公司发放贷款后，被告东某公司应按照借款合同的约定及时返还借款并支付相应利息、罚息及复利。原告与被告东某公司在借款合同中对利息、罚息及复利等均有明确约定，被告东某公司未按照借款合同的约定履行义务时，原告有权要求被告项某在保证范围内承担保证责任。保证人的保证范围亦在保证合同中明确约定为主债权本金及利息、逾期利息、复利、罚息、违约金、损害赔偿金和诉讼费、保全费等实现债权费用。故原告诉请被告东某公司返还借款本金及相应利息，项某对东某公司之义务承担保证责任于法有据，理由正当，本院依法予以支持。对于原告是否可以依照其与被告东某公司之间的质押合同对汽车合格证所对应的车辆行使质押权的问题，《物权法》第六条规定，"动产物权的设立和转让，应当依照法律规定交付。"第二百一十二条规定，"质权自出质人交付质押财产时设立。"可见动产质权须转移质押标的物的占有。本案中，被告东某公司未将汽车转移给原告占有，原告所占有的是被告东某公司的车辆合格证，但车辆合格证仅仅是车辆质量合格的格式化证明，并非车辆本身或者车辆的所有权凭证，汽车所有权的转移不以合格证的转移为条件，汽车合格证没有市场交换价值，不是一项财产，亦非一项财产权利，汽车合格证不能成为本案质押权的标的物，虽然原告与被告东某公司之间订立了质押合同，但由于被告东某公司并未转移车辆的占有，故原告与被告的质权并未设立，原告请求就汽车合格证所对应汽车行使质权依据不足，本院依法不予支持。

3. 其他案例

案件：《西安市新城区人民法院民事判决书》(2016) 陕 0102 民初 6198 号

判决内容：某银行与某公司签订《质押担保合同》，约定：某公司将其所有的车辆合格证质押给某银行作为汇票敞口金额的担保。车辆合格证不属于《物权法》上的动产或权利，不可以设定质押，某公司将车辆合格证质押给某银行的行为不产生法律上的质权。故对某银行要求处置该车辆合格证所对应的车辆，处置所得归某银行所有的诉讼请求不予支持。

第三节　账户共管

一、账户共管内容及简述

账户共管，事实上是一种控制手段。此种担保措施主要操作模式为以融资企业名义开立一个新账户，融资企业和类金融机构或者指定的第三人双方各留一个印鉴在共管账户上，共同对该账户上的资金进行监管，共同对该账户的收款、查询、转账等进行管理和控制，其中任何一方仅凭其手中预留印鉴无法进行账户操作。

二、账户共管常见的法律风险和处理方法

1. 应用范围的问题

(1) 类金融机构放款后，但担保措施没有落实，需要暂时控制住资金，暂时不能由企业自由支配，待担保措施落实完成后，进行资金的自由支取。

（2）融资企业与类金融机构对于在担保方案设置中，约定该融资资金只能定向用于某种用途，为了控制该资金进入特定用途，双方设立共管账户进行管理。

2. 共管账户属于一种控制措施

共管账户属于类金融机构的一种控制手段，类金融机构的相关债权在后期处置过程中，基于共管账户中的资金，并没有优先受偿权，在实务中，共管账户中的资金通常由双方进行协商处理，协商不成，类金融机构可以将该账户进行申请法院冻结后处理。共管账户中的资金又不同于保证金账户和保证金质押，该类型措置仅仅是一种账户控制的操作手段。

3. 共管账户预留印鉴被变更的风险问题

共管账户是以共管人其中的某一公司为名开立的，另一个在预留印鉴上加盖预留印章，以其名义开立共管账户的公司，可以依据其营业执照、授权书等相关银行变更预留印鉴的相关资料，进行单方面的变更，从而使另一方共同进行账户管理的事实落空。

4. 共管账户被查封的风险

共管账户开在另一个公司名下的潜在风险，该账户有可能被共管账户开立名下公司的其他债权人申请法院冻结后，从而影响到共管账户的实际意义，同时由于对于该共管账户上的资金既不是质押，也不是保证金，从而丧失对共管账户中资金后期处置过程中的控制作用。

5. 共同管理的问题

进入共管账户的资金，必须由留有银行预留印鉴的共管双方一起前往资金共管银行才能进行该账户项下的操作，包括但不限于查询、支付资金等。

三、账户共管流程和相关资料

1. 流程

签订共管账户管理内容的相关流程。该类协议由融资企业、类金融机构或者指定的人共同签订，无具体特殊流程要求。

融资企业与类金融机构共同前往银行办理共管账户，由融资企业开立账户，开立过程中银行预留印鉴留取融资企业和类金融机构或者类金融机构指定的人各一枚印鉴，后期根据共管协议对于该账户的收支、管理进行具体共同办理。

2. 相关资料

签订共管账户协议时，需要提供的资料主要包括：融资主体若为法人/非法人组织的，提供基础证照（其中公司法人或合伙企业为营业执照、章程等以保证其主体合法性）。

四、账户共管其他需要说明

账户共管应用范围较广，在信托地产业务、私募基金业务应用较多，对于日常公司中股权转让、股权合作等双方对资金用途具有明显的指向和管理要求的业务中，适用较广，且由于该措施类型的操作性较容易，成本也较低（业务结束，将共管账户变更为其中某一人持有），实用性较强。

第四节　明股实债内容

一、明股实债内容及简述

明股实债不是一个严格法律意义上的担保措施，但从《九民纪要》到《民法典》，该内容被首次以立法方式予以确认。

根据《九民纪要》第七十一条"【让与担保】债务人或者第三人与债权人订立合同，约定将财产形式上转让至债权人名下，债务人到期清偿债务，债权人将该财产返还给债务人或第三人，债务人到期没有清偿债务，债权人可以对财产拍卖、变卖、折价偿还债权的，人民法院应当认定合同有效。合同如果约定债务人到期没有清偿债务，财产归债权人所有的，人民法院应当认定该部分约定无效，但不影响合同其他部分的效力。当事人根据上述合同约定，已经完成财产权利变动的公示方式转让至债权人名下，债务人到期没有清偿债务，债权人请求确认财产归其所有的，人民法院不予支持，但债权人请求参照法律关于担保物权的规定对财产拍卖、变卖、折价优先偿还其债权的，人民法院依法予以支持。债务人因到期没有清偿债务，请求对该财产拍卖、变卖、折价偿还所欠债权人合同项下债务的，人民法院亦应依法予以支持"可知，在各方具有担保的意思之下：一是债权人不得主张取得担保物的所有权，这里担保物包括可以用于担保的动产、不动产，当然也包括财产性权利——知识产权、股权；二是就其担保的效果看，债权人只能主张对财产享有的优先受偿的权利；三是更进一步说，即使具备了登记、交付的形式外观，债权人也不得请求确认所有权。

根据《民法典》第四百零一条"抵押权人在债务履行期限届满前，与抵押人约定债务人不履行到期债务时抵押财产归债权人所有的，只能依法就抵押财产优先受偿"和第四百二十八条"质权人在债务履行期限届满前，与出质人约定债务人不履行到期债务时质押财产归债权人所有的，只能依法就质押财产优先受偿"可知，进一步强化了上述表述，与《九民纪要》一致，即更加注重"探究当事人的真实意思表示"。

同时，根据《民法典担保制度解释》更进一步予以说明，其第六十八条"债务人或者第三人与债权人约定将财产形式上转移至债权人名下，债务人不履行到期债务，债权人有权对财产折价或者以拍卖、变卖该财产所得价款偿还债务的，人民法院应当认定该约定有效。当事人已经完成财产权利变动的公示，债务人不履行到期债务，债权人请求参照民法典关于担保物权的有关规定就该财产优先受偿的，人民法院应予支持。债务人或者第三人与债权人约定将财产形式上转移至债权人名下，债务人不履行到期债务，财产归债权人所有的，人民法院应当认定该约定无效，但是不影响当事人有关提供担保的意思表示的效力。当事人已经完成财产权利变动的公示，债务人不履行到期债务，债权人请求对该财产享有所有权的，人民法院不予支持；债权人请求参照民法典关于担保物权的规定对财产折价或者以拍卖、变卖该财产所得的价款优先受偿的，人民法院应予支持；债务人履行债务后请求返还财产，或者请求对财产折价或者以拍卖、变卖所得的价款清偿债务的，人民法院应予支持。债务人与债权人约定将财产转移至债权人名下，在一定期间后再由债务人或者其指定的第三人以交易本金加上溢价款回购，债务人到期不履行回购义务，财产归债权人所有的，人民法院应当参照第二款规定处理。回购对象自始不存在的，人民法院应当依照民法典第一百四十六条第二款的规定，按照其实际构成的法律关系处理"可知，一是"物权变动与其原因行为的区分原则"。在物权法时代这个原则已经深入人心，本次《民法典担保制度解释》只是为了统一裁判规则，承认让与担保这种非典型担保的法律地位，尊重民事主体之间已经达成合意的合法性并严格区分物权变动效力和合同效力；二是重申不论是否具备物权变动的外观，让与担保都只能按照主张担保权利而不是所有权；三是承认融资企业为投资人与融资企业股东、实际控制人的远期回购协议提供履约担保的效力。实务中，存在投资人与融资企业股东、实际控制人签订远期股权回购协议，或者其他约定固定收益的协议，并由包括融资企业或者其他第三人为该一系列合同的履行，包括但不限于股权回购义务、支付固定收益、对赌协议等提供履约担保的情形。根据相关实务判例最高人民法院在（2016）最高法民再 128 号强某某、曹某某股权转让纠纷再审一案中，判决目标公司为股东的对赌义务提供担保是有效的。

根据《民法典担保制度解释》第六十九条"股东以将其股权转移至债权人名下的方式为债务履行提供担保，公司或者公司的债权人以股东未履行或者未全面履行出资义务、抽逃出资等为由，请求作为名义股东的债权人与股东承担连带责任的，人民法院不予支持"可知，更进一步明确了对股权类的让与担保——明股实债予以说明，不但债权人仅能主张担保物权，而且其他债权人也不得向名义股东主张出资不实的连带责任。

上述规定可以说是我国立法进程中一大进步，但就明股实债这一特殊的让与担保情形中，仅上述规定内容不足以完全处理明股实债实践中复杂的情况。本节笔者将带领大家对实务中可能发生的情况予以梳理。

在实务中，明股实债被广泛应用于私募基金、信托公司给房地产企业融资，部分类金融机构存在以明股实债进行的业务操作，虽然各类类金融机构的业务操作规范并没有明确其属于允许的业务类型，但基于实务需要，本节予以探讨，作为参考之用。

关于明股实债的定义，从字面上的理解为"表面上为股权投资，实质上是债权投资"，实务中，明股实债主要指投资人以股权的形式投资入股融资企业，与融资企业约定固定回报，并约定远期回购投资的股权，从而实质上获得固定收益的担保措施。

银监会在 2017 年的《G06 理财业务月度统计表》，将明股实债定义为"投资者在将资金以股权投资者式进行投资之前，与资金需求方签署一个股权回购协议，双方约定在规定期间内，由资金的使用方承诺按照一定的溢价比例，全额将权益投资者持有的股权全部回购的结构性股权融资安排"。

中基协在 2017 年 2 月 13 日发布的《证券期货经营机构私募资产管理计划备案管理规范第 4 号–私募资产管理计划投资房地产开发企业、项目》中，将明股实债定义为"明股实债，是指投资回报不与被投资企业的经营业绩挂钩，不是根据企业的投资收益或亏损进行分配，而是向投资者提供保本保收益承诺，根据约定定期向投资者支付固定收益，并在满足特定条件后由被投资企业赎回股权或者偿还本息的投资者式，常见形式包括回购、第三方收购、对赌、定期分红等"。

明股实债的业务模式一般为融资企业与投资主体达成股权投资协议，由投资主体以股权投资的形式投资融资企业，融资企业及融资企业股东或者实际控制人向投资人承诺以固定的收益回报，并由投资人与融资企业股东或者实际控制人达成远期股权转让协议，待满足一定的条件（通常为满足一定的时间和按期支付了固定收益），由融资企业股东或者实际控制人回购股权。

明股实债需要签订的相关合同包括（1）《股权转让协议》是投资人与融资主体股东签订的，约定由投资人受让融资主体股权的相关协议，投资人受让后即成为融资主体公司股东；（2）股东会决议、章程修正案或者其他相关内容协议，约定公司的利润分配为固定向投资人分配或者优先向投资人固定分配，而无论融资企业的经营状况如何；（3）《远期股权转让协议》是投资人与融资主体股东或者实际控制人签订的一种附条件远期条件的股权转让协议，所附条件通常为满足一定的时间和按期支付了固定收益，由投资人将股权转让给融资主体股东或者实际控制人。

二、明股实债的法律风险与处理方法

1. 投资人在投资融资企业后，法律关系上其属于名义股东，享有股东权利，承担股东义务，实质上属于让与担保中的债权人，是否适用商事外观主义，结果差别较大

（1）若适用商事外观主义，则出现负债时，前期股东未实缴，在持有股权期间发生纠纷的，承担出资义务。根据《公司法》第二十八条"股东应当按期足额缴纳公司章程中规定的各自所认缴的出资额"，可知股东具有出资义务，结合目前公司注册实行的是认缴制，股东应当按照认缴的时间实缴到位，若未按约定时间实缴到位的，发起人和现有股东均有义务予以补足，这正是《民法典担保制度解释》第六十九条规定的内容，但若适用商事外观主义，融资企业破产清算时最新的立法中并未涉及，该部分股权投资项下股权投资人很难取回，该部分属于股东的投资股权，公司名下资产作为破产资产进行处理，明股实债中的投资人因其股权被确定为利益无法保障。

（2）若不适用商事外观主义，将投资人的投资认定为债权，则投资人对外不用承担股东义务，其属于债权人中的一个，股权转让的行为属于让与担保，但并不实际为融资企业股东，可以排除第三人追加投资人作为被执行人或者被告。在融资企业发生破产时，投资人作为债权人进行申报，其债权属于破产债权之一，但该债权作为普通债权进行清偿。

2. 可以约定分红，但无盈利时损害公司及其他股东利益

根据《公司法》第三十四条"【分红权与优先认购权】股东按照实缴的出资比例分取红利；公司新增资本时，股东有权优先按照实缴的出资比例认缴出资。但是，全体股东约定不按照出资比例分取红利或者不按照出资比例优先认缴出资的除外"可知股东享有分红权，除约定的以外，股东对于公司的分红可以进行约定，投资人可以约定固定的定期分红，但若企业不存在盈利的情况下，即公司无红可分的情形下若继续分红，会损害公司和股东的利益。故在操作此类担保措施时，需要考虑公司的运营情况，结合公司运营设计分红的比例和时间。

3. 公司股权回购的限制

根据《公司法》第一百四十二条"【本公司股份的收购及质押】公司不得收购本公司股份。但是，有下列情形之一的除外：（一）减少公司注册资本；（二）与持有本公司股份的其他公司合并；（三）将股份用于员工持股计划或者股权激励；（四）股东因对股东大会作出的公司合并、分立决议持异议，要求公司收购其股份；（五）将股份用于转换上市公司发行的可转换为股票的公司债券；（六）上市公司为维护公司价值及股东权益所必需"可知，除上述六种情形外，公司不得收购本公司股份。在明股实债这种情形下，若要不违反上述情形，则公司不能作为主体进行回购自己本身的股权，若出现以融资主体公司作为回购主体的倾向，则经常因为违反法律规定或者损害第三人利益而无效。应当在远期股权转让中约定，由融资主体的股东或者实际控制人作为回购的主体。

4. 固定收益与优先分配的区别

实务中还有一种利润分配方式为优先分配，即分红时允许部分股东的分红优先分配，分配到一定程度后才按照股权比例进行分配，但优先分配并不代表不按照股权比例分配，而固定收益为无论企业经营状况如何、是否盈利、盈利多少，均按照固定的金额或者固定的收益比例进行分配，同时固定收益时明股实债的条件之一，而优先分配则是股东的日常权利之一。

5. 可能存在远期股权转让协议履行的问题

实务中，公司经营跟随市场环境等多种因素时刻变化，若公司盈利较好，后期满足远期股权转让协议约定条件时，融资主体的股东或者实际控制人愿意履行合同，若公司经营困难，甚至出现破产的可能时，融资主体的股东或者实际控制人对于远期股权转让协议就会出现不愿意履行或者宁愿承担相关

违约责任的问题。通常实务中控制风险的办法是可以对于远期股权转让协议要求提供其他担保，比如第三方实力较强的企业进行履约担保，或者提供其他担保措施，以减低业务风险。

6. 明股实债通常不以对赌协议或者对赌条款的约定退出

股权投资可以约定相关条件，比如对赌协议或者对赌条款，对赌条款通常和企业的经营有关，比如企业经营利润达某个条件，投资人的优先分配等，该条款的约定有促进于企业和投资人双方利益的博弈。通常实务中，对于对赌协议或对赌条款的效力，仲裁庭与法院的态度一致，均认为与融资企业对赌无效，与融资企业的股东或者实际控制人对赌有效。而明股实债协议中的约定，通常是附期限或者条件为满足支付完固定回报即触发回购条款，该条件的约定通常和企业的经营无关，故对于该类设置的条件，通常不是以对赌的方式出现。

7. 明股实债的投资人不参与公司经营管理

明股实债中，投资人是公司名义股东，在相关协议中，通常约定投资人并不实际控制公司，也不参与公司实质经营，对于公司的管理，通常明股实债的投资人可能派驻财务或者管理公司印章，但从其根本目的是为了了解公司经营，并不实质派驻董事、监事并履行相关管理职责，也基本不行使表决权，不参与公司分红，由融资企业的其他股东具体行使表决权和管理。

8. 明股实债中的股权转让行为宜被认定为让与担保，有效

"债务人与债权人以股权转让方式为债权实现担保的，属于市场经济发展中的特殊担保类型，其能够弥补典型担保和其他非典型担保方式之缺陷，为股权质押方式之有益补充。债权人与债务人签订的明为股权转让实为股权让与担保的合同，系双方当事人真实意思表示，未违反法律及行政法规的强制性规定。故华某公司与金某公司签订股权转让协议关于华某公司将持有的汇某公司12.5%的股权以0元的价格转让给金某公司，作为汇某公司的债务履行的担保之约定，合法有效。"［《无锡市中级人民法院判决书》，（2018）苏02民终954号］。

9. 投资方未经原股东同意转让股权的法律后果

（1）若是善意第三人，受让有效。融资企业及股东、实际控制人可因为投资人的转让行为违约，而主张违约责任或者侵权责任。虽然该转让行为中投资人为无权转让，但因涉及第三人系善意的，应按照善意取得制度由第三人取得该股权。

（2）若非善意第三人，投资方为名义股东受让人是知情的，因为侵犯融资企业及股东、实际控制人的利益，而导致该股权转让协议无效，或者经过融资企业及股东、实际控制人的追认确定其为有效。

10. 融资企业为投资人与融资企业股东、实际控制人的远期回购协议提供履约担保的效力问题

实务中，存在投资人与融资企业股东、实际控制人签订远期股权回购协议，或者其他约定固定收益的协议，并由包括融资企业或者其他第三人为该一系列合同的履行，包括但不限于股权回购义务、支付固定收益、对赌协议等提供履约担保的情形。根据相关实务判例最高人民法院在（2016）最高法民再128号强某、曹某股权转让纠纷再审一案中，判决目标公司为股东的对赌义务提供担保是有效的。笔者支持该观点，同时可以知道，融资主体为上述合同履约行为提供履约担保，并不违反法律上的强制性规定，应当认定有效。

三、明股实债流程和相关资料

1. 签订明股实债相关合同的相关流程

该类协议由投资人、融资企业主体、融资主体股东或者实际人分别签订，无具体特殊流程要求。

（1）先签订相关合同。签订的合同主要包括：《股权转让协议》、股东会决议、章程修正案或者其他相关内容协议、《远期股权转让协议》各方合意，达成以上协议。

（2）合同签订完成后，由投资人与融资主体进行工商变更登记，完成股权转让部分。

（3）由协议各方按照协议约定向投资人支付固定收益。

（4）达到满足《远期股权转让协议》约定条件时，由融资主体股东或者实际人回购融资主体股权，投资人退出融资主体股权部分。

2. 签订明股实债相关合同的需要资料

融资主体、投资人、融资主体股东或实际控制人若为法人/非法人组织的，提供基础证照（其中公司法人或合伙企业为营业执照、章程等以保证其主体合法性）。

投资人、融资主体股东或实际控制人若为自然人，提供身份证复印件，确定其主体合法。

四、明股实债其他需要说明

1. 明股实债的业务模式多样化

笔者仅以其中一种作为样本予以讨论，实务中还包括以增资方式进行持股、以差额补足的方式进行固定收益的确定，均不一一予以列举，但无论以何种形式，固有风险和风险控制的方式趋同。其中差额补足的性质在《民法典担保制度解释》第三十六条"第三人向债权人提供差额补足、流动性支持等类似承诺文件作为增信措施，具有提供担保的意思表示，债权人请求第三人承担保证责任的，人民法院应当依照保证的有关规定处理。第三人向债权人提供的承诺文件，具有加入债务或者与债务人共同承担债务等意思表示的，人民法院应当认定为民法典第五百五十二条规定的债务加入。前两款中第三人提供的承诺文件难以确定是保证还是债务加入的，人民法院应当将其认定为保证。第三人向债权人提供的承诺文件不符合前三款规定的情形，债权人请求第三人承担保证责任或者连带责任的，人民法院不予支持，但是不影响其依据承诺文件请求第三人履行约定的义务或者承担相应的民事责任"中有了明确的规定，根据该规定可知，具有担保意思的，宜认定为保证担保；具有加入债务或者与债务人共同承担债务，宜认定为债务加入；无法确定是保证还是债务加入时，宜认定为保证；即没有表达担保，也没有债务加入或共同承担债务，不宜认定为保证，根据承诺性质确定。

2. 明股实债模式

在资管业务、私募基金、PPP 项目等领域均曾经被广泛应用，随着新的监管政策不断实施，根据《中国人民银行、银监会、证监会、保监会、外汇局关于规范金融机构资产管理业务的指导意见（征求意见稿）》、《关于规范政府和社会资本合作（PPP）综合信息平台项目库管理的通知》（财办金〔2017〕92 号）、《关于加强中央企业 PPP 业务风险管控的通知》（国资发财管〔2017〕192 号）、《关于保险资金设立股权投资计划有关事项的通知》（保监资金〔2017〕282 号）、《打赢保险业防范化解重大风险攻坚战的总体方案》（保监发〔2018〕9 号）、《关于加强保险资金运用管理支持防范化解地方政府债务风险的指导意见》（保监发〔2018〕6 号）可知，对于明股实债在资管业务、私募基金、PPP 项目等领域形成了围追堵截的局面，甚至在有些业务领域被明确叫停，但该类明股实债在部分民间投资和类金融业务风险控制方面是值得作为参考的，具有一定的借鉴意义。

第五节　债权+股权

一、债权+股权内容及简述

债权+股权作为一种风险控制的方法，在实务中很常见，特别是产业基金、信托等为房地产企业类以这种方式的融资较多，在类金融机构业务中很少，作为一种风险控制搭建方式，结合实务及业务需要，本篇予以简单讨论。

债权+股权，顾名思义是股权融资的方式和债权融资的方式相结合，综合进行互相搭建后，形成一种立体的风险控制方法。股权融资通常是企业以让渡其股权的方式，吸引投资人和合作者受让部分企业股权，从而达到企业融资的目的；债权融资通常企业以债权债务的方式获得融资。

债权+股权的业务模式为投资人以股权的形式受让融资企业股权，并采用股权的方式进行实际控制和管理融资企业，同时投资人或者投资人指定的第三人以其他方式包括但不限于委托贷款、民间借贷等方式出借资金给融资企业，形成债权，投资人作为终利益方，通过股权和债权的双重结合的方式最终达到控制风险的目的。

债权+股权需要签订的相关合同包括（1）《股权转让协议》是投资人与融资主体股东签订的，约定由投资人受让融资主体股权的相关协议，投资人受让后即成为融资主体公司股东；（2）股东会决议、章程修正案或者其他相关内容协议，约定按照融资企业的经营状况和章程约定进行分红和股权表决、选举等；（3）包括但不限于《借款合同》等，是融资企业与债权人签订的，约定债务到期后，融资企业按照该合同约定进行还本付息等的债权类合同。

二、债权+股权的法律风险与处理方法

1. 债权+股权中股权部分的特点

（1）股权融资中的一种模式为，股权通常和企业经营相关，持股股权享有股东的分红权、表决权、选举权和被选举权，通常股权融资部分投资人不但持有融资企业股权，且实际管理和经营融资企业，该模式为：股东+股东借款，该方式也是一种很典型的债权+股权相结合的融资模式，此种模式下，债权+股权中的股权是真实的股权，实际行使股东权益，通过章程约定的方式进行退出。

（2）股权融资中的另一种模式为，股权和企业实际经营情况相关，投资

人通常持股很小，债权很大，即投资人在融资企业的持股股权占比较小，实际控制公司和掌握公司经营，投资人或者其实际控制人、指定的第三人向融资企业出借资金金额较大，该部分属于债权。此种模式下，债权+股权中的股权性质更接近让与担保，该股权的存在是为了保障债权的安全性和风险控制。

（3）上述第二种融资模式，通常股权于债权到期后且清偿后，由投资人将其持有的该部分股权无偿转让或者以很低的价格转让给融资企业原股东或者原融资企业股东指定的第三人，但和明股实债不同的是原股东在该担保措施设置初期，并不承诺回购或者签订相关协议设置原融资企业股东或者原融资企业股东实际控制人承担回购义务。

2. 投贷联动的模式

根据中国银监会、科技部、中国人民银行 2016 年 4 月 15 日联合发布的《关于支持银行业金融机构加大创新力度开展科创企业投贷联动试点的指导意见》"投贷联动是指银行业金融机构以'信贷投放'与本集团设立的具有投资功能的子公司'股权投资'相结合的方式，通过相关制度安排，由投资收益抵补信贷风险，实现科创企业信贷风险和收益的匹配，为科创企业提供持续资金支持的融资模式"可知，投贷联动的模式即债权+股权，其中股权部分属于以股权形式出资，实际持有公司股权，而债权部分则以商业银行贷款的方式形成"债权"，一方面从一定程度上控制了风险，投资收益可以抵补信贷风险，另一方面为科技类企业提供了资金支持，创新了金融模式。

3. 债权+股权与明股实债的异同

虽然债权+股权与明股实债两种不同的担保措施中，均有债权与股权的因素，但因为交易结构和风险控制模式的不同，其双方之间有诸多异同：

（1）债权+股权中的股权通常与融资企业的经营状况相关，股权的分红与经营相匹配，而明股实债是按照固定收益向投资人分配利润的，与企业经营不关联。

（2）债权+股权中股权的持有者即股东，享有分红权、选举权和被选举权，并实际履行股权权利和承担股东义务，而明股实债的股权持有者，通常从形式上看属于股东，实务中对其股权持有属于名义股东（股权的让与担保）还是实际股东有不同的观点。

（3）债权+股权中股权于业务到期后，"股东+股东借款"模式下的股东为实际股东，该部分股权并不因债权的结清而退出，"小股大债"模式下的股权通常以无偿转让的形式或者低价转让给融资企业原股东或者第三人，而明股实债在设置交易模式时，融资企业的股东或者实际控制人即与投资人约定回购条款、回购方式等。

（4）债权+股权中债权通常是以投资人或者投资人指定的第三人以委托贷款或者民间借贷的方式出借给融资企业，与债权融资形成立体的风控模式，而明股实债并不具体单独以债权的形式进行操作，主要通过股权分配固定利润的方式实际核定为债权。

4. 债权+股权中债权风险控制的设置

债权+股权中债权根据类型的不同，在该债权项下可以设置不同的担保措施，包括但不限于保证、抵押、质押等方式，通常以融资主体为借款主体，根据尽职调查的结果设置债权类的风险控制方案，若债权到期未及时足额清偿，投资人或者投资人指定的第三人可以按照债权类权利的主张方式和流程进行债权类部分的权利主张，该债权类的权利主张并不影响投资人作为股权类投资的主体和权利义务承担。

5. 债权+股权模式在实务中的应用

债权+股权广泛应用于各类业务模式，包括但不限于民间投资、PPP 项目、政府引导基金、投贷联动业务等，该模式属于较灵活的运用债权融资的特点和股权融资的特点予以结合，综合运用后达到控制风险的目的，对于债权+股权的业务根据不同的业务类型和特点可以设置不同的交易结构，同时根据《中国人民银行、银监会、证监会、保监会、外汇局关于规范金融机构资产管理业务的指导意见（征求意见稿）》等政策的出台，明股实债在实务业务领域部分受限，而债权+股权模式，因其天然的股权融资和债权融资各自分离，同时又可以结合股债结合的特点，实务中将有更为广泛的适用。

三、债权+股权流程和相关资料

1. 签订债权+股权相关合同的相关流程

该类协议由投资人、融资企业主体、投资人指定的第三人分别签订，无具体特殊流程要求。

（1）先签订相关合同。签订的合同主要包括：《股权转让协议》、股东会决议、章程修正案或者其他相关内容协议、《借款合同》各方合意，达成以上协议。

（2）合同签订完成后，由投资人与融资主体进行工商变更登记，完成股权转让部分。

（3）由投资人或其指定的第三人与融资主体签订相关《借款合同》，并可以按照风险控制的需要，要求融资主体或者其他第三人提供保证担保、抵押担保等。

（4）《借款合同》等到期后，融资企业归还借款项下本息，融资主体与持股的投资人达成股权转让协议，投资人退出融资主体股权部分。

2. 签订明股实债相关合同的需要资料

融资主体、投资人、投资人指定的第三人若为法人/非法人组织的，提供基础证照（其中公司法人或合伙企业为营业执照、章程等以保证其主体合法性）。

投资人、投资人指定的第三人若为自然人，提供身份证复印件，确定其主体合法。

四、债权+股权其他需要说明

第一，债权+股权作为一种具有较强实务操作性的业务模式和风险控制方法，具有广泛的适用性，根据《关于深化体制机制改革加快实施创新驱动发展战略的若干意见》（2015年3月13日）《2016年政府工作报告》《关于支持银行业金融机构加大创新力度开展科创企业投贷联动试点的指导意见》（银监发〔2016〕14号）可知，该类业务模式积极推进和正在逐步扩大适用范围。

第二，根据《关于支持银行业金融机构加大创新力度 开展科创企业投贷联动试点的指导意见》可知，西安银行为陕西省入选的法人金融机构，国开行、中行、恒丰银行、北京银行在西安均设有分支机构。其中，招行西安分行推出"投贷联动"产品、浦发银行西安分行推出"投贷联动"产品，农行、西安银行等均也有相关产品推出，西安高新技术产业开发区出台《西安国家自主创新示范区关于支持金融机构开展投贷联动试点的实施办法》（西高新发【2017】53号）均显示"债权+股权"中的投贷联动模式在陕西范围内正推广并逐步适用中。

附　录

1. 法律法规简称表

全　称	简　称
《中华人民共和国民法典》	《民法典》
《中华人民共和国公司法》	《公司法》
《中华人民共和国担保法》	《担保法》
《中华人民共和国物权法》	《物权法》
《中华人民共和国专利法》	《专利法》
《中华人民共和国商标法》	《商标法》
《中华人民共和国著作权法》	《著作权法》
《中华人民共和国公证法》	《公证法》
《中华人民共和国婚姻法》	《婚姻法》
《中华人民共和国民事诉讼法》	《民事诉讼法》
《中华人民共和国土地管理法》	《土地管理法》
《中华人民共和国农村土地承包法》	《农村土地承包法》
《中华人民共和国农村土地承包经营权证管理办法》	《农村土地承包经营权证管理办法》
《最高人民法院关于适用〈中华人民共和国民法典〉有关担保制度的解释》	《民法典担保制度解释》
《最高人民法院关于适用〈中华人民共和国担保法〉若干问题的解释》	《担保法解释》
《全国法院民商事审判工作会议纪要》	《九民纪要》
《中华人民共和国个人独资企业法》	《个人独资企业法》
《中华人民共和国合伙企业法》	《合伙企业法》

全　称	简　称
《中华人民共和国合同法》	《合同法》
《中华人民共和国民法总则》	《民法总则》
《中华人民共和国企业破产法》	《企业破产法》
《中华人民共和国税收征收管理法》	《税收征收管理法》

2. 参考文献

（1）最高人民法院民事审判第二庭：《〈全国法院民商事审判工作会议纪要〉理解与适用》，人民法院出版社 2019 年版。

（2）杜月秋、孙政编：《民法典条文对照与重点解读》，法律出版社 2021 年版。

（3）法律出版社法规中心：《中华人民共和国民法典实用问题版》，法律出版社 2020 年版。

（4）最高人民法院民事审判第二庭：《最高人民法院关于融资租赁合同司法解释理解与适用》，人民法院出版社 2016 年版。

（5）最高人民法院民法典贯彻实施工作领导小组：《中华人民共和国民法典物权编理解与适用（上下）》，人民法院出版社 2020 年版。

（6）吴卫明：《互联网金融知识读本》，中国人民大学出版社 2015 年版。

（7）金振朝：《融资担保法律实务》，法律出版社 2014 年版。

（8）江必新、何东林：《最高人民法院指导性案例裁判规则理解与适用（担保卷）》，中国法制出版社 2011 年版。

（9）杜万华主编：《最高人民法院民间借贷司法解释理解与适用》，人民法院出版社 2015 年版。

（10）刘德权主编：《最高人民法院司法观点集成》，人民法院出版社 2017 年版。

后 记

很多年之后，我才终于写到了这篇后记。

"十年沉淀，十月匠心"基本能够体现本书初稿形成的过程，本书起源于一张PPT，本书的第一版内容是2009年我给一家担保公司进行培训时准备的PPT课件内容，因当年的培训课件具有较强的指导性和实用性，之后我被多家金融及类金融机构邀请授课，于2014年年底已经形成了相关课件基本内容，同时给金融和类金融企业授课超过数十次，并形成了本书的初稿《法务工作手册》，主要用于指导金融及类金融机构从业人员日常业务工作。

经过近十多年的工作经验的积累，自2019年年初以《法务工作手册》为基础，我开始着手准备"金融及类金融行业实务丛书"，本书是其中的一本。

本书初稿完成于2019年10月30日，后《九民纪要》《民法典》《民法典担保制度解释》《最高人民法院关于适用〈中华人民共和国民法典〉物权编的解释（一）》陆续出台，结合最新法律及司法解释，我进行了数次修改后，最终定稿。

类金融行业是一种统称，内部各类企业具有一定的相通性，担保措施除适用金融及类金融行业外，同时也适用于其他行业，其目的是控制业务风险，本书探讨各类担保措施的初衷，一方面是为了抛砖引玉，另一方面是为了结合实务对目前金融及类金融行业中存在的措施予以披露，以供参考。

本书写作过程中，得到了事务所同事和朋友的支持，以及家人的理解和包容，感恩顾主任倾情写序并提出的宝贵意见，感谢锦天城律师学院及周寒梅老师的指导，感谢西安分所同事李琼、王姣姣的付出，感谢朋友翟晓栋、黄胜利、李鹏飞、李花卉的帮助，感谢编辑魏星老师的敬业，感谢家人的厚爱。

虽竭尽全力，但才疏学浅，有误之处，望海涵和指正。